# EN PÈLERINAGE

---

Rome — Terre-Sainte — Egypte
et Provence

ROME. — PLACE ET BASILIQUE SAINT-PIERRE.

J. FOULHOUZE

# EN PÈLERINAGE

ROME — TERRE-SAINTE — EGYPTE
ET PROVENCE

MOULINS
IMPRIMERIE ÉTIENNE AUCLAIRE
SUCCESSEUR DE C. DESROSIERS

1895

A SA GRANDEUR

Monseigneur

Auguste-René-Marie DUBOURG

Évêque de Moulins

*Hommage filial et respectueux,*

*J. FOULHOUZE.*

# LETTRE

DE MONSEIGNEUR L'ÉVÊQUE DE MOULINS

A L'AUTEUR

---

ÉVÊCHÉ
DE
MOULINS

*Moulins, le 26 Juillet 1895.*
FÊTE DE LA GLORIEUSE SAINTE ANNE.

*MADEMOISELLE,*

*Vous avez bien voulu soumettre à mon appréciation la relation manuscrite de votre beau voyage de Rome et de Jérusalem ; et c'est sur mon avis formel, sur mon invitation pressante, que vous vous êtes décidée à livrer votre récit à la publicité.*

*Je viens de relire les premières épreuves de votre ouvrage, et je me félicite plus que jamais du conseil que je vous ai donné. Cette deuxième lecture m'a laissé les mêmes impressions déli-*

cieuses que la première ; et j'ai l'intime conviction qu'elles seront ressenties par toutes les personnes qui vous liront.

Le sujet en lui-même est magnifique. Voir Rome et Jérusalem, « poi mori », diraient les Italiens !... Après ces deux voyages, en effet, je n'en connais qu'un plus beau, celui du ciel ; et vous me permettrez, par un sentiment d'égoïsme légitime et à cause du bien que vous semez autour de vous, de souhaiter que vous n'accomplissiez pas de si tôt ce troisième voyage !

Mais ces beautés contenues dans le sujet, vous avez su les faire ressortir avec infiniment de vérité et de charme tout à la fois. Aucun des détails qui offrent de l'intérêt n'est omis. Le côté artistique des choses est mis en relief, en même temps que le côté pieux. Les monuments sont décrits avec la technologie qui leur convient. Les souvenirs bibliques, que vous rencontrez à chaque pas, sont toujours évoqués avec beaucoup d'à-propos. D'autre part, votre plume est alerte et facile ; votre narration est jeune et vivante, avec une pointe d'enthousiasme continu qui ne messied pas ; vos peintures, qui dénotent un vif amour de la nature, sont pleines de poésie, de fraîcheur et de grâce ; la couleur locale y est généralement observée ; et, en vous suivant, on croirait vraiment voir de ses yeux les points géographiques que vous citez et assister aux spectacles que vous décrivez. De temps en temps, des réflexions piquantes, des aventures de voyage, des épisodes personnels, des traits de mœurs orientales viennent couper le récit, et en rompraient la monotonie, s'il était besoin.

Mais la partie la plus neuve de votre livre, le « clou » de votre relation, s'il était permis de se servir de cette expression bizarre trop à la mode aujourd'hui, ce sont les pages que vous consacrez au « Congrès Eucharistique. »

Par une bonne fortune exceptionnelle, votre pèlerinage a coïncidé avec cet événement d'une haute importance, qui marquera son empreinte glorieuse dans les fastes de l'Église, et aura, je l'espère, un retentissement considérable et une influence heureuse sur les dissidents orientaux. Vous avez pu ainsi nous retracer la physionomie de ce Congrès mémorable et, avec vous, nous assistons, jour par jour, heure par heure, à ces cérémonies augustes présidées par notre grand Cardinal Langénieux, Légat du Pape.

En résumé, votre volume, qu'un travail soigné de typographie et des illustrations bien *choisies rendent encore plus attrayant, est appelé, selon moi, à produire un bien appréciable, en faisant aimer davantage la Papauté, les Lieux-Saints, Notre Seigneur et sa Mère, la douce Vierge du Rosaire.*

*C'est le meilleur succès que je lui souhaite et c'est le seul aussi, j'en suis sûr, que vous ayez ambitionné en le confiant à l'impression. Dans ce but, je le recommanderai avec bonheur autour de moi. Quel charmant livre de récompense ou de prix à distribuer dans nos écoles, collèges, séminaires et communautés !... Je tiens à être le premier à le répandre et à le « vulgariser » et, comme preuve de ma satisfaction et gage de mes sympathies, je vous prie de m'en adresser* CENT-CINQUANTE *exemplaires.*

*Veuillez agréer, Mademoiselle, l'assurance de mon respectueux dévouement en N.-S.-J.-C.*

† AUGUSTE, évêque de Moulins.

# PREMIÈRE PARTIE

—

# ROME

# CHAPITRE PREMIER

## LE DÉPART

UNE PENSÉE DU PÈRE LACORDAIRE. — DÉPART DE MONTLUÇON. — PÈLERINAGE PRÉLIMINAIRE A PARAY. — UNE COMPAGNE DE VOYAGE. — A NOTRE-DAME DE FOURVIÈRE. — DE LYON A MARSEILLE — DÉCEPTION. — SALUT A LA MÉDITERRANÉE.

E Père Lacordaire a dit : *Les Lieux saints sont à la terre ce que les astres sont pour le firmament ; une source de lumière, de chaleur et de vie !*
J'avais senti le besoin d'éprouver la réalité de cette parole et, après avoir visité deux fois la capitale du monde chrétien ; après avoir déposé mes larmes et mes prières sur le tombeau glorifié de saint Pierre, j'aspirais à la revoir encore pour aller ensuite couvrir de mes baisers et de mes adorations le sépulcre glorieux du Christ.

Voilà pourquoi je me fis inscrire avec joie, lorsque j'appris que le douzième pèlerinage de pénitence allait s'accomplir en avril 1893, et qu'aux attraits habituels de ce pèlerinage devaient s'unir les solennités d'un Congrès eucharistique. Ce voyage comblait tous mes vœux puisque la première étape des pèlerins était Rome. Qui n'a tressailli de bonheur à cette pensée ?... Voir Rome et le Pape, surtout à l'occasion du Jubilé épiscopal du glorieux prisonnier du Vatican ?... Quel délicieux prélude aux fêtes eucharistiques de Jérusalem, et comme je remercie Dieu de m'accorder la grâce d'en être l'heureux témoin !

Je partis donc de Montluçon le 6 avril pour me rendre d'abord à Paray-le-Monial. Je voulais implorer la protection du Sacré-Cœur pour mon pèlerinage, car je n'ignorais pas les périls auxquels je serais exposée durant la traversée et pendant mon séjour en Orient... Là aussi devait venir me rejoindre l'aimable jeune fille que la bonne Providence me donnait pour compagne, et qui désormais allait partager mes fatigues et mes joies de Terre-Sainte. Elle arriva deux jours après, sous la conduite de sa tante, M$^{lle}$ de la Ferrière, qui me la confia comme son plus cher trésor et ne s'en sépara qu'avec larmes. Marguerite de Roquefeuil a dix-huit ans ; elle sort du Sacré-Cœur de Rennes, où elle a fait ses études ; c'est une vraie Bretonne, pleine de gaieté et d'entrain, sa santé est robuste et supportera facilement les difficultés du voyage.

Le lundi, 10 avril, nous quittons les bonnes religieuses du Cénacle, qui nous accompagnent de leurs prières et de leurs vœux, et prenons à Paray le train de Lyon qui doit nous réunir aux autres pèlerins.

La vapeur nous entraîne à toute vitesse ; nous saluons

en passant la petite ville de Roanne, ensuite Amplepuis, Tarare, étagées sur la montagne et dont les fabriques sont si justement renommées ; de belles vallées reposent nos regards par leurs verdoyantes prairies ornées de cerisiers en fleurs ; c'est une heureuse diversion, car le cœur est encore aux émotions du départ, et l'esprit interroge l'avenir avec quelque anxiété.

A deux heures, le train entre en gare de Lyon. Nous consacrons notre soirée à Notre-Dame de Fourvière. Agenouillées à ses pieds, nous la prions de couvrir de son égide ceux qui gagnent l'Orient pour y accroître le règne de son divin Fils, et, le lendemain matin, confiantes en sa protection, nous prenions notre place dans le train spécial destiné aux pèlerins de Jérusalem !...

Nos frères d'armes sont nombreux ; plus de six cents s'entassent dans les wagons. La joie rayonne sur tous les visages ; on sent qu'une pensée commune remplit tous les esprits et que les cœurs battent à l'unisson.

Le sifflet donne le signal du départ ; notre convoi s'ébranle et reprend sa course pour Marseille. Nous adressons un dernier regard à la basilique de Fourvière et bientôt nous filons rapidement entre deux chaînes de montagnes, suivant le cours précipité du Rhône, entrevoyant Valence et son merveilleux pont de fer ; Avignon, l'ancienne ville des papes ; Tarascon, Arles, dont les grands édifices font déjà pressentir l'architecture orientale ; et enfin, vers 4 heures, le spectacle féerique de Notre-Dame de la Garde apparaît à nos regards charmés, comme une céleste vision.

Le ciel a revêtu sa plus belle parure azurée ; le soleil jette à profusion sa poudre d'or sur Marseille, ses collines et ses ports ; la coupole de Notre-Dame de la Garde, dont la douce image domine les flots de la mer, brille de mille feux. La Vierge bénie semble sourire à la grande cité et à ceux qui vont partir sous sa maternelle protection.

A la descente des wagons, le T. R. P. Alfred nous réunit dans une des salles de la gare pour annoncer que moitié des pèlerins, par suite de circonstances imprévues, sont obligés de se rendre par le chemin de fer à Rome, d'où ils seront ramenés pour s'embarquer, le 20, sur la *Ville de Brest*, qui les conduira en Terre-Sainte. Inutile d'ajouter qu'il y a plus d'une déception ; ma jeune compagne, qui se réjouissait d'aller à Naples, est très désolée de ce contre-temps, mais le Père Alfred qui, comme le Père Bailly, a le secret de jeter une note gaie au milieu des difficultés qui surgissent, arrive à nous persuader que ce changement est tout à notre avantage. Elle se résigne donc à n'être pas sur le *Poitou*, et la vue de la célèbre Cannebière, que nous allons visiter, achève de lui rendre toute sa joyeuse humeur. Les Marseillais ont lieu d'en être fiers. Quel bruit, quel mouvement dans ce quartier commerçant et riche, aux magasins splendides, aux bazars légendaires, dans lesquels on coudoie les costumes les plus divers, échantillons de tous les mondes et de toutes les latitudes !

Nous assistons, étonnées, au spectacle de cette ville étrange, où se trouvent les marins des deux hémisphères, et quand, près du port, j'aperçus cette forêt de mâts, ces grands vaisseaux dormant là sur leurs ancres, puis la mer, développant, dans l'immensité, son mobile azur qui se confondait de loin avec celui du ciel, je ne pus m'empêcher de payer mon tribut d'admiration à cette belle Méditerranée : « Mer classique de la poésie « et des grands souvenirs, salut ! Tu baignes tous les « rivages historiques : l'*Italie*, la *Grèce*, l'*Asie Mineure*, « la *Syrie*, la *Palestine*, l'*Egypte*, l'*Afrique*, l'*Espagne*, « la *Gaule*. Tu as porté toutes les civilisations, toutes « les grandeurs, toutes les décadences de l'ancien « monde. Et puis surtout, incomparable honneur ! tu « fus le grand chemin de Dieu aux premiers âges du « christianisme. Pierre, le pêcheur de Galilée, Paul, le « faiseur de tentes ; apôtres des temps primitifs, doc- « teurs de l'Orient et de l'Occident, ont passé sur tes « flots bleus, porteurs de l'Evangile et de la civilisation « chrétienne. Maintenant encore, tu es la mer catholique : « c'est toi qui conduis à Jérusalem les pèlerins du « monde entier, servante des serviteurs de Dieu !... » — La soirée est magnifique, une légère brise rafraîchit l'atmosphère ; le ciel, d'une pureté incomparable, nous présage une belle journée pour le lendemain. Il est temps de revenir à l'hôtel de Rome, où nous avons pris gîte, pour dîner et goûter un peu de repos.

# CHAPITRE II

## DE MARSEILLE A ROME

LA COTE D'AZUR. — TOULON. — SAINT-RAPHAEL. — CANNES. — LES ILES LÉRINS. — NICE. — LE BOUQUET DU CHAUFFEUR. — LA DOUANE A VINTIMILLE. — *Partenza !...* — LA RIVIERA. — LE TIBRE. — LA CAMPAGNE ROMAINE. — ENTRÉE EN GARE.

ERCREDI 12 AVRIL. — A sept heures du matin, l'omnibus de l'hôtel nous conduit à la gare. Elle est déjà remplie d'une foule compacte et empressée, comme il arrive toujours en pareille occurrence ; plusieurs personnes n'ont pas reçu leur billet pour Rome, ce qui cause un peu de désarroi, les employés ne voulant pas les laisser passer sans cela. Enfin, le Père Gumfrid vient à notre secours en criant: *Tous les pèlerins en voiture ; ceux qui n'auraient pas leur carte la recevront en route.* » Aussitôt les wagons sont envahis et comme pris d'assaut. Notre

bonne étoile nous fait entrer dans le compartiment de la direction du pèlerinage ; nous y serons protégées et en excellente compagnie.

A 8 heures, nous quittons Marseille avec le regret de n'avoir pu monter à Notre-Dame de la Garde avec nos frères du *Poitou*, qui sont allés recevoir la croix de sa main maternelle pour lui faire en retour le sacrifice de leur vie ; mais nous y volons par le cœur en lui offrant l'oblation de notre volonté, immolée à l'obéissance, avec la douce persuasion qu'elle l'agréera.

Le panorama que nous offrent les environs de Marseille est si enchanteur que nous ne pouvons quitter la portière des yeux, afin d'en jouir le plus longtemps possible.

Qu'elles sont belles les côtes de notre chère France, baignées par les flots bleus de la Méditerranée et éclairées par un soleil radieux ! Partout des villages, bourgs et hameaux, se groupent à leurs pieds, s'éparpillent au regard, s'étagent sur les collines ; partout, sur les sommets, de pieux sanctuaires attestent la foi de nos ancêtres. Cette route de la Corniche, que suit la voie ferrée, est vraiment merveilleuse. Voici la charmante plage de La Ciotat, Toulon, avec sa gare monumentale, sa vaste rade sillonnée de navires, puis la station des Arcs, où nous arrivons à onze heures et demie. On nous donne là un temps d'arrêt pour déjeuner. Chacun se précipite au buffet, d'autres à la pompe pour se rafraîchir le visage et les mains ; c'est un amusant spectacle que nous regardons de notre compartiment, où nous déjeunons tranquillement avec les provisions que nous avions achetées à Marseille.

Le train reprend ensuite sa course vagabonde et nous voici bientôt à Saint-Raphaël, délicieuse station balnéaire, entourée de palmiers, de cactus gigantesques et d'aloès à l'épais feuillage. C'est la végétation exotique qui commence et que nous retrouverons tout le long du littoral, sous l'azur du doux ciel de Provence et d'Italie.

L'œil est déjà ravi du tableau qu'il contemple ; la mer immense et profonde, limpide comme le cristal, apparaît à travers la verdure des pins et des oliviers. Çà et là, de gracieux cottages, de superbes châteaux se montrent parmi des touffes de mimosas, d'orangers et de lauriers. Voici le golfe de la Napoule et les blanches maisons de Cannes ; l'air est imprégné du doux parfum des fleurs, auquel se mêle la fraîcheur des brises de la mer : c'est un vrai paradis terrestre. De loin, j'aperçois les îles de Lérins, qui semblent flotter sur les eaux bleues de la mer comme deux corbeilles de verdure, qui se seraient détachées du rivage. Elles me rappellent de chers souvenirs, car leur visite a été l'occasion de mon premier voyage maritime en 1887. Je n'oublierai jamais l'émotion qu'il m'a causée ni le bonheur que j'ai ressenti en parcourant les magnifiques bois de pins qui les encadrent si admirablement.

Je salue le petit clocher de l'île de *Saint-Honorat*, qui émerge d'une touffe de chênes verts et vient seul rappeler qu'un monastère de Bénédictins est la gloire de cette île fortunée, que la piété et la science de ses religieux ont immortalisée.

Je jette un regard sur le fort de l'île de *Sainte-Marguerite*, qui a un aspect très imposant... Voilà Antibes avec ses fortifications et sa chapelle de **Notre-Dame de la Garde**, se montrant à la pointe du Cap, puis les Alpes maritimes, couvertes d'une neige immaculée, et enfin Nice la Jolie, couchée sur ses collines d'orangers et recevant les chaudes caresses du soleil qui, ce jour-là, est vraiment de feu. La mer, dans une courbe gracieuse, s'arrondit à ses pieds, et la splendide *Promenade des Anglais*, continuée par les élégantes villas du Var, se déroule dans le lointain. Ce parcours est un véritable enchantement ; nous entrevoyons des champs immenses de roses, de citronniers, dont les fruits dorés contrastent avec le vert sombre des caroubiers et des eucalyptus qui bordent la voie.

C'est aussi un voyage à émotions : les dernières voitures du train sont encore sous la galerie d'un tunnel que la machine siffle déjà dans un autre. Et quel paysage !... c'est un changement de décor à vue dont la nature capricieuse est le principal machiniste. En moins de 15 minutes, on compte sept tunnels. La mer d'un côté, le rocher de l'autre, juste la largeur de la voie sur la terre. Bientôt le roulement des vagues déferlant sur la grève se perçoit plus distinctement ; encore un coup de sifflet et le septième tunnel sera enfilé. Je me hâte de reparaître à la portière pour ne la plus quitter ! *Great attraction !* Sur cet immense rocher qui s'avance dans la mer se dresse la capitale de la principauté de Monaco.

**Monaco !** c'est le pays des songes, la féerie de la merveilleuse Méditerranée !

**Monaco !** c'est le réveil fantasque du rêve fantastique que l'on fait depuis une heure, en voyant se dérouler à chaque détour du terrain le bizarre et incomparable panorama qui s'étend devant soi.

L'antique palais des Princes s'élève à 60 mètres au-dessus de la mer ; les tours et les remparts semblent en quelque sorte faire corps avec la montagne. Son aspect extérieur est magnifique.

Nous eûmes là quelques minutes d'arrêt, et comme les talus de la voie étaient couverts de fleurs sauvages qui excitaient notre envie, des pèlerins aimables descendirent pour nous en cueillir une charmante gerbe, ce qui nous combla de joie.

La locomotive d'un train retournant à Nice se trouvait à côté de notre wagon. Le chauffeur, voyant notre admiration pour ces simples fleurs des champs, s'écria : « Moi aussi, j'ai des fleurs. » Et tendant vers nous ses mains noires et sa figure empreinte de poussière charbonneuse, il nous présente un bouquet de roses-thé et de bruyère blanche qui était ravissant, en nous priant de l'accepter. La chose nous parut si étrange que nous hésitions, mais le brave homme y mit une telle insistance que, craignant de le désobliger, nous l'acceptâmes en riant beaucoup de ce petit incident, le premier de notre voyage.

La vapeur s'élance de nouveau dans l'espace ; elle brûle Roquebrune, Menton et s'arrête à Vintimille, la station frontière, la ville des douaniers à l'amabilité intermittente. C'est ici que commencent mes tribulations : les douaniers paraissent grincheux et se montrent très sévères pour une boîte qui contient une branche de roses que j'emporte à Rome ; comme le métal dont elle est formée brille beaucoup, ils s'imaginent que sa valeur est excessive. J'ai beau dire le contraire, ils ne me croient pas ; un de nos pèlerins est obligé de s'adresser au directeur pour faire rendre ma caisse et obtenir une taxe en rapport avec le prix de l'objet.

Retardée par la douane, je n'ai que le temps de monter dans le train : *Partenza !* crient déjà les employés. Nous avons quitté les wagons français pour les wagons italiens, les coiffes blanches de nos chefs de gare sont remplacées par des coiffures rouges : tout annonce que nous nous éloignons de plus en plus de notre chère patrie. Heureusement que les côtes de la Ligurie sont aussi enchanteresses que celles de la Provence, et que leur contemplation empêche toute tristesse d'envahir mon cœur. Bordighera, échelonnée sur une éminence, se montre bientôt à nos yeux, entourée de sa verte ceinture de palmiers, dont les branches agitées par la brise semblent saluer le passage du train. San-Remo, Porto-Morizo, Oneille, Alassia, Albenga, ces charmantes villes de la Riviera, glissant du flanc des coteaux jusqu'à la mer, nous jettent dans une sorte d'extase. Puis la nuit nous enveloppe de ses voiles et nous dérobe ces riants et pittoresques panoramas, dont nous privaient, du reste, à chaque instant, les nombreux tunnels de la voie. On récite le chapelet, puis chacun, s'enveloppant de ses couvertures, cherche à clore ses paupières et à se livrer au sommeil.

Jeudi 13 avril. — Le matin, à peine éveillée, je mets la tête à la portière : la mer n'est plus là ! nous avons passé Gênes, Savone, Pise et courons sur Civita-Vecchia.

La campagne est herbeuse et solitaire, on aperçoit seulement de loin en loin quelques troupeaux de buffles qui errent à travers ces plaines désolées.

Après plusieurs heures de ce parcours monotone, nous retrouvons avec joie notre belle Méditerranée et jetons un rapide regard sur Civita-Vecchia, cet ancien port des papes où vont débarquer les pèlerins du *Poitou*.

Le Tibre, décrivant une courbe majestueuse, apparaît bientôt au milieu d'une vaste plaine, entre des rives sans arbres ni verdure. Tout est grand, tout est immense. Le bruit, le mouvement de l'industrie et de la société moderne font silence autour de la ville de Rome comme pour préparer l'âme aux grandes et solennelles émotions qui l'attendent. Tout à coup, le dôme de Saint-Pierre se montre à l'horizon ; voici les grandes ruines de l'aqueduc de Claude, puis la basilique de Saint-Paul-hors-les-murs ; nous entrons en gare !... mon Dieu, soyez béni !...

# CHAPITRE III

## ROME : PREMIÈRE ET DEUXIÈME JOURNÉE

A TRAVERS LA BASILIQUE DE SAINT-PIERRE. — AU VATICAN. — L'AUDIENCE PAPALE. — L'ADRESSE LUE PAR LE R. P. PICARD. — LA BÉATIFICATION DU SERVITEUR DE DIEU ANDRÉ BALDINUCCI. — LA CÉRÉMONIE DU MATIN. — INCIDENTS QUI ONT FAILLI EMPÊCHER L'AUTEUR D'ASSISTER A L'OFFICE DU SOIR. — SANTA LUCIA.

ous nous rendons à l'hôtel de Milan, place Monte-Citorio, gîte qui nous avait été assigné par la direction.

A Rome, on ne se sent plus étranger, car Rome, dit un *poète anglais*, c'est le pays de tous, la patrie de l'âme ! Les deux groupes du pèlerinage, séparés depuis Marseille, se retrouvent joyeux. Je reconnais avec bonheur M<sup>mes</sup> de Goncourt et de Vanssay, M. Victor Tréca et plusieurs prêtres qui avaient été mes compagnons de voyage en 1891. De part et d'autre, c'est la satisfaction, la joie, l'entrain ; on est si heureux de se trouver réunis après deux ans d'absence, c'est une surprise à laquelle on ne s'attendait pas.

Cinq jours à Rome, c'est peu pour se faire une idée des souvenirs historiques, des merveilles artistiques et des sanctuaires religieux accumulés dans la Ville éternelle ; mais nos directeurs ont tout prévu, tout réglé. Par leurs soins, chaque pèlerin est nanti d'une petite brochure composée pour la circonstance, *Rome en cinq jours*, qui lui permet de se rendre compte, même sans cicérone, des choses qui peuvent l'intéresser et lui parler à l'esprit et au cœur.

Samedi 15 avril. — Notre première visite est pour la basilique de Saint-Pierre. Avec quelle émotion, je me retrouve sur la belle place qui précède ce merveilleux monument ! Mais ma compagne et moi ne voulons regarder ni l'obélisque, ni la colonnade, ni le péristyle. Nous hâtons le pas. D'une main frémissante, nous soulevons la lourde portière ; une atmosphère tiède, égale et parfumée règne dans ces immenses nefs où l'or, le bronze, le marbre et les mosaïques ont tout envahi. Lentement nous avançons, pénétrées de respect, pénétrées d'amour et aussi de crainte, un peu écrasées de cette grandeur. Pourquoi craindre ? ne sommes-nous pas là chez nous, comme des filles de roi dans le palais de leur père ? Aussi la joie, l'allégresse, l'espérance nous envahit et nous emporte. Alors, cette vaste structure prend à nos yeux toutes ses dimensions. Elle nous parle. Nous entendons son langage. C'est un poème, le poème de la religion et de la victoire du Christ. L'amour du peuple chrétien a rêvé ces grandeurs, accumulé ces richesses, enlacé ces harmonies ; et ce temple est magnifique et durable, parce que le Dieu qui le remplit est le Dieu qui aime et qui est aimé.

Nous baisons le pied de saint Pierre. Cette statue vénérable remonte aux premiers siècles de l'Eglise. Depuis cette époque, que de lèvres illustres ou saintes se sont posées avec amour sur ce bronze immortel ! J'aime à penser ici à notre saint évêque, de vénérée mémoire, Monseigneur Pierre-Simon de Dreux Brézé, si attaché à la Papauté et qui, pour perpétuer le souvenir de son ardente piété et la rendre chère à ses diocésains, fit don à la cathédrale de Moulins d'une statue semblable à celle-ci, afin que les fidèles puissent, en la baisant, gagner les indulgences dont cet acte de dévotion est enrichi, et pour qu'un jour il ait sa sépulture aux pieds de son illustre patron. Son vœu est exaucé ; il repose maintenant sous l'égide protectrice de saint Pierre et semble dire perpétuellement, par sa présence, à la foule qui passe : « *Voyez combien j'ai aimé l'Eglise de Dieu* (1). »

Je me dirige alors vers la Confession, « admirable nom donné par le génie chrétien à l'autel des Martyrs. » Sur la balustrade circulaire qui l'entoure, 95 lampes en vermeil brûlent perpétuellement devant les restes précieux du Prince des Apôtres. Ils sont conservés dans une châsse fermée par des portes de bronze doré. Je m'agenouille près de ces saintes reliques et, le front sur

---

(1) Paroles de Monseigneur Dubourg, à la cérémonie d'inauguration du dais ornant la statue de la cathédrale de Moulins (**18 janvier 1895**).

ce marbre, doux comme la poitrine d'une amie, je laisse couler mes larmes, priant pour ceux que j'ai perdus et dont le souvenir m'accompagne toujours. Je fais ensuite le tour de cette basilique si vaste, si riche, si solennelle. Elle semble s'élargir à mesure qu'on la connaît mieux. Il n'est pas une pierre dans cette montagne de gloire qui ne soit à sa place, qui ne donne une clarté, qui ne jette une parole forte et sublime. Rome, le résumé de tout, se résume dans Saint-Pierre, et Saint-Pierre crie dans Rome et dans le monde la victoire de la croix sur Rome et sur le monde.

Dans cette basilique où tout est chef-d'œuvre, le premier regard et le dernier sont pour ce dôme merveilleux, dû à Michel-Ange, que l'on contemple depuis bien des années sans que l'admiration se soit lassée, et qui arrachait cet aveu à un philosophe du siècle dernier : « *Je crois sous le dôme de Saint-Pierre.* »

On ne quitte qu'à regret ce riche et noble mausolée que l'amour et la Foi ont élevé au Prince des Apôtres, car un charme puissant vous retient sous les voûtes, et chacun des pas qu'on y fait remplit l'âme de sensations inoubliables.

C'est ce matin, à 10 heures, que le Saint-Père doit donner une audience aux pèlerins de Jérusalem. Nous nous hâtons de revenir à l'hôtel pour prendre le costume exigé par le cérémonial du Vatican : *Le signore in abito nero e velo in testa.* Donc, en robe noire, et mantille sur la tête, nous arrivons à la porte de bronze, gardée par les Suisses, qui rappellent par leur costume pittoresque les lansquenets d'autrefois. On nous introduit dans la vaste galerie des *Cartes géographiques,* si richement décorée par Pie VII. Nous n'étions pas moins de quinze cents personnes, car beaucoup de pèlerins en visite à Rome s'étaient unis à nous pour profiter de cette audience.

Au centre de la galerie, on avait disposé pour le Saint-Père un simple fauteuil sur une petite estrade assez basse pour qu'il fût plus facile à Sa Sainteté d'accueillir les pèlerins et de se mettre à leur portée.

Après une assez longue attente imposée par la vieille étiquette, avec laquelle la cour de Rome ne transige pas, le Pape apparaît enfin... La vaste salle retentit d'acclamations prolongées et répétées : *Vive le Pape ! vive Léon XIII ! vive le Pape-Roi !* Il traverse les rangs dans sa chaise à porteurs, souriant, saluant de la tête et du regard, et bénissant cette foule pieuse qui s'agenouille, frissonnante, sur son passage.

D'un pas alerte, il monte sur son trône. La blancheur de sa robe merveilleusement encadrée dans un vaste manteau de pourpre, la maigreur de son visage, cette physionomie des Bruno et des Bernard, où le pinceau le plus délicat s'est plu à verser toutes les grâces d'une vertu céleste, en fait une apparition de la majesté divine ! Dans ses yeux, quelle lumière ! quelle expression de touchante bonté ! sur ses lèvres, quel doux sourire ! quelle majesté sereine dans ses traits ! Il réalise bien ces mots d'un illustre évêque : « *Voilà le dernier échelon de l'humanité ; au-dessus, il n'y a que Dieu !* (1). »

---

(1) **Monseigneur Mermillod.**

Le R. P. Picard, supérieur général des religieux de l'Assomption, lit une adresse pleine de fortes pensées, où il caractérise avec une parfaite netteté la haute portée des pèlerinages de Pénitence, le but précis du Congrès eucharistique et enfin les grandes espérances que l'Eglise a le droit de fonder sur ces touchantes manifestations, pour les progrès de l'unité catholique en Orient.

En voici un petit résumé :

« Très Saint-Père,

« Les paroles de Votre Sainteté sont toujours
« fécondes en victoires. Il y a douze ans, je me per-
« mettais de soumettre à Votre Sainteté le projet d'un
« pèlerinage populaire de Pénitence à Jérusalem.
« L'entreprise était difficile. Elle passait même pour
« audacieuse et téméraire. Malgré sa témérité, Votre
« Sainteté daigna la bénir et la combler de faveurs.
« Aussitôt les obstacles tombèrent comme d'eux-
« mêmes, et plus de mille pèlerins se précipitèrent
« joyeux vers la Terre-Sainte. On leur annonçait qu'ils
« mourraient tous : ils revinrent tous bien portants.
« Depuis lors, Jérusalem attend chaque année avec
« une joyeuse impatience le retour des pèlerins de la
« Pénitence, et voilà douze ans que les pèlerins
« répondent aux espérances des catholiques de Pales-
« tine. Grâce à Votre Sainteté, l'œuvre est fondée.
« Votre parole est encore victorieuse aujourd'hui,
« Très Saint-Père. Elle donne à notre pèlerinage de
« Pénitence une grandeur nouvelle. Elle en fait un

« pèlerinage eucharistique, et unit le monde entier en
« un même acte de solennelle réparation et d'immense
« amour.

« Elle le rehausse d'un incomparable honneur en lui
« donnant pour chef un cardinal de la sainte Église
« romaine, un légat de son auguste Personne. La pen-
« sée de Votre Sainteté a été comprise et, de toutes
« parts, accourent les pèlerins, heureux de manifester,
« sur la terre du Christ, leur amour pour la divine
« Eucharistie et leur ardent désir d'unité.

« Ces pèlerins viennent d'abord au centre de l'unité :
« ils viennent à Rome, en vos fêtes jubilaires, pour vous
« dire leur admiration, leur dévouement, leur respec-
« tueuse tendresse. Dans leur voyage à travers les mers,
« en Palestine, à Jérusalem, ils prieront, ils obéiront,
« ils souffriront, et, si Dieu veut des victimes, ils sont
« prêts à mourir pour toutes les intentions de Votre
« Sainteté. »

A ce passage, tous les pèlerins ont souligné ces
paroles par des applaudissements prolongés. Sa Sainteté s'en est montrée vivement émue, et a répondu par
un discours écrit où Elle a redit toute son affection pour
les Pères de l'Assomption et son admiration pour leurs
entreprises d'apostolat ; Elle les félicite et les remercie
de la tenue si chrétienne et si digne qu'ils ont su
imprimer aux pèlerinages en Orient, et laisse entrevoir les espérances qu'Elle fonde sur le pèlerinage et
sur le Congrès eucharistique de cette année, pour dissiper les préventions amassées par les siècles dans les

esprits des Orientaux, et pour hâter l'heure tant désirée de l'union de tous les enfants du Christ sous un seul chef.

Après son discours, le Saint-Père donna sa bénédiction à l'assemblée, puis il admit au baisement du pied et de la main les organisateurs du Congrès et les principaux personnages présents. Sa Sainteté parcourut ensuite les rangs, bénissant, encourageant, caressant tous ses enfants, qui se pressaient à ses pieds avec autant d'amour que de respect. Léon XIII était rayonnant de joie, de bonté, montrant une satisfaction très grande de cette réception des pèlerins de pénitence, malgré les fatigues de cette longue audience qui a duré deux heures. Il rentre enfin dans ses appartements, au milieu des ovations enthousiastes débordant de tous nos cœurs, et chacun se retira profondément ému !...

Dimanche 16 avril. — Cette journée me laissera un ineffaçable souvenir, je l'ai inscrite parmi les heureuses de ma vie. Lors de mes deux autres voyages à Rome, j'avais eu, après le bonheur de l'audience particulière du Saint-Père, celui d'entendre la messe dans la chapelle privée de Sa Sainteté, de communier de sa main, d'assister deux fois aux cérémonies de la Sixtine, d'être admise au Consistoire, il ne me manquait plus que de voir une béatification pour compléter la série des faveurs de Rome. Grâce au pèlerinage, il me fut donné d'être témoin de cette imposante solennité....

A 7 heures, nous partons pour le Vatican. Le temps est beau, la plus vive lumière du ciel éclaire ce jour, dont j'ai salué l'aurore avec des transports de joie.

Le serviteur de Dieu, objet de cette grande fête, est

le Bienheureux *Antoine Baldinucci*, missionnaire jésuite, né à Florence en 1665, mort en 1717.

La solennité d'une béatification se compose de deux cérémonies, l'une s'accomplit dans la matinée, et l'autre, à laquelle assiste le Pape, a lieu dans l'après-midi.

Comme nous étions trop nombreux pour pouvoir assister tous aux deux cérémonies, moitié des pèlerins avaient reçu des billets pour le matin et moitié pour le soir. Ma compagne et moi avions nos billets d'entrée pour la fête de la matinée, voilà pourquoi nous partions dès sept heures pour avoir les meilleures places.

Ce n'était pas trop tôt : déjà une foule de pèlerins se pressait à la Porte de bronze quand nous y arrivâmes, et inondait les immenses vestibules du Vatican !

Quand je suis entrée dans la salle de la Loggia, j'ai eu comme un éblouissement. Le jour naturel étant supprimé, on y avait suppléé par des centaines de lustres et d'immenses cordons de lumière disposés avec art, d'où résultait un effet grandiose et magique. Le mur du fond de l'autel était couvert d'une immense gloire formée de nuages flottants, d'où s'échappaient de toutes parts des faisceaux lumineux. Il était éclairé par plus de cinquante lustres disposés en trois ovales concentriques. Dans l'ovale placé au centre se trouvait l'image peinte du Bienheureux, encore recouverte d'un voile. Dès que le cortège des Cardinaux et des Prélats eut fait son entrée, on lut à haute voix le décret de la béatification, on distribua aux Cardinaux présents la biographie et l'image du Bienheureux, on entonna le *Te Deum* et, soudain, le rideau qui dérobait son portrait étant tombé, le Bienheureux *Antoine Baldinucci* apparut radieux, porté par les Anges, au milieu des flots de lumière et d'encens. Je fus vivement impressionné par cet émouvant spectacle ; je tombai à genoux avec toute l'assistance pour vénérer le nouveau béatifié et lui demander des grâces qu'il ne doit pas refuser en ce jour glorieux. Ensuite, la messe solennelle commença ; elle fut écoutée avec une émotion générale et exécutée avec une admirable *maëstria*.

Durant la messe, on distribua des images du Bienheureux et des livres qui en racontent la vie, écrite par le Postulateur de la cause. Je conserve religieusement celle qui me fut donnée.

A midi, le cérémonial si majestueux et si simple à la fois de ce grand acte de la suprême autorité pontificale étant terminé, nous rentrâmes à l'hôtel avec un ardent désir de pouvoir assister à la fête du soir qui serait encore plus imposante, puisque le Pape devait y venir. Mais comment y arriver, nous n'avions point de billets d'entrée ?... Je ne me décourageai pas : je pris une voiture et je me fis conduire chez Son Eminence, le *Cardinal Macchi*... Le Cardinal se trouvait à la campagne, première déception !... j'allai à l'hôtel de la Minerve, je demandai à voir mes aimables compatriotes, le baron et la baronne d'Aubigny..., le concierge répond : Ils sont partis depuis huit jours...

Décidément, ma bonne étoile semblait m'abandonner. Je ne savais plus à qui m'adresser pour avoir ces précieux billets, quand la Providence vint à mon secours. En rentrant à l'hôtel de Milan, je trouvai mon jeune compatriote et ami, Ernest Cornet d'Ermagne, qui m'attendait. Je lui contai mon embarras et mon désir d'assister à la cérémonie du soir. « Ne vous inquiétez pas, je connais le comte de Courten, colonel des gardes-suisses, je cours lui demander des billets... »

Une heure après, nous les possédions et partions à la hâte pour le Vatican, craignant d'arriver trop tard. En effet, à peine étions-nous montées dans la salle Royale, qu'un piquet de gardes-suisses nous barre la porte de la Loggia en s'écriant : On ne peut plus passer, la salle est comble !... Notre jeune cicérone ne se laisse pas intimider : « *Où est le colonel de Courten, je veux lui parler, je le connais particulièrement ?* » s'écrie-t-il.

Un Suisse va le chercher, il arrive et, nous saluant profondément en nous tendant la main, il ordonne à un soldat de garde de nous faire entrer. « *Mais, colonel, c'est impossible, il n'y a de passage libre que celui réservé au Pape.* » Le comte de Courten lui dit quelques mots à voix basse et nous fait signe de le suivre. Nous le remercions et, marchant derrière l'officier de la garde suisse que le colonel nous avait donné pour guide, nous entrons non sans peine dans la fameuse Loggia ou salle *Léonine*. Elle est située au-dessus du portique de Saint-Pierre et, à elle seule, est une superbe cathédrale. C'est du balcon de la fenêtre centrale que le Pape donnait autrefois la bénédiction solennelle *urbi* et *orbi*, d'où lui vient son nom de Loggia. Comme le matin, elle était richement illuminée et splendidement décorée. Entre les colonnes, des guirlandes de fleurs, des draperies et des bannières du plus pittoresque effet, représentaient des sujets tirés de la vie du nouveau saint. Dans les tribunes réservées se trouvaient les Supérieurs des Jésuites, le corps diplomatique, les invités de distinction. Le coup d'œil était superbe, mais la foule qui se pressait dans la salle était si compacte, que nous ne pouvions espérer de la traverser. L'officier de la garde-suisse s'engagea résolument dans le passage réservé au Saint-Père, que des barrières séparaient de la nombreuse assistance. Nous suivions, un peu intimidées, notre obligeant conducteur, sous les regards étonnés des autres pèlerins. Arrivées presqu'en haut de l'immense salle, qui a trente-deux mètres de longueur et vingt de largeur, un camérier de cape et d'épée, revêtu de son élégant costume Henri II, arrête notre marche triomphale en s'écriant : « Où allez-vous ?... Il n'est pas permis de passer là !... Le Pape va venir, descendez vite !... — Mais, Monsieur, lui répondis-je, c'est par ordre du colonel de Courten que nous avons pu venir jusqu'ici, il espère que nous trouverons des places dans les tribunes réservées. — « *C'est trop tard maintenant, elles sont combles, je n'ai pu même y placer ma famille.* » Devant cet argument, il fallait se rendre, mais comment renoncer à cette fête au moment de toucher le but ?... Nous nous consultions tous les trois du regard, quand le garde-suisse, pour obéir à la consigne reçue, s'écria : Mais le colonel m'a ordonné de les conduire, car il veut qu'on les place bien, et il lui glissa une parole à l'oreille. Aussitôt le camérier d'honneur se recula et nous dit : « *Eh bien ! passez vite, il y a encore quelques places dans les premiers rangs !* » Nous nous empressâmes d'obéir en bénissant Dieu de nous avoir si bien protégées.

Quelques minutes après, le Saint-Père fit son entrée dans la salle, escorté de sa noble cour et suivi d'un nombre considérable de cardinaux et de prélats. Rien ne peut donner l'idée de la joie, de l'enthousiasme, des transports avec lesquels Sa Sainteté fut accueillie. La même émotion envahit toutes les âmes, le même cri sort de toutes les lèvres : *Vive le Pape ! Vive Léon XIII !* Impossible d'échapper au frisson sympathique qui, comme une décharge électrique, saisit les plus insensibles. Je ne crois pas que l'on puisse voir une scène plus touchante. Cependant le silence se rétablit dès que le pape s'agenouille et fait son grand signe de croix ; il prie avec ferveur et vénère les reliques du Bienheureux. Puis on chante des motets de circonstance et l'on donne la bénédiction du Très Saint Sacrement. Après quoi, le Supérieur des Jésuites offrit à Léon XIII un énorme bouquet. Quand le Saint-Père retourna dans son palais avec le même cérémonial, les ovations recommencèrent. L'amour faisant tort au respect, je crus un moment que ses gardes du corps, d'une taille colossale, ne parviendraient pas à le protéger contre les pieuses audaces de la foule. Enfin, il peut rentrer dans ses appartements, et, après une longue attente, la foule immense parvint à sortir et inonda de ses flots les abords de la place de Saint-Pierre.

O délicieuse journée ! Pourquoi fallait-il te voir sitôt finie ! Pourquoi donc, ineffables moments de bonheur, êtes-vous passés comme l'éclair sur cette foule frémissante et radieuse ! Jamais, non, jamais nous ne vous oublierons ! — Le soir, les anciens pèlerins de 1891 se réunirent au salon de l'hôtel de Milan pour se communiquer les émotions et les joies de ce jour incomparable. Nous formons comme une petite famille à part.

au milieu de la grande famille du pèlerinage de chaque année ; nous nous sentons plus intimes, nous causons plus à l'aise et terminons la soirée en chantant en chœur la barcarolle si aimée des Napolitains, *Santa-Lucia*, qui est vraiment charmante sur le sol italien.

# CHAPITRE IV

## LES EGLISES DE ROME

L'ARA CŒLI. — LES PRISONS MAMERTINES. — SAINT-PIERRE-IN-MONTORIO. — SAINTE-MARIE-DU-TRANSTÉVÈRE. — SAINTE-CÉCILE. — SAINT-CHRYSOGONE. — SAINTE-SABINE. — SAINTE-AGNÈS. — SAINTE-MARIE-MAJEURE. — LE FORUM. — LE COLISÉE. — SAINT-JEAN-DE-LATRAN. - LA MINERVE.

UNDI 17 AVRIL. — La messe du pèlerinage a lieu ce matin dans l'église de l'*Ara Cœli* (autel du ciel), qui est un des sanctuaires les plus antiques et les plus vénérés de Rome. Cette église, qui est, près du Capitole, un souvenir de Jérusalem, possède le corps de la glorieuse impératrice qui retrouva la croix. Elle est desservie par les religieux qui gardent le saint Sépulcre. Dans Rome, toute voix entretient un dialogue solennel avec quelque parent illustre du monde et du temps.

Mais le trésor le plus précieux de l'Ara Cœli, c'est le *Gesu Bambino*, c'est-à-dire la statue miraculeuse de l'Enfant Jésus, que la reconnaissance et la piété des Romains ont revêtue d'une tunique d'or ruisselante de diamants et de pierres précieuses. Elle est faite en bois d'olivier de Jérusalem et date du XVIᵉ siècle. On s'imaginerait difficilement la dévotion du peuple pour cette statue. Souvent les malades demandent à lui baiser les pieds et l'on rencontre alors, dans les rues de Rome, une superbe voiture au fond de laquelle est assis un Père Franciscain tenant dévotement sur ses genoux le *Santissimo Bambino*.

— Après le Saint Sacrifice, un religieux le présente à notre vénération. Je le contemplai avec ravissement... sa figure enfantine est charmante !... Je le baisai avec dévotion en lui recommandant mes associées du vestiaire des enfants pauvres de Montluçon, qui est placé sous son patronage.

### Prisons Mamertines

De l'Ara Cœli, nous descendons aux prisons Mamertines. Comme deux reliques précieuses, ces cachots sont enchâssés dans une église. L'église est dédiée à saint Joseph, patron de la bonne mort. Les murs noirs et humides ont possédé Pierre et Paul durant neuf mois. La source d'eau qui s'y trouve a jailli à la prière de Pierre pour baptiser les deux geôliers qu'il avait convertis ; nous vénérons l'empreinte miraculeuse laissée par la tête du pêcheur de Galilée, sur une des parois latérales de l'escalier.

O Rome, ô terre des âmes, où les murailles elles-mêmes montrent ces choses divines et grandes, avec quel amour nous posâmes nos lèvres sur ces murs vénérés !

### Saint-Pierre-in-Montorio

Le rendez-vous des pèlerins est ce soir au Janicule, pour y visiter l'église Saint-Pierre-in-Montorio, sur l'emplacement où, d'après la tradition, l'apôtre a été crucifié. Cette colline tire son nom de Montorio à cause de son sable jaune, couleur d'or, car Montorio veut dire *Mont-d'Or*. Nous y montons par une route charmante qui contourne la montagne et d'où l'on jouit d'une vue superbe à mesure qu'on s'élève. Du haut de la terrasse qui précède l'église, l'œil parcourt l'immense campagne romaine, le Tibre sinueux, le clair pays des Apennins, le mont Soracte, Tivoli, Frascati et la plaine et la mer ; à nos pieds, les palais Corsini et Farnèse, les coupoles brillantes, les grandes ruines, Rome enfin !...

De quelque côté qu'on la regarde, elle offre toujours un lointain montagneux magnifique et cet air qui dessine tout. De là, cette beauté que tout le monde sent, cette beauté invincible !...

L'église de Saint-Pierre-in-Montorio, placée au milieu de ce splendide paysage, est confiée aux Pères Franciscains. Dans le chœur, j'ai remarqué une copie du Guide représentant le crucifiement de saint Pierre et une jolie petite chapelle de saint Antoine de Padoue.

A côté est le cloître, au milieu s'élève le gracieux petit temple de forme ronde entouré de seize colonnes de granit noir, chef-d'œuvre de Bramante. C'est dans la chapelle souterraine, au centre du monument, qu'on nous montra la fosse où fut plantée la croix sur laquelle mourut le prince des apôtres. Un religieux retira du fond de ce trou une pincée de sable jaune qu'il nous distribua, et que nous emportâmes précieusement.

### Sainte-Marie-du-Transtévère

En descendant du Janicule, nous visitons Sainte-Marie-du-Transtévère, la première que Rome éleva en l'honneur de la Reine du ciel. Quand Notre-Seigneur vint au monde, une source d'huile jaillit miraculeusement de terre en cet endroit ; les chrétiens ont toujours regardé ce prodige comme un symbole de la naissance du Christ (*l'oint du Seigneur*). Nous admirons la belle mosaïque du XIIIe siècle qui décore le frontispice. L'intérieur est d'une grande richesse, vingt-six belles colonnes de granit, arrachées aux thermes et aux temples du paganisme, séparent les trois nefs. Le pavé resplendit de l'éclat du porphyre et des marbres les plus rares. Le plafond, brillant de dorures et de peintures, est enrichi d'un beau tableau du Dominiquin (*l'Assomption de la Bienheureuse Vierge Marie*). Sous la Confession reposent les corps des saints Calixte, Jules et Corneille, papes.

Rien ne m'a plus touchée à Rome que la tendre dévotion que le peuple romain a pour la Mère de Dieu.

Elle se manifeste à chaque heure du jour, et l'on en voit des preuves pour ainsi dire à chaque pas qu'on fait dans la ville.

Dans toutes les rues, presque devant chaque maison, il y a une Madone, devant laquelle une petite lampe brûle nuit et jour. On ne saurait passer sans donner un souvenir à la *Madona*, sans la saluer d'un *Ave Maria !* Rome est vraiment la Ville de Marie, elle lui a consacré soixante-six églises ; elle lui a partout élevé des oratoires, dressé des colonnes, décerné des images. Elle la chante et l'honore avec l'enthousiasme d'un perpétuel amour, comme sa reine bien-aimée.

Nous continuons notre marche à travers le Transtévère, ce quartier si curieux, si ancien, et qui a gardé sa physionomie originale.

On rencontre tout un peuple affairé et malpropre dans des rues boueuses et sans trottoirs, où s'étalent des boutiques en plein vent, ornées de fruits et de poissons, de brocolis et de fritures. On voit çà et là, aux portes et aux fenêtres, des guenilles suspendues qui attendent un rayon de soleil pour pomper leur humidité, et derrière lesquelles on aperçoit des femmes sordides mais superbes, aux jupes effiloquées, mais aux chevelures qui tombent sur leur dos en cascades merveilleuses ou qui se relèvent sur leur nuque en torsades opulentes. Ce quartier, quoique étant le plus pauvre de la Ville Eternelle, possède cependant des églises d'une grande richesse, comme le prouve Sainte-Marie-du-Transtévère et celle de Sainte-Cécile où nous nous rendons avec un vif sentiment de joie !...

### Eglise de Sainte-Cécile

On aime tant cette chère sainte, vierge, épouse, martyre, apôtre, qui rayonne de sa victoire sur la mort ! Elle habite sa maison, puisque la basilique est construite sur l'emplacement même de son palais. Je fus doucement ému en y entrant. Simplement parée de ses colonnes antiques, de sa gracieuse architecture, de ses lumières, de ses tombeaux, cette église austère et charmante remplit l'âme d'une ineffable paix ; il s'exhale de ses murs je ne sais quel parfum de pureté et de courage qui fait croire que les paroles de l'ange se sont réalisées, lorsque, déposant des couronnes de lis et de roses sur la tête de Cécile et de Valérien, il leur dit : *Ces fleurs ne se faneront jamais, leur parfum sera toujours pur !*

Sous des marbres plus précieux que l'or, elle repose dans le premier cercueil qui lui fut donné, dans sa chair embaumée des seuls arômes de la virginité et du martyre, dans la robe magnifique qu'elle revêtait comme un suaire et qu'elle a, de ses propres mains, serrée autour de son corps virginal.

Nous nous agenouillons près de ce tombeau glorieux, priant et admirant l'œuvre célèbre d'Etienne Maderno, cette belle statue de marbre blanc qui représente la sainte dans la même attitude qu'elle avait en mourant, et qui est un chef-d'œuvre.

### Église de Saint-Chrysogone

Nous sortons, tout imprégnées du céleste parfum qui s'échappe de cette église silencieuse et recueillie, pour nous rendre à celle de Saint-Chrysogone. Elle a un très joli clocher, l'intérieur est vaste mais un peu dénué d'ornements. Sa plus grande richesse est le tombeau de la vénérable Anna-Maria Taïgi, qui seul nous y attirait. Il est en pierre, simple comme l'était celle dont il renferme les restes... Il y a trente ans, on la voyait par les rues, vieille, infirme, allant visiter Notre-Seigneur dans les églises. Sa pauvreté correcte, un certain éclat de majesté, la curiosité dont elle était l'objet, excitaient l'attention de l'étranger. Il entendait dire avec respect, parfois avec dérision : « c'est la sainte !... » A Rome, comme partout, les saints rencontrent la double épreuve de l'admiration et du mépris. Ils redoutent la première, ils aiment la seconde ; ils franchissent l'une et l'autre, radieux d'humilité.

La pauvre Anna-Maria, l'humble mère de famille, n'avait pu faire qu'elle ne devînt un des grands personnages de Rome. Elle possédait le don des miracles. Elle répandait magnifiquement autour d'elle la guérison, la consolation, la lumière. Elle ne demandait pour elle que d'obéir, d'aimer, de souffrir. Elle vivait du travail de ses mains. Elle avait été belle et brillante. Elle n'attendit point que cette fleur tombât. Appelée, elle se rendit ! Dieu l'emporta aussitôt dans l'amour, dans la lumière, dans l'extase. Peu de temps après qu'elle fut entrée dans cette vie parfaite, elle vit apparaître un globe d'or mat qui devint un soleil, incomparablement lumineux, où elle voyait toutes choses. Il suffisait d'un coup d'œil : l'objet qu'appelait sa pensée se montrait et elle savait. Elle voyait le monde entier comme nous voyons la façade d'un édifice. Aussi bien que les individus, les nations lui apparaissaient ; elle discernait les causes de leurs maux, les remèdes qui pouvaient les guérir. Par ce miracle permanent et sans limites, la pauvre compagne de Domenico Taïgi devenait un théologien, un docteur, un prophète. Le miracle dura quarante-sept ans. Jusqu'à sa mort, l'humble femme put lire dans le mystérieux soleil toujours présent ; mais elle n'y porta le regard que pour la gloire de Dieu, quand la charité le voulait, quand l'obéissance l'exigeait.

Agenouillée près de sa tombe, je songeais à tout ce que le Seigneur avait fait pour elle et par elle, et je le louais dans ses saints qui sont l'ornement le plus beau de la terre, lorsque je fus tirée de ma rêverie par une voix enfantine qui m'appelait : *Signora, Signora !*...

Je relevai la tête et je vis un petit clerc qui m'offrait une image de la Vénérable et une parcelle de linge lui ayant servi. Il réclamait en échange une offrande pour venir en aide aux frais de la prochaine béatification de la servante de Dieu. Je la lui donnai avec empressement, heureuse d'emporter ce souvenir précieux de mon pèlerinage à Saint-Chrysogone.

Voilà la beauté intérieure de Rome, la beauté morale, présente et frappante toujours, voilà ce qui enchante mon cœur. Le souvenir du passé est si bien conservé, tant de saints, de héros, tant d'histoires demeurent ici ?...

### Église de Sainte-Sabine

Nous montons ensuite à Sainte-Sabine, ce joyau de l'Aventin. Le couvent des Frères Prêcheurs s'élève au sommet, comme un nid d'aigle suspendu à pic sur une montagne abrupte. La vue qu'on a de cette hauteur est ravissante. Le Tibre coule au pied de l'Aventin, et va se perdre en mille sinuosités dans la campagne immense. En face, Rome se développe en amphithéâtre et le dôme de Saint-Pierre apparaît, baigné dans la lumière et transfiguré dans une brume dorée.

Nous pénétrons dans l'église qui est admirable par son antiquité, son architecture et ses souvenirs. Un bon frère nous montre la chapelle du Rosaire dont l'autel est surmonté du tableau célèbre de Sasso-Ferrato. La Vierge, vraiment divine de visage et d'attitude, présente le Rosaire à saint Dominique et à sainte Catherine de Sienne, agenouillés devant elle. Tout y est si beau d'expression, de sentiment, d'art, qu'on ne peut en détacher les yeux. De là, nous entrons dans l'intérieur du monastère pour vénérer la chambre de saint Dominique. Cette modeste cellule a été convertie en chapelle. Sur l'autel est placé le portrait du saint en prières. Son regard est perdu en Dieu ; il contemple le Sauveur attaché à la croix, et on sent que cette vue le plonge dans l'extase. La chambre de Pie V reçoit aussi notre visite ; c'est de la fenêtre de cette cellule, dans ce coin bleu du firmament, que le saint Pape lut le bulletin de Lépante. Ses conseillers étudiaient les chances menaçantes de la guerre, lui, regardait le ciel. — « Dieu, dit-il, nous a donné la victoire. » En ce moment, la flotte catholique dispersait la flotte ennemie, et l'islamisme perdait la suprématie des mers.

Dans le jardin du couvent, autre merveille : un oranger planté, il y a 600 ans, par la main de saint Dominique, est plein de vigueur, il ne cesse de produire des feuilles, des fleurs et des fruits. Saint François de Sales écrivait à Madame de Chantal : « J'ai vu un arbre planté par le « bienheureux Dominique à Rome, « chacun le va voir et chérit pour l'amour du plan- « teur. » Comme le doux évêque de Genève, nous avons admiré le bel arbre de Sainte-Sabine et ramassé quelques feuilles tombées, en souvenance de celui qui l'avait planté.

### Eglises de Sainte-Agnès

J'aime la place Navone, je la trouve si ravissante avec ses trois belles fontaines du Bernin et sa gracieuse église de Sainte-Agnès faisant suite au palais Doria Pamphili ! Je dis à ma compagne : allons à la Piazza Navona visiter Sainte-Agnès ?... Elle accède volontiers à mon désir !... Rien n'est charmant comme ce petit sanctuaire. C'est une de ces églises toutes romaines où le marbre, les fresques, l'or et la lumière resplendissent de tous côtés, où le cœur se dilate et chante le triomphe du Christ dans ses vierges et ses martyrs. L'autel de droite est orné d'une statue de sainte Agnès, en marbre d'une blancheur éblouissante, chef-d'œuvre du Bernin. Il y a de belles colonnes de marbre antique et de jolies incrustations d'albâtre. Nous descendons ensuite dans la crypte du cirque Agonal. C'est de là, qu'enveloppée de sa longue chevelure comme d'un manteau royal d'or et de soie, elle fut conduite par le glaive et le sang au divin Époux de son âme.

Pour compléter notre pèlerinage, nous allâmes sur la Voie Nomentane où l'aimable vierge a son tombeau, merveilleuse fleur au milieu d'une catacombe.

Les révolutions, les pillages, les incendies ont respecté la basilique Nomentane. Il semble que la main de Satan ne peut toucher à ce que le nom d'Agnès protège ; les siècles n'y savent point laisser leur trace aussitôt effacée. La frêle fleur a plus résisté que les chênes, l'Agneau a repoussé les lions. Les reliques d'Agnès sont sous l'autel resplendissant, sa statue le couronne. Partout les marbres, les mosaïques et l'or fleurissent et sourient. Tout est joie, amour, beauté, splendeur : grâce de l'enfant, gravité de la vierge, allégresse de la martyre, richesse et majesté de l'épouse du Christ. Tous les ans, deux agneaux sont bénits sur l'autel, le jour de sa fête, et confiés ensuite à des religieuses qui en prennent soin, car leur laine sert à faire les palliums que le Saint-Père envoie aux évêques de son choix. Hommage touchant rendu à ce doux nom d'Agnès, qui sied si bien à la Sainte qui le porta.

### Basilique de Sainte-Marie-Majeure

Nous revenons par Sainte-Marie-Majeure, qui est le plus beau temple que la piété filiale ait élevé à Marie. Ces trente-six colonnes de marbre blanc, cette mosaïque de fleurs qui court sur toute la frise, ce plafond ruisselant d'or et de peintures, ce pavé de marbre, tout cela compose un ensemble des plus riches, des plus élégants et des plus gracieux. Cette basilique surpasse en éclat celle de Saint-Pierre. Elle renferme un précieux trésor, la Crèche du Divin Sauveur, qui fut apportée à Rome en 642, au moment où le mahométisme allait envahir l'Orient. Sainte-Marie-Majeure fut alors appelée *Sancta Maria ad prœsepe.* On y conserve du foin qui était dans la Crèche et une partie des langes de l'Enfant-Dieu. La noble image, que l'on appelle la *Madone de saint Luc,* trône là en souveraine. Placée au-dessus du Maître-Autel de la chapelle Borghèse, sur un fond de lapis-lazuli, elle est soutenue par quatre anges en bronze doré. De toutes les représentations par lesquelles l'art a essayé d'exprimer cette grande figure de Marie, Mère de Dieu, c'est, je crois, celle qui me plaît le plus. Elle a une beauté sévère qui fait aimer et craindre ; elle est le type à la fois doux, attirant et imposant de ces belles vieilles images que l'antiquité nous a laissées, et qui réalise autant qu'il se peut cet idéal de perfection qu'aucune main d'homme n'atteindra jamais. On m'a dit que chaque année, le 5 août, jour anniversaire du miracle des neiges, on

jette, du sommet de la coupole sur le pavé, des pétales
de fleurs blanches. Il n'y a qu'à Rome où on trouve des
coutumes si poétiques et si pleines de foi. Aussi nulle
ville ne me semble plus belle. Ni le ciel, ni les monuments, ni les arts, fussent-ils les mêmes, ne sauraient
ailleurs avoir le même accent. Cette terre a un arôme
qui lui est propre. Il s'en élève des pensées qui ne sont
que là.

C'est ensuite Saint-Jean-de-Latran qui nous attire.
Nous traversons le *Forum Romanum* : une ville morte
dans la ville éternelle ; les superbes portiques, les
somptueux monuments d'autrefois ont disparu. Çà et
là, quelques ruines grandioses et majestueuses, quelques fûts de colonnes rappellent encore son antique
splendeur. Sur leurs fragments pousse le lierre ; les
fleurs sauvages les couronnent, tant il est vrai que la
vie naît de la mort comme la mort se repaît de la vie.

Nous passons sous l'arc de Titus, mémorial de Jérusalem infidèle et punie, et arrivons au Colisée, cette
ruine gigantesque qui semble, dans ses débris formi-
dables, défier l'action des siècles et des hommes. On ne
peut la regarder sans émotion. Ces gradins écroulés,
ces galeries aujourd'hui dévastées, silencieuses, retenti-
rent jadis de ce cri terrible : *Les chrétiens aux lions !*...
Ici, de ces cages ménagées à l'intérieur de l'amphithéâtre, la bête fauve sortait, haletante, la crinière
hérissée... elle bondissait... puis le sang du martyr
arrosait la poussière...

Mais tout cela est fini !... Ce matin, par un clair soleil,
la vaste enceinte ressemblait à une corbeille de verdure embaumée. Quand le printemps arrive, il se pose

d'abord au Colisée. Là où le martyre a premièrement
fleuri, là naissent les premières fleurs. Mille oiseaux
chantaient, mille fleurs s'épanouissaient ; fleurs d'or,
fleurs d'azur, fleurs de pourpre. Quel hosanna disaient
les oiseaux ! quels parfums répandaient les fleurs ! que
le soleil était doux ! Oh ! que ce Colisée, — cette
grande tombe — est un grand berceau ! On voudrait
rester là des heures entières, car les souvenirs du passé
y viennent rapides et nombreux : c'est l'ombre des consuls, des vestales, des empereurs qui s'unit aux blanches apparitions des martyrs qui ont conquis ici le
bonheur éternel. Foule sainte, de tout âge, de toute
condition, de tout pays ! Quel chrétien ne peut pas se
dire qu'il eut là un ancêtre ? Nous nous prosternons et
baisons cette terre arrosée d'un sang si précieux !...
Le sang des martyrs, n'est-ce pas la vie, la gloire et la
force de l'Eglise ?

### Basilique de Saint-Jean-de-Latran.

Du Colisée, nous sommes bientôt à Saint-Jean-de-
Latran. En arrivant sur la place *Porta San Giovanni*,
j'aperçois la façade noble et gracieuse de ce haut Latran,
don de Constantin et de l'empire convertis. On lui donnait autrefois le nom de *basilique d'or*. Depuis, elle a
été dévastée, renversée, brûlée ; l'enfer s'est rué sur
elle ; maintes fois, de la basilique d'or il n'est resté que
des cendres. Elle est toujours debout, plus riche de son
nom et de sa parure des siècles que de tous les trésors

dont l'a ornée un amour vainqueur. Elle est l'Eglise propre du Pape, mère et maîtresse de toutes les Eglises. Ses murs eux-mêmes proclament sa dignité dans ce langage de règne qu'on ne parle nulle part comme ici ! Nous entrons !... Même solitude qu'à Saint-Pierre, même frémissement de nos cœurs. La splendeur des souvenirs élargit encore ces murs grandioses. Ses cinq nefs majestueuses et élevées, son beau pavé de marbre et son plafond richement décoré la rendent digne de son rang et de sa renommée. Dans la chapelle du Saint-Sacrement, nous vénérons la *table de bois sur laquelle Notre-Seigneur a institué le Sacrement de l'Eucharistie.* On la conserve derrière des grilles de fer, abritée par de larges feuilles de cristal.

Sous le baldaquin, en style ogival, qui est au milieu de la grande nef, est le reliquaire qui renferme les têtes de saint Pierre et de saint Paul, ces deux gloires du sol romain. Un cloître ravissant fait suite à la basilique. C'est une magnifique création du XII$^e$ au XIII$^e$ siècle. Il présente une vaste cour carrée, entourée d'un portique couvert, soutenu par des colonnettes richement ornées de délicates mosaïques, et dont les chapiteaux sont presque tous d'un dessin différent.

Au milieu du préau, on conserve la margelle du puits de la Samaritaine. Avec quel bonheur j'ai contemplé cette pierre, sur le bord de laquelle le bon Maître s'est assis et où il a prononcé cette divine parole : *Si scires donum Dei !* Si tu connaissais le don de Dieu !

J'ai pris une petite fleur qui poussait à travers les interstices du puits... A Rome, rien ne s'oublie : les images ne s'effacent point ; les parfums demeurent. Je me rappellerai toujours où j'ai cueilli cette humble fleur !...

Du portique de Saint-Jean-de-Latran, la vue est de toute beauté. Tout respire la solitude et la majesté du désert et quel désert !... Le désert devenu poème, le silence tragique, la ruine grandiose, le vide plein d'éloquence : tout ici captive l'âme et fascine les sens. Ces lieux recueillis sont en harmonie avec les pensées qui nous animent ; ils invitent à une douce et pieuse rêverie.

Nous allons baiser les marches de la *Scala Santa* (saint escalier que Notre-Seigneur gravit en montant au prétoire), qui est tout près de Saint-Jean-de-Latran, et nos genoux touchèrent le pavé de Sainte-Croix-de-Jérusalem, très auguste basilique, bâtie par sainte Hélène pour recevoir les reliques de la Passion du Sauveur.

Rome est vraiment l'héritière de Jérusalem ! Ce sont les deux villes de l'alliance et qui portent au front, comme deux sœurs, le cachet indélébile de leur parenté !

Nous terminons cette heureuse journée en visitant l'église de la Minerve. Elle appartient aux Pères dominicains et elle a été restaurée par eux. C'est la seule église de la Ville éternelle dont les fenêtres soient enrichies de vitraux en couleur. Nous admirons les piliers qui sont en marbre d'un gris superbe, les murailles richement décorées d'ornements en style gothique, peints sur un fond d'azur. La plupart des médaillons représentent des saints de l'ordre de saint Dominique. Ce que j'ai le mieux aimé dans cette belle et spacieuse église, c'est le tombeau de sainte Catherine de Sienne. Le corps de cette sainte, qui a été une des gloires si nombreuses de ce grand Ordre, repose sous le maître-autel. On la voit à travers le cristal, les mains jointes et la tête couronnée de roses. La sainte Vierge voulut l'abriter à l'ombre de son sanctuaire, afin que ses ossements fussent réjouis par cette *Salutation angélique*, qu'elle avait tant aimé à redire ici-bas. Je priai avec bonheur devant cette châsse, où sainte Catherine est représentée avec ses vêtements religieux, dormant ce doux sommeil qui précède la gloire de la résurrection. Nous visitons ensuite la chapelle du Rosaire, où l'histoire de sainte Catherine est peinte sur les murs ; celle de saint Dominique, où l'on vénère sur l'autel l'image miraculeuse de saint Dominique de Suriano !...

Quand nous quittâmes cette délicieuse église, la nuit était venue et un silence profond régnait autour de nous, mais c'était ce silence vivant de Rome qui laisse entendre les pensées dont l'air est toujours plein ! Tout était doux et beau comme la douce et belle nuit. Je veux garder vivant le souvenir de ce jour heureux !...

# CHAPITRE V

## ROME : LES DERNIÈRES JOURNÉES. — RETOUR A MARSEILLE

L'AUDIENCE DES ŒUVRES FRANÇAISES. — LE ROSAIRE PERPÉTUEL DU DIOCÈSE DE MOULINS. — LE CONGRÈS EUCHARISTIQUE DE JÉRUSALEM. — LES LOGES ET LES CHAMBRES DE RAPHAEL. — LE MUSÉE DE PEINTURE. — LES JARDINS DU VATICAN. — VISITE AUX CATACOMBES. — DE ROME A MARSEILLE.

ARDI 18 AVRIL. — L'audience des Œuvres françaises avait été fixée pour aujourd'hui. J'avais pu obtenir un billet pour cette audience, puisque je représentais l'Œuvre du Rosaire perpétuel du diocèse de Moulins. J'apportais au Saint-Père, — notre illustre associé, — une superbe branche de roses : l'une étalait ses pétales argentés au milieu d'une touffe de boutons et de feuilles du même métal et représentait les mystères joyeux ; la seconde, en paillon d'un beau rouge, était le symbole des mystères doulou-

reux ; la troisième ouvrait royalement ses pétales dorés qui scintillaient de mille feux, et proclamait les mystères glorieux. Au centre de chaque rose se trouvait une petite miniature en parchemin, sur laquelle étaient inscrits les rosaires, chapelets, chemin de croix, communions, que mes associés du Rosaire promettaient au Saint-Père pour son année jubilaire. Une banderole réunissait les trois tiges ensemble, j'y avais fait graver ces mots : *A Sa Sainteté Léon XIII, hommage du Rosaire perpétuel de Montluçon, diocèse de Moulins.*

Quand j'entrai dans la vaste galerie de Géographie, où se donnait l'audience, en tenant à la main ma superbe branche de roses, je devins le point de mire de la nombreuse assemblée. Chacun s'approchait de moi pour admirer ces fleurs brillantes et lire la devise de la banderole. « *C'est le Rosaire du diocèse de Moulins*, disait-on ; *oh ! que c'est beau !...* »

Les gendarmes pontificaux, les camériers de cape et d'épée s'exclamaient de leur mieux : *Bello, bellissimo !* le clinquant ayant beaucoup de prix aux yeux des Italiens. Mais quand le Pape m'aperçut, ce fut bien autre chose. De loin, il tendit ses deux mains vers les roses merveilleuses, que le soleil faisait resplendir d'un nouvel éclat, en s'écriant : Oh ! oh ! oh !... J'étais ravie de la joie que causait au Saint-Père mon modeste présent, aussi je pressai le pas pour venir au plus tôt le lui remettre entre les mains. Au moment où il le prit, le camérier d'honneur m'annonça comme étant la Présidente du Rosaire perpétuel du diocèse de Moulins. Alors Léon XIII m'accueillit avec une bonté toute paternelle ; il me prit la main et me dit : *J'aimais bien votre évêque* (1), *il était mon ami... Hélas ! il est mort, mais il est au ciel !* En disant ce dernier mot, son regard extatique s'éleva en haut, comme s'il le voyait rayonnant dans la gloire ! Il me fit ensuite la croix sur le front en me bénissant, ainsi que mes parents, amies et associés à mes œuvres. Je me relevai, émue, heureuse, éprouvant le sentiment ineffable de paix et d'amour que produit la vue du Vicaire de Jésus-Christ. Que doit donc être le ciel, s'il est si doux et si bon de contempler le visage où se reflète celui du Christ ! L'œil de l'homme n'a jamais vu ce que Dieu réserve à ses élus !....

Le Très Révérend Père Picard, au nom de toutes les Œuvres réunies, a lu une adresse à laquelle le Pape a répondu en exprimant nettement sa pensée sur le grand événement du Congrès eucharistique, qui tend à réunir l'Orient et l'Occident dans une fusion religieuse :

« En Orient, a-t-il dit, la venue périodique de ces
« légions de pèlerins, leur piété, leur maintien digne et
« recueilli, leurs bons exemples n'ont pas laissé de pro-
« duire une impression très salutaire et contribuent
« puissamment à dissiper les antiques préjugés qui
« retiennent tant de chrétientés loin de l'Eglise Catho-
« lique. Vos pèlerinages Nous apparaissent comme
« autant de pacifiques croisades pour reconquérir les
« brebis errantes et les ramener au bercail... Vous allez
« cette fois en Terre Sainte dans le but spécial d'y célé-
« brer, au lieu même de son institution, le sacrement

---

(1) **Mgr de Dreux-Brézé**, qui avait été, à Rome, le condisciple de **Léon XIII**.

« de l'Amour, qui est par excellence le sacrement de
« l'Unité, en lequel tous les chrétiens sont une même
« chose en Jésus-Christ. Pour prendre une certaine
« part Nous-même à vos réunions, Nous avons délégué,
« pour les présider, un membre éminent de notre Sacré
« Collège. »

Voilà donc la grande, la noble pensée du Pape : reconquérir par l'amour les brebis errantes et les ramener au bercail en les conviant à venir adorer avec nous Jésus-Christ, notre unique Sauveur dans le sacrement d'amour qui symbolise et réalise l'unité des esprits et des cœurs. Ce discours de Léon XIII est, en effet, comme le premier coup de cloche pour l'œuvre d'union.

Sa Sainteté a béni alors les présents et les absents, les familles, les œuvres d'ouvriers. Puis, se levant, Elle a continué d'une voix vibrante :

« Et cette bénédiction, nous l'étendons à tous les
« hommes de bonne volonté qui, oubliant les anciennes
« divisions de partis, suivent Nos instructions et se
« dévouent vraiment au service de la France. »

Nous sortons par la porte qui communique au Musée de sculpture du Vatican. Un camérier de cape et d'épée nous remet à chacun une belle médaille en argent, frappée à l'effigie du Saint-Père, avec la date de son année jubilaire, comme souvenir de Sa Sainteté et de ce jour mémorable entre tous.

Nous jetons un regard d'admiration sur la superbe galerie des Animaux, la salle des Candélabres, que nous quittons à regret pour aller visiter les fameuses *Loggie* de Raphaël et les non moins fameuses *Stanze*, dont ce grand artiste a été le peintre et l'architecte.

Pour y arriver, nous traversons d'immenses corridors, montons de larges et magnifiques escaliers de marbre et parcourons de vastes salles vraiment royales. Le Vatican renferme, dit-on, onze mille chambres. Les *Loggie* sont des arcades ouvertes, comme un cloître, sur une des cours du Vatican. Elles forment trois étages superposés. Toutes les voûtes des arcades sont peintes et représentent les récits bibliques, depuis la création du monde jusqu'à l'institution de l'Eucharistie. De fraîches et gracieuses arabesques composent le charmant encadrement de ces petits chefs-d'œuvre. Des loges, nous n'avons eu qu'un pas à faire pour nous rendre dans les chambres de Raphaël, ou *Stanze*. Que de choses sublimes il y a là !... Comme ces radieuses visions se fixent dans la mémoire. On les a vues, c'est fini : on les verra toujours. L'admiration n'a plus d'expressions, on garde le silence de l'extase. J'ai particulièrement aimé la page consacrée à la délivrance miraculeuse de saint Pierre. C'est un triple tableau. Dans le cachot obscur, le saint endormi ; auprès de lui, dans une lumière éblouissante, l'ange qui va lui dire : « Lève-toi » ; plus loin, le vieillard qui marche dans l'ombre sur les pas de son guide radieux, vêtu de rose ; de l'autre côté, la clarté de la lune tombant sur les gardes endormis ou éperdus.

Nous montons ensuite un étage avec une émotion grandissante, car nous allons voir la collection de chefs-d'œuvre, unique au monde, du Vatican.

La célèbre *Transfiguration de Raphaël* a eu mon premier regard et mon premier hommage. L'apôtre, qui chancelle en portant la main devant ses yeux comme un voile, est admirable. Le groupe terrestre qui s'agite au pied de la Montagne, au-dessus, Pierre, Jacques et Jean, si véritablement éblouis, saisissent l'attention et réalisent l'œuvre la plus parfaitement belle que l'on puisse rêver.

Un autre chef-d'œuvre fait face à la Transfiguration, c'est la *Communion de saint Jérôme*, du Dominiquin. Ici l'on assiste, non pas en idée, mais en corps et en âme, à une scène tellement auguste qu'on se sent prêt à fléchir le genou. Le Dieu de l'Eucharistie, la mort et la sainteté sont en présence. Quel moribond est saint Jérôme ! La sueur de l'agonie mouille ses tempes creuses et s'infiltre dans ses cheveux blanchis. Il est à genoux, épuisé, défaillant, soutenu par un jeune homme. L'âge, la maladie, la mortification ont éteint les dernières forces de ce corps, jadis vigoureux. Le prêtre, un vieillard aussi, sur le crâne chauve duquel tombe un rayon qui est presqu'une auréole, est beau de recueillement, l'hostie consacrée à la main. Les personnages secondaires sont ravissants. Comme ce pauvre lion, couché aux pieds de son maître, est abattu ! Comme l'ange blond, si gracieusement penché sur son nuage argenté, sourit à cette scène ! Comme ce jeune lévite agenouillé est gracieux ! Et sur quel paysage le regard s'enfuit !

Dans les salles suivantes, tout est beau, tout est digne d'admiration.

C'est un choix de tableaux fait à Rome, c'est tout dire. Que j'aime le *Couronnement de la Sainte Vierge*, par Raphaël ! Les Apôtres entourent sa tombe, d'où jaillissent et débordent les lis, les roses, les liserons.

Devant ce sépulcre vide et embaumé, ils lèvent les yeux au ciel. Au ciel, Marie est couronnée par son divin Fils, au milieu d'une troupe de chérubins, d'archanges et de séraphins. Quelles créatures vraiment célestes ! Comme ces jolis pieds d'anges marchent légèrement sur les nuages éclatants !

La *Madone aux quatre saints*, du Pérugin, attire aussi mon attention ; elle est célèbre.

La *Pieta*, de Caravage, est une page du plus dramatique effet.

Sasso Ferrato a là une bien jolie Madone à l'Enfant.

Dans la *Madone* du Guide, c'est le beau saint Thomas et l'ascétique saint Jean qui appellent l'admiration. Enfin, il serait trop long d'énumérer toutes les beautés artistiques renfermées dans le Musée du Vatican et de cueillir toutes ces fleurs de l'art. J'ai simplement voulu composer un bouquet des plus belles fleurs pour faire respirer à ceux qui me liront le parfum pénétrant qui se dégage pour moi de ce souvenir.

Nous descendons ensuite aux jardins du Vatican !... Cela a été un vrai bonheur pour moi d'en parcourir les longues et spacieuses allées d'arbres verts, taillés en berceau, qui le divisent en tous sens. Cette unique promenade des Papes, depuis 1870, est vraiment belle avec ses pins d'Italie, qui sont une des parures de la Ville éternelle, avec ses fontaines aux eaux jaillissantes, avec son vert gazon semé de violettes et de diverses fleurs, dont le parfum embaumait l'air ; avec ses bois touffus, où la pervenche bleue étale complaisamment ses pétales frêles et charmants. J'étais heureuse de penser que je marchais sur le sol que le Saint Père foulait aux pieds, que mes yeux contemplaient le même horizon et que j'aspirais le même parfum ! Je découvris sous un berceau de feuillage, cachée dans un endroit retiré, une jolie petite chapelle dédiée à Notre-Dame de Lourdes. C'était une vraie miniature ; une mignonne fontaine faisait jaillir ses eaux ; j'en goûtai, et je pris quelques violettes qui trempaient dans son bassin. C'est Pie IX, à ce qu'il paraît, qui a fait faire ce délicieux oratoire. Sa Sainteté Léon XIII doit y venir souvent s'y recueillir et prier. Ce lieu doit être cher au Pape du Rosaire.

Après avoir erré longtemps à travers ces longs dédales de verdure, vu les serres remplies de camélias en fleurs, d'orangers aux fruits d'or, nous nous disposions à sortir, lorsque le jardinier vint nous présenter un ravissant bouquet de pervenches. Nous l'acceptâmes avec un véritable plaisir comme souvenir des jardins du Vatican. De là, nous nous rendîmes à Saint-Pierre, où l'on nous fit vénérer, du haut d'une loggia, le voile de sainte Véronique, représentant la sainte Face de Notre-Seigneur, et la lance de Longin qui perça le côté divin et nous ouvrit son Sacré Cœur.

Nous rentrâmes ensuite à l'hôtel Milano dans une pieuse rêverie. Le recueillement qui suit l'émotion d'une grande jouissance en est le couronnement nécessaire, et le retour paisible et silencieux d'un beau voyage m'a toujours paru aussi charmant que ce voyage lui-même.

## Les Catacombes.

Nous consacrons cette soirée aux *Catacombes*. Les Catacombes ! quel nom, quel souvenir pour une âme chrétienne ! N'est-ce pas là que se cachèrent, pendant trois siècles, nos pères dans la Foi ? n'est-ce pas là qu'ont reposé les ossements de 170 mille martyrs ? n'est-ce pas là, en un mot, le berceau du Christianisme ? Aussi, est-ce avec une douce émotion et un intime bonheur que Mesdames de Goncourt, Marguerite et moi, partons pour la *Via Appia*. Elle va se prolongeant à l'infini, au milieu d'une double rangée de tombeaux. A mesure que nous avançons sur cette route, si riche en vieux souvenirs, nous jouissons de la poésie qu'elle respire. C'est là, plus que partout ailleurs, que les pierres, les monuments et les ruines ont une voix pour chanter la vanité des grandeurs humaines et l'éternelle jeunesse des choses divines. Voici d'abord ces écrins de ruines qu'on appelle *Loge de Néron*, *Thermes de Caracalla*, dont les murs, d'une élévation étonnante, donnent une idée prodigieuse de ce que devaient être ces édifices lorsqu'ils étaient debout ; puis la porte Saint-Sébastien, avec ses tours massives à l'aspect féodal, dont le marbre jauni et doré par le temps et le soleil se détache vivement sur le feuillage sombre des ifs et des cyprès. Sur cette voie Appienne, il faudrait s'arrêter presqu'à chaque pas pour méditer, admirer, prier !...

A mi-chemin, nous rencontrons le *Domine quo vadis*, modeste chapelle bâtie à la place même où Pierre, fuyant les bourreaux, rencontra le Sauveur du monde.

— *Où allez-vous, Seigneur ? Domine quo vadis ?* lui dit l'apôtre avec étonnement.

— « *Je vais me faire crucifier de nouveau*, lui répondit le divin Sauveur. Saint Pierre avait compris. Il rentra dans Rome et y versa son sang, à l'exemple de son Maître.

La pierre où resta gravée l'empreinte des pieds de Notre-Seigneur se conserve à Saint-Sébastien, petite basilique située près des Catacombes et que nous irons visiter.

Plus loin, nous voyons le vieux *couvent de Saint-Sixte*, construit par saint Dominique, où s'accomplirent des merveilles aussi étonnantes qu'incontestables. C'est là qu'il ressuscita un mort. On y admire toujours les peintures inimitables du Père Besson. Ce sont des fresques qui attireront à jamais les regards de quiconque aime les œuvres de Dieu dans ses saints et ses artistes.

Nous voici aux Catacombes de Saint-Calixte. L'entrée est à découvert, en rase campagne. Le lieu même par lequel on y descend prête quelque chose de désolé à l'impression ressentie. C'est un grand escalier qui date du IVe siècle de notre ère. Nous suivons notre guide, un Père trappiste français, qui marche en avant avec une petite bougie à la main. L'obscurité est si grande, qu'on s'imagine descendre vivante dans les abîmes. De temps en temps, un peu de jour qui tombe d'en haut y tempère l'horreur des ténèbres ; puis on continue de marcher pas à pas à travers ces labyrinthes presqu'indescriptibles, dans lesquels cent chemins droits, sinueux, obliques, serpentent et s'entrelacent à l'infini, pleins de tombeaux et de recoins étranges. Quel saint respect me transporta en longeant ces murs, percés de niches parallèles assez semblables à de grands tiroirs, placés les uns sur les autres, qui servaient aux sépultures des premiers chrétiens ! C'est donc là qu'ils reposaient, ces vaillants soldats de Jésus : un nom, une date indiquaient où étaient endormis pour toujours ceux que l'Église pleurait. Il me semble les voir, comme une apparition céleste, frôler de leurs ailes d'anges ces antiques demeures, jadis sanctifiées par leur présence mortelle…, mais tout est mort aujourd'hui ; dans ces lieux empreints d'héroïques souvenirs qui, autrefois, ont retenti du chant des hymnes saintes, on n'entend plus que le bruit des pas des pèlerins qui s'éloignent, après avoir puisé dans la vue de ces souterrains de douces et religieuses émotions. De temps en temps, nous rencontrons des chambres plus vastes et plus ornées, elles contiennent des peintures remarquables. Dans ces fresques, idéale vision d'un monde meilleur, tout est pur, noble et élevé ; c'est l'immortelle croyance en un au delà de la vie, qui rayonne où le chrétien meurt : dans le dernier soupir de ces martyrs qui tombent au nom de leur Dieu, le ciel est déjà commencé.

Ah ! combien est émouvante cette visite des Catacombes ; nous en sortons l'âme ravie, presque transfigurée par tout ce que nous y avons vu et éprouvé.

MERCREDI 19 AVRIL. — Aujourd'hui, nous faisons nos préparatifs de voyage, car nous partons à 2 heures. La tristesse nous saisit, les émotions et les souvenirs se pressent. Adieu donc, Rome, ou plutôt au revoir !

Quand on t'a connue, on se sent trop irrésistiblement attiré dans ton sein pour qu'on ne conserve pas le doux espoir de revenir à toi !

A l'heure désignée par la direction, le train des pèlerins s'ébranle et part. Penchées aux portières, ma compagne et moi, adressons un dernier adieu à la ville tant aimée et nous contemplons une fois encore le panorama de la Ville éternelle, où le dôme de Saint-Pierre domine majestueusement tous les autres édifices, comme la pensée chrétienne toutes les préoccupations de la terre. Quelle admirable ligne que celle qui, côtoyant les bords de l'Italie, nous conduit de Rome à Gênes ! Tout d'abord, c'est *Civita-Vecchia*, si souvent détruite et toujours rebâtie, que nous voyons au sortir de la capitale du monde. A mesure que nous nous éloignons, j'admire davantage le paysage ; au loin, un souvenir de la Toscane nous arrive avec Livourne, cette ville au port splendide et commerçant. Puis, la nuit étend ses voiles, et nous ne voyons plus la campagne italienne qu'à travers la brume transparente qui l'enveloppe d'un certain mystère... A minuit, nous sommes en gare de Pise !... Pauvre Pise, c'est là que reposent, comme de belles créatures mortes, le *Dôme*, le *Baptistère*, la *Tour penchée* et le *Campo-Santo !* que j'ai visités avec tant de bonheur en 1888 !...

La vapeur emporte bien loin d'elle, quoique nous ayons failli y rester. Ayant quelques minutes d'arrêt, nous étions descendues, Marguerite et moi, pour respirer un peu d'air frais ; mais, quand il fallut remonter en wagon, impossible, dans cette longue file de voitures, de reconnaître notre compartiment. Le chef de gare avait beau crier : *Partenza !* nous restions sur la voie, ayant ouvert je ne sais combien de portières sans nul succès... Enfin, harcelées, poursuivies par le *Partenza* des employés, nous vîmes un wagon entr'ouvert, nous nous y précipitâmes, résolues à y rester bon gré, mal gré !... Quelle ne fut pas notre surprise en y trouvant nos compagnons de route qui dormaient paisiblement ; c'était le compartiment tant cherché, devant lequel nous étions passées plusieurs fois sans le reconnaître pour nôtre... Avec quelle joie nous retrouvons notre coin, nos couvertures, notre petit *home*, en un mot ; il faut avoir eu l'appréhension de rester seules dans une ville étrangère pour comprendre la douceur de ce nid passager qu'on appelle un wagon...

Jeudi 20 avril. — Les rayons d'un éclatant soleil nous éveillent de bonne heure. Vite, on se met à la portière... Quel ravissant tableau ! Gênes apparaît, entourée de ses villas charmantes et baignée par la mer. Le ciel est d'une pureté merveilleuse, une brise parfumée caresse le visage, un nimbe d'or environne *Genova* la Superbe, la brillante ville de marbre, la radieuse fille de la Méditerranée, dont les flots azurés viennent doucement expirer à ses pieds. Nous sommes plongés dans l'admiration ; mais bientôt la vision enchanteresse s'évanouit !... Gênes disparaît à l'horizon, nous laissant contempler les beautés agrestes de la Corniche, animées de temps à autre par un gracieux village jeté sur notre parcours comme un frais bouquet d'ombre et de lumière. Nous saluons tout d'abord *Pegli*, station balnéaire où l'on vient de la ville des doges ; *Arenzano*, avec ses demeures perdues au sein de la verdure ; puis la Corniche, comme un long lacet, s'étend en pentes successives, égayées par la vue des Apennins, dont la vaporeuse élévation se perd dans les nuages ; de nombreux tunnels s'étagent de distance en distance pour aboutir à *Savone*, cette gracieuse touffe d'algues marines émergeant des eaux... A la gare, il y a assaut au buffet, car l'estomac réclame ses droits !... Les domestiques empressés apportent sur des plateaux de jolis petits pains dorés, renfermant une tranche de mortadelle et des bouteilles légères revêtues de paillassons et contenant du vin de Chianti ; mais, halte là ! nos commissaires laïques nous défendent d'y toucher, parce qu'à l'aller plusieurs pèlerins ont payé un simple mauvais potage la somme respectable de cinq francs. C'étaient des bouillons par trop salés, et parce qu'on ne veut pas que nous soyons volés à nouveau, défense est faite de ne rien prendre à ce buffet. Personne ne songe à protester ; on approuve même l'intelligente consigne de M. Gustave de Rampan, qui télégraphie au buffet de Vintimille d'avoir abondance de provisions au passage du train, ce qui rassure les plus affamés.

Les féeriques panoramas se déroulent une fois de plus sur notre route. Voici *San Remo* (*le Cannes italien*), le brillant, le verdoyant *San Remo*, qui s'élève sous la forme d'un triangle, et auquel semblent sourire les sept collines parées de la plus luxuriante végétation. Du chemin de fer qui longe toujours la mer, nous contemplons la vue splendide qui se dégage de chaque partie du trajet. *Ospedaletti* est la dernière ville qui nous conduit à *Vintimiglia*. Vintimille, c'est encore l'Italie, mais c'est déjà la France ! Nous y déjeunons à la hâte, puis la vapeur nous pousse vers Menton, la douce fille du soleil. Quel bonheur de retrouver le pays bien-aimé, d'entendre de nouveau notre belle langue. Nous voici bientôt à *Monaco*, puis à *Beaulieu*, qui se déroule dans les embrassements de ses deux baies. Villefranche nous séduit par son site merveilleux ; elle paraît de loin s'accrocher aux aspérités d'où elle sort. Un long tunnel nous sépare encore de la ville désirée, enfin nous entrevoyons *Nice !* « *Nice la Blanche, où le fruit mûr voit éclore la fleur* », disait Mistral dans son poétique langage. L'ingrate machine qui nous porte ne nous laisse pas le temps de respirer les parfums légers de son air embaumé ; à peine *Nizza la Bella* nous est-elle apparue que, comme un fantôme, elle a disparu.

C'est vers la cité marseillaise que nous courons à toute vapeur, afin de pouvoir nous embarquer à 7 heures du soir sur la *Ville de Brest*.

Il est cinq heures quand le train entre en gare ; nous retournons prestement à l'hôtel de Rome, afin d'y prendre nos malles laissées en dépôt, et nous partons immédiatement pour le quai de la Joliette où est amarré notre navire.

DEUXIÈME PARTIE

—

# LA TERRE-SAINTE

# CHAPITRE PREMIER

## A BORD DE LA *VILLE DE BREST*

LA *Ville de Brest*. — LES EXERCICES DE PIÉTÉ ET LA VIE A BORD. — NOMS DE QUELQUES PÈLERINS. — LE DÉTROIT DE BONIFACIO. — DANS MA CABINE. — STROMBOLI. — ODILON DE CLUNY ET LA FÊTE DES MORTS. — LES ILES LIPARI. — LE DÉTROIT DE MESSINE. — CHARYBDE ET SCYLLA. — LE MAL DE MER. — LES MARSOUINS. — UNE CHARMANTE SURPRISE. — L'ILE DE CRÈTE. — LE JOURNAL DU BORD. — LA TERRE-SAINTE !

OMPACTE est la foule qui se presse sur le quai d'embarquement pour assister au départ des pèlerins ; nous avons peine à nous frayer un passage pour arriver jusqu'au navire.

Je vois pour la première fois la *Ville de Brest*, à qui nous allons confier nos vies pendant cette longue traversée.

Elle me paraît très joliment installée. La salle à manger est immense et ressemble presque à une salle de bal avec ses glaces, ses banquettes de velours rouge et ses girandoles de lumières. Avant de démarrer, on nous laisse dîner, précaution qui n'est pas inutile ; puis, à neuf heures, le canon tonne, la sirène gémit, l'ancre est levée et la *Ville de Brest* s'ébranle !... Moment solennel et plein d'émotions !... le cœur se serre un peu en s'éloignant de la terre et des rives de la patrie, les larmes montent aux yeux ; on contemple la sainte montagne que domine Notre-Dame de la Garde. Elle semble dire : *Confiance, je serai votre étoile durant cette longue traversée, ne craignez rien, je vous protégerai !* Ranimés par cet espoir, nous partons courageusement. Le but est si beau, d'ailleurs, qu'il vaut bien ce sacrifice.

La soirée est splendide, la mer paisible comme un beau lac ; notre navire glisse sur les eaux, coupant le léger remous sans l'ombre d'une secousse, mais la nuit arrive, la brise fraîchit, il faut quitter le pont pour aller commencer le purgatoire de la cabine... Adieu, France chérie, demain nous ne te verrons plus, nous te saluons une dernière fois, adieu ! Et la *Ville de Brest* continue de voguer dans le silence au sein de l'immensité, à la garde du Tout-Puissant !...

Vendredi 21 avril. — Aux premières lueurs de l'aube, les prêtres montent à l'autel. Je me hâte d'aller à la chapelle pour donner à Dieu les prémices de ma journée. Les messes se célèbrent au balancement des flots, parmi le sourd grondement des vagues, ce qui donne à cette scène religieuse un caractère de grandeur incomparable. Le temps est superbe, le soleil radieux, la mer d'un bleu intense, l'air frais et vif. Que notre cathédrale flottante est jolie !... Elle est vraiment le joyau du navire, cette délicieuse chapelle, toute tendue de toiles à voiles et ornée des premières fleurs du printemps. Le tabernacle où Dieu réside est ombragé par le drapeau français. Tout autour, vingt-deux autels sont aménagés pour permettre à chaque prêtre de célébrer la messe. J'entends les paroles de la sainte Liturgie se répéter sans cesse autour de moi, et annoncer telle ou telle partie du sacrifice adorable. Au milieu de ce murmure confus de tant de prêtres qui célèbrent, le son argentin de la clochette avertit à tout instant que l'acte de la consécration s'accomplit et invite les assistants à participer au pain des anges. Les communions sont nombreuses et affirment bien l'unité de convictions et l'intensité chrétienne qui, de tous, fait un seul cœur, une seule âme.

A partir de ce matin, Notre-Seigneur devient notre compagnon de route ; il sera aussi notre pilote. Le jour, les dames seront ses adoratrices fidèles et se succéderont tour à tour au pied du Tabernacle. J'ai demandé au Père Directeur de vouloir bien permettre que le rosaire se dise à chaque heure comme une prière perpétuelle, il y a consenti volontiers. Dès lors, les *Ave Maria* seront récités sans interruption, pour offrir à la Reine du ciel cet hommage qu'elle aime tant et qui la couronne de roses qui ne se flétriront pas. Le soir, lorsque l'hôte divin, sorti de son étroite demeure, viendra rayonner sur l'autel tout resplendissant de lumières et de fleurs, les messieurs auront l'honneur de faire la garde autour de lui et de savourer, à ces heures mystérieuses, les charmes des muets colloques avec le Dieu de l'Eucharistie.

Le jour, la vie est très mouvementée. On a des heures réglées pour les exercices pieux du pèlerinage. Après les messes, la cloche nous invite, sur les neuf heures, à retourner à la chapelle pour réciter en commun la première partie du Rosaire, dont les mystères sont commentés. Vers midi, a lieu, sur le pont, une conférence traitant de quelque sujet relatif au voyage ; à une heure, on revient à la chapelle pour la seconde partie du Rosaire ; à trois heures, c'est l'exercice du Chemin de la Croix qui nous y réunit de nouveau ; puis, à huit heures, le troisième chapelet, suivi d'un sermon et du salut solennel du Très Saint Sacrement.

Mais alors, c'est une Thébaïde ? me direz-vous. En effet, à la prière vocale succède la contemplation... celle du spectacle grandiose de la mer, spectacle qui élève l'âme au-dessus de ce monde.

Il faut quitter la terre, dit-on, pour voir Dieu. Nous éprouvons bien la vérité de cette parole. Cependant, si la prière est fervente parmi nous, la joie n'en est pas bannie ; nous avons des soirées récréatives très amusantes, des concerts en plein air, des chansonnettes comiques, des monologues, que de véritables amateurs veulent bien offrir au public, qui ne leur ménage pas les applaudissements. Le règlement du bord est tout paternel, il laisse beaucoup d'heures libres à notre disposition. Le lieu préféré de réunion est à l'avant du pont, où la gaieté bruyante s'établit en permanence. Les amateurs de musique et de poésie, les dessinateurs, les photographes s'y groupent et s'adonnent à leurs goûts artistiques. Il y a de quoi les satisfaire, car nous longeons les côtes de la Corse, et elles nous offrent de magnifiques points de vue. On braque les lorgnettes sur tous ces ravissants tableaux, on regarde au loin les navires qui passent, on cherche à reconnaître leur nationalité. Çà et là se retrouvent quelques visages amis, entrevus la veille, comme ceux de M$^{me}$ et de M$^{lle}$ de Pérignon, avec lesquelles Marguerite et moi sommes heureuses de nous lier, car elles sont aussi aimables que distinguées.

On fait vite connaissance à bord ; la gaieté, l'union la plus cordiale règnent au sein de cette innombrable famille de frères de la pénitence ; on ne rencontre que des figures souriantes, des caractères affables, des paroles amies. C'est une petite chrétienté idéale !...

Je vois là, pour la première fois, le bon et pieux abbé Berly, curé d'Hamelet ; l'excellente M$^{lle}$ O'Meara, âme ardente, nature énergique et décidée ; M$^{me}$ de la Marlière ; M$^{lle}$ Valérie du Roton ; M. l'abbé Maury, curé de Finham, paroisse de M$^{mes}$ de Pérignon, qui sera notre chapelain aux endroits vénérés de Terre-Sainte ; M. l'abbé Bellevaire, ancien zouave pontifical, et bien d'autres encore, qui ont été pour moi d'un dévouement et d'une bonté dont je garderai toujours le souvenir.

Notre aimable commandant, M. Albert Dechaille, type du marin expérimenté, nous avertit que, dans quelques instants, nous entrerons dans les bouches de Bonifacio. Dès lors, tous les yeux sont fixés à l'horizon... Voici les côtes de Sardaigne. Que leur aspect est sauvage !... ce sont de grandes montagnes noires, arides, déchiquetées, qui plongent à pic dans la mer, et, sur ces roches inhospitalières, on n'aperçoit pas un seul village ; à peine de loin en loin découvre-t-on une cabane. Le détroit de

Bonifacio, qui a douze kilomètres de largeur, offre deux passages aux voyageurs. C'est dans le plus vaste, sur un écueil qu'on aperçoit presqu'à fleur d'eau, qu'en 1855 périt, corps et biens, la frégate française la *Sémillante*, qui portait huit cents hommes en Crimée. Notre prudent capitaine préfère le passage de l'*Ours*, canal étroit, sinueux, entre la côte de Sardaigne et un petit archipel dont les îles principales sont la *Madeleine* et *Caprera*. Il présente moins de danger et doit son nom à un rocher étrange qui s'avance en pointe et qui présente assez de ressemblance avec un ours marin.

Notre navire glisse majestueusement dans cette passe qui sépare les deux grandes îles, la *Sardaigne* à droite et la *Corse* à gauche ; c'est vraiment un spectacle féerique et qui m'intéresse vivement.

Sur la côte de l'île de *Caprera*, nous apercevons une grande maison blanche devant de sombres rochers : elle est tout à fait solitaire, pas un arbre ne l'abrite. On nous dit que c'était la demeure du fameux agitateur italien, le trop célèbre Garibaldi. Le regard s'en éloigne sans regret !

Maintenant, plus rien à l'horizon que le ciel et l'eau ! Que nous sommes petits en face de cette immensité !...

C'est alors qu'on bénit le règlement du pèlerinage, qui ne permet pas à l'ennui de nous envahir.

Voici la clochette qui appelle à la récréation du soir, vite on y court, son pliant à la main. C'est le Révérend Père Montagnoux, missionnaire salésien, qui va nous distraire d'une manière fort agréable en lisant de jolis vers de sa composition. Il chante la *Ville de Brest*, qui comporte dans ses flancs l'élite des preux de la France.

Sa poésie est belle, pleine de cœur et d'expressions délicates, elle nous touche profondément.

Cette première journée à bord, que le roulis et le tangage n'ont point troublée, s'est terminée à la chapelle pour nous permettre d'en rendre grâce à Dieu. Le cantique qui a clôturé notre pieuse cérémonie m'a profondément émue. Il a quelque chose de suave, de mélancolique qui transporte l'âme au-delà de l'azur étoilé. Avec une sainte allégresse j'aime à le chanter encore aujourd'hui, et à redire ce refrain qu'accompagnait alors le bruit des flots :

>O Vierge tutélaire
>O notre unique espoir
>**Entends notre prière**
>**La prière et le chant du soir !**

Avant d'entrer dans la cabine, je m'arrête sur le pont. La mer est calme, le temps délicieusement beau ; la lumière crépusculaire douce, pure, tombe du ciel étoilé sur le sillage. La lune y met des rayons d'or pâle, comme le mirage céleste de l'ostensoir, qui brille sur notre autel flottant et dans lequel Jésus repose entouré de quelques adorateurs fidèles. Oh ! comme tout cela charme, séduit, repose, pénètre l'âme et l'élève vers ce Dieu dont la mer et les cieux racontent la puissance ! L'impression mystérieuse de ces heures de silence, beaucoup la ressentent et resteraient comme moi dans des rêveries sans fin si l'obéissance au règlement ne nous rappelait à l'ordre. La cabine m'attire peu, j'y vais le moins possible, cependant il faut se résigner, la nuit, à descendre dans ce caveau. Déjà mes compagnes sont en bière.....

Je me glisse sans bruit dans la case vide et bientôt je crois être ensevelie dans un des *loculi* des Catacombes. Je revois ces longs et interminables corridors, garnis, à droite et à gauche, de plusieurs rangs de sépultures ; loin d'être effrayée de me trouver là, j'étais réjouie au contraire d'avoir pris place parmi les Martyrs et les Saints !... Mon illusion est de courte durée ; une violente secousse vient me rappeler que je suis encore du nombre des vivants et que la mer qui m'agite ainsi, pourrait très bien changer mon rêve en réalité. Heureusement que la bonne Providence veille sur nous ; jamais, jusqu'à présent, le bateau qui porte les pèlerins de pénitence n'a fait naufrage. Il semble que la mer, dont les élans sont si souvent furieux, respecte ce navire qui porte Dieu et que Dieu porte !

Rassurée par cette consolante pensée, je finis par m'endormir paisiblement, balancée dans les bras de cette terrible berceuse.

Samedi 22 avril. — Décidément le ciel nous est propice. Après les mouvements cadencés de la nuit, je m'attendais ce matin à une véritable tourmente !... Pas la moindre apparence ! le temps est clair, la mer tranquille, le soleil radieux !

L'animation se soutient avec la santé et chacun se réjouit de n'avoir pas encore ressenti le terrible mal qu'on appréhende avec tant de raison. Aussi les joyeux propos, les éclats de rire se répondent d'un bout à l'autre du pont parmi des frères qui, la veille encore, ne se connaissaient pas !... Admirable fraternité des âmes qui repose tout entière sur le sentiment religieux et qui en prouve la merveilleuse puissance !

Comme nous voguerons toute la journée en pleine mer et ne franchirons le détroit de Messine qu'à une heure fort avancée de la nuit, nous occupons nos loisirs à confectionner des croix de pèlerinage. Le commandant, ayant vu notre embarras pour trouver du drap rouge à bord, nous livre sa ceinture de flanelle écarlate qui est aussitôt découpée et transformée en pieuse décoration que chacun s'empresse d'attacher sur sa poitrine.

Habituellement, on distribue ces croix aux pèlerins, à Notre-Dame de la Garde, après leur avoir demandé le sacrifice de leur vie ; mais, le temps ne nous ayant pas permis d'y monter, le Père Bailly a emporté celles qui nous étaient destinées, sur le *Poitou* où il était assez difficile d'aller les prendre. Grâce au dépouillement de notre généreux commandant et à l'activité de nos aiguilles, tout le monde était revêtu, le soir, de ce signe de ralliement et pouvait se dire : Croisé de la pénitence !......

Après dîner, nous montons sur le pont. Quel spectacle incomparable !.. Le cratère du Stromboli que son altitude de 650 mètres a fait surnommer le *Phare de la Méditerranée*, apparaît à nos regards. C'est un vaste cône légèrement tronqué, aux flancs dénudés, rougeâtres et sillonnés par des coulées de lave refroidie.

Le volcan projette aussi des corps lumineux qui, la nuit, éclairent l'île et produisent une sorte d'explosion très curieuse.

Pour l'instant, je ne vois qu'un simple panache de blanche fumée qui ondule gracieusement sous la brise...

C'est dans cet archipel, au Stromboli, qu'Odilon de Cluny entendit les gémissements qui lui firent instituer, dans son ordre, la fête du 2 novembre ; d'où elle s'est étendue aux monastères et à toute l'Eglise. Les âmes du Purgatoire doivent aimer ce lieu !...

Lentement, la côte s'éloigne, les îles du groupe de Lipari se profilent sur la ligne bleue du ciel et finissent par disparaître à nos yeux, plus lentement la nuit arrive, l'azur assombri s'illumine d'étoiles et les vagues sèment à profusion leur blanche écume sur la teinte indécise de la mer. C'est idéalement beau !...

Bientôt nous voyons jaillir à l'horizon les feux éclatants des phares annonçant qu'on allait entrer dans le détroit de Messine !... C'est une joie délirante, d'autant mieux qu'on nous permet de rester une partie de la nuit sur le pont pour jouir de ce magnifique tableau. Tout le monde va se grouper sur le gaillard d'avant, on s'assied sur les câbles, on s'installe tant bien que mal, malgré le vent qui devient violent et menace de nous renverser. Le navire approche du rivage de la Sicile et nous apercevons les fumées de l'Etna, tandis que de l'autre côté nous découvrons dans une brume légère les montagnes de la Calabre qui n'ont pas moins de 2000 mètres d'altitude.

Voilà les lumières de Messine et de Reggio, placés de chaque côté de la rive, qui croisent leurs feux !... La *Ville de Brest* passe, superbe et silencieuse, entre Charybde et Scylla, ces fameux écueils dont la poésie antique a bercé notre enfance. De cela comme des sirènes, il ne reste plus rien que deux courants assez rapides, Scylla du côté de l'Italie, Charybde du côté de la Sicile. Le rocher de Charybde est caché sous les flots, celui de Scylla forme un cône assez élevé qui émerge de l'eau, tout proche de la côte.

Nous sommes dans le détroit ; il fait une de ces belles nuits d'Italie, pleines de charmes et de mystère ; le disque argenté de la lune, se dégageant des vapeurs humides, trace sur les flots des sillons lumineux, les lames sont soulevées par la brise, le ciel est parsemé d'étoiles dont l'éclat rivalise avec les rampes de gaz des deux cités, qui brillent à qui mieux mieux sur les deux rivages.

C'est un tableau enchanteur. Il nous ravit. Aussi, nos cœurs éprouvent le besoin de s'élever en haut : *Sursum corda !* Le *Magnificat* est entonné avec élan, suivi de l'*Ave maris stella.*

Ces voix humaines, au milieu de l'immensité et du silence solennel de la nuit, produisent un effet magique. Les habitants de Messine et de Reggio ont dû croire au retour des sirènes enchanteresses d'autrefois, d'autant plus que notre concert se termine par leur *Barcarolla di Santa Lucia* qui s'harmonise si bien avec le paysage.

### SUL MARE LUCICA

L'astro d'argento
Placida e l'onda
Prospero il vento

Venite all' agile
Barchetta mia
Santa Lucia (*bis*).

A onze heures, on contourne la pointe de la Calabre, nous sommes dans le golfe de Tarente et nous voguons maintenant vers la mer Ionienne qui semble se mettre un peu trop en liesse en nous recevant.

**Dimanche 23 avril.** — Hélas oui, j'avais pressenti hier la fête qui nous attend aujourd'hui ! Le passage de la mer Ionienne n'est pas fabuleux comme les charmes des Sirènes...

Nous sommes bouleversés dès l'aube, j'ai grand'peine à m'habiller et à monter à la chapelle pour assister au saint Sacrifice. Quel dommage de ne pouvoir jouir pleinement de cette messe du dimanche toujours si belle à bord ! L'équipage y assiste et occupe les places d'honneur, l'orgue joue, le canon tonne plusieurs fois pendant la cérémonie, et cet hommage rendu à Notre-Seigneur, au milieu des flots dont une simple planche nous sépare, est plus émotionnant que toutes les pompes les plus magnifiques.

Le tangage et le roulis nous accompagnent au sortir de la chapelle, chacun se précipite sur le pont, espérant trouver là quelque soulagement, mais c'est en vain... La cloche du déjeuner se fait entendre, on s'y rend en trébuchant ; à table, les violons sont mis, cela me semble bizarre de voir carafes, assiettes, retenues dans des ficelles croisées qui les empêchent de tomber. Mais voici qu'une personne se lève et disparait furtivement, beaucoup d'autres la suivent, armées de leur mouchoir, bientôt je suis obligée de faire comme elles. Je monte sur le gaillard d'avant où l'air est plus vif. Je le trouve jonché d'infortunés désespérément étendus, cherchant dans la position horizontale quelque palliatif à leur angoisse. On ne voit que mines blêmes et agonisantes,

mais d'une agonie qui, heureusement, ne conduit pas à
la mort. Plusieurs allègent sans respect humain leurs
cœurs malades, et se donnent parfois le luxe d'adresser
à leur voisinage des décorations exotiques, présent qui
n'est pas généralement bien accueilli. Enfin, il y aurait
de quoi rire, si la charité et la compassion n'existaient
parmi ceux qui sont exempts de ce terrible mal ; mais
ce tableau tragi-comique excite la verve d'un de nos
poètes, voici les vers qu'il lui inspire :

> Oh ! qu'il est beau, le vaisseau dans sa rade :
> Ses mâts altiers se dressent vers les cieux,
> Des pèlerins j'entends la sérénade,
> Les fronts sont purs et le regard joyeux.
> Mais, ô surprise, aussitôt qu'il s'ébranle,
> Le cœur troublé, sitôt vire de bord.
> Plus d'un pâlit ! est-il ivre ?... il le semble,
> Et sur le pont s'étend à demi-mort.
> Rêve d'un jour, cette joyeuse mine,
> Ces chants unis au murmure des flots.....
> Le pont se vide et dans chaque cabine
> On n'entend plus que plaintes, que sanglots ;
> Tel vous dira : j'ai caché dans un angle
> Le déjeuner si bon de ce matin.
> O mal affreux ! mais vraiment il m'étrangle,
> Laissez-moi seul à mon triste destin !.....

Je sens que le poète a dit vrai : Ce mal affreux me
torture, m'étreint. J'ai hâte de quitter le pont pour
descendre dans la cabine. Je me jette sur ma couchette
comme un paquet humain, qui ne pense plus, qui ne
voit plus ! Je reste inerte, insensible à tout.

> Je me tourne et me tords, dans un morne silence,
> Pour conjurer le mal, apaiser ma souffrance.

La bénédiction solennelle des deux gigantesques croix du pèlerinage, dressées sur le pont, au pied des deux grands mâts, a lieu ce soir à 2 heures, mais il m'est impossible de me lever. C'est une vraie privation de ne point voir cette imposante manifestation et de ne pas entendre la parole vibrante et imagée de M. l'abbé Guillebert, grand-vicaire de Monseigneur l'archevêque d'Aix, qui sait bien intéresser et toucher. C'est la pénitence que Dieu m'impose aujourd'hui. *Fiat !...*

Lundi 24 avril. — Le gros temps dure encore ce matin ; la mer Ionienne aime à faire danser chaque année les pèlerins de la Pénitence, voilà pourquoi on met les violons sur la table quand on sent son approche. L'après-midi, il y a une accalmie dont je profite pour me lever et monter sur le pont. J'y rencontre beaucoup de malades comme moi, à la mine déconfite et à l'air languissant.

Comme nous ne voyons que le ciel et l'eau, ce qui est un peu monotone, les marsouins sont notre unique distraction. Filant au ras de l'eau, ils nous escortent, nous devancent, bondissent, disparaissent, puis reviennent, annonçant leur retour par de nouvelles culbutes.

Avec leur museau pointu, leurs flancs verdâtres, ils sont très curieux et très amusants. Ils paraissent joyeux comme un chien qui gambade à l'arrivée de son maître, et folâtrent tout autour du navire à notre grande satisfaction.

Encore quatre jours de traversée... c'est long, surtout quand on souffre. Je vais consulter la carte du bord.

cela me permet de fixer mes impressions et d'orienter mes rêveries.

Le bleu intense de la mer accuse de grandes profondeurs et la carte donne, à cet endroit, 3.568 mètres ! Oh combien nous avons besoin de penser que Dieu nous protège et nous garde, car nous glissons sur des abîmes effrayants... J'ai là un souvenir et une prière pour le bon abbé Laurent (1) qui repose dans les profondeurs immobiles de cet incomparable tombeau, et qui a été une des premières victimes du pèlerinage de Pénitence. Il a emporté tous nos regrets.

Le soir, me trouvant mieux, je pus me rendre à la salle à manger où une charmante surprise nous était réservée. En se mettant à table, chaque pèlerin aperçoit un petit paquet sur son assiette... On entend de tous côtés cette exclamation : Qu'est-ce que cela ?... Et c'est à qui déroulera au plus vite le papier blanc qui cache l'objet mystérieux. Les curieuses filles d'Eve sont les plus empressées, j'étais du nombre, et je ne pus retenir un cri de joie en découvrant... devinez quoi ? Une mignonne boîte en carton, bleue pâle, tout ornementée de gracieuses petites croix de Jérusalem argentées. Je l'ouvre. Nouvelle surprise, en trouvant une gaine en peau grise avec un fermoir nickelé renfermant le plus délicieux petit bénitier portatif qu'on puisse voir. C'est un charmant présent qui nous est offert par Son Eminence le cardinal Langénieux, légat du Pape, et l'ingénieuse invention d'un fervent chrétien

---

(1) Vicaire à Notre-Dame de Montluçon.

de Reims qui a su créer ce bénitier bijou. Il est en nickel, ayant sur un côté une croix gravée qu'entourent ces mots : « *O crux ave spes unica* », et, sur l'autre, une colombe portant un message en son bec avec cette inscription : *Veni sancte spiritus !* Le haut du bénitier forme une tiare qui se dévisse pour y mettre l'eau bénite et en prendre quand on le désire, avec cette devise qui indique son nom : Bénitier de Saint-Remy. Son Éminence n'était pas là, pour jouir du bonheur qu'Elle a causé, mais son aimable attention lui a gagné tous nos cœurs avant même qu'ils aient pu apprécier sa bonté, sa délicatesse, sa bienveillance comme il nous l'a été donné plus tard. Que le vénéré cardinal, qui a su conquérir toutes les sympathies, reçoive ici l'hommage de notre respectueuse gratitude, de notre constant souvenir, car nous ne pourrons nous servir du bénitier sans penser à lui...

MARDI 25 AVRIL. — Les flots, agités depuis deux jours, se sont maintenant apaisés et notre bateau fend la mer du Levant sans déranger nos estomacs. Aussi les visages sont épanouis ; on va, on vient sur le pont, on s'entrecroise dans un pêle-mêle d'où le respect n'exclut pas la joyeuse humeur ni les gais propos, ce qui opère une heureuse diversion. Enfin voici l'île de Crète ou Candie ! quelle joie de revoir la terre ! Elle paraît, de ce côté, aride et inhabitée. Ses montagnes neigeuses dominées par celles de l'Ida, forment, dans le ciel bleu, comme des golfes frangés d'écume. Elles étincellent sous les rayons d'un beau soleil matinal. L'île Gaudo, Cauda, la serre de près. Je contemple ce tableau avec admiration, en pensant à saint Paul qui fut jeté sur ces rivages, qu'il donna à Tite comme champ d'apostolat.

Les émotions sont bien grandes, bien intimes à bord : elles préparent doucement à en ressentir de plus intenses sur le sol de la Terre-Sainte. Tout y devient méditation, car tout ce qu'on y voit, tout ce qu'on y entend, parle aux yeux, au cœur et à l'esprit.

Après Candie, c'est la pleine mer, la solitude et pour longtemps. Alors les soirées récréatives et les conférences en plein air recommencent.

M. Charles Thibault, éminent avocat, venu du Canada, avec 25 de ses compatriotes, pour faire le pèlerinage des Lieux-Saints, nous a subjugués par sa parole vive, imagée, incisive, en décrivant le Canada. Catholique sincèrement convaincu, M. Thibault est le zélé, l'ardent et infatigable défenseur de toutes les nobles causes de son pays. Aussi a-t-il été chaleureusement applaudi.

Nos jeunes gens ont composé le *Journal du bord*, chronique toute locale et fort amusante. Les numéros se vendent aux enchères, au bénéfice de nos braves marins. Plusieurs atteignent le chiffre de douze, même de quinze francs. Poètes, artistes, philosophes se donnent rendez-vous dans le petit bureau de la rédaction. Les vers qui suivent donneront une haute idée des collaborateurs.

> Vogue en paix et sans peur, flottante basilique !
> Quel vaisseau sur les flots lança plus beau cantique
> Et sur l'azur des mers éleva plus d'autels ?
> Vogue ! L'astre des mers double ton assurance,
> Tu portes dans tes flancs l'élite de la France
> Et, sur ton pont, le Dieu qui fait les immortels !

Le *Poitou* te précède aux rives de l'Asie :
Il bondit, comme toi, bercé de poésie,
Enivré d'harmonie et parfumé d'encens.
Quel moment solennel quand la sœur et le frère
D'un même *Te Deum*, sous un autre hémisphère,
Au monde comme au ciel pousseront les accents !

Oui, nous attendons avec impatience l'heureux moment où le *Poitou* et la *Ville de Brest* se rencontreront, nous l'appelons de nos vœux et de nos prières, car nous sentons bien que les pèlerins des deux navires ne forment qu'une même famille qui aspire à être réunie au plus tôt !...

Mercredi 26 avril. — Aujourd'hui tout est joie sur le pont... On s'aborde en riant, on se dit la grande nouvelle : « Le commandant annonce que nous serons ce soir devant Jaffa... Est-ce vrai ? quel bonheur ! Et le *Poitou* y sera-t-il ?... » La fièvre des bagages s'empare de nous... Chacun de courir après sa valise, de la bourrer des effets nécessaires, d'étiqueter sa malle pour Jérusalem, car nous laissons à bord nos gros colis que nous retrouverons à *Notre-Dame de France*, à notre retour de Galilée.

Il vous vient le besoin de remercier Dieu de cette heureuse traversée ; la chapelle est très fréquentée, le rosaire s'y récite sans interruption en actions de grâces. On se trouve si bien dans cette église balancée par la vague, où le sang de Jésus-Christ ruisselle comme à flots sur plus de vingt autels. Tandis que la prière, le recueillement, le silence habitent à l'arrière du navire, la gaieté, le rire, les conversations intéressantes se tiennent à l'avant. M. l'abbé Magne, digne émule de

Robert Houdin, amuse son auditoire par des tours variés de passe-passe. M. l'abbé Besson, un félibre qui manie le français aussi bien que le provençal, débite *les Cloches*, et les bravos des pèlerins ratifient le jugement des *Jeux Floraux*, qui l'ont couronné.

Le R. Père Montagnoux, dont la veine poétique est inépuisable, chante le Pape, la *Ville de Brest*, son commandant et son équipage. Et ce brave M. Flainchamp, plus jeune, malgré sa longue barbe grise, que bien des jeunes gens, nous donne la note comique avec ses monologues humoristiques, ses chansons cocasses et ses grands gestes de Polichinelle. Les pèlerins savent rire et prier.

Les sermons de chaque soir, donnés sous la voûte de toile qui abrite notre basilique flottante, nous laisseront de doux souvenirs. Les orateurs, aussi pieux qu'éloquents, ont toujours pris pour thème préféré, la Sainte-Eucharistie, et, par les adorations incessantes, les cantiques, les prières individuelles, les méditations intimes, le pèlerinage justifie dès maintenant le titre d'Eucharistique qui lui a été décerné.

Mais soudain, aux rayons du soleil couchant, sur la côte de sable, une barre d'or se dessine à l'horizon. C'est la Terre-Sainte ! Le canon salue trois fois, nos mâts se pavoisent, tous les pèlerins sont sur le pont : il y en a de perchés même sur les toiles et les cordages. Les lorgnettes se braquent avec une sainte impatience. On a hâte de voir plus distinctement cette terre bénie si désirée ! Bientôt les collines de Jaffa se dessinent de plus en plus et se rapprochent de nous.

Les maisons blanches à terrasses ainsi que les nombreux minarets se détachent sur un fond verdoyant ; les manœuvres du bord se succèdent plus rapides, l'ancre est jetée, nous entonnons le *Magnificat !*...

Quelle agréable surprise ! Le *Poitou* est dans la rade à un kilomètre de nous !... Impossible de décrire le bonheur, la joie, l'enthousiasme avec lequel nous accueillons nos frères et sommes accueillis par eux. D'un bord à l'autre, c'est un chassé-croisé de signaux, de vivats, de félicitations que rien ne peut contenir.

Enfin, l'on s'est retrouvé ! Désormais tous les pèlerins sont réunis pour la visite des Lieux-Saints, cette heureuse rencontre sur la terre étrangère, après une longue séparation, semble encore resserrer les liens de la fraternité.

Après le dîner, tout l'équipage de chaque navire étant réuni sur le pont et le gaillard d'avant, une scène d'une grandeur inoubliable s'est déroulée.

Les deux commandants engagent une lutte courtoise de fusées aux mille couleurs et de feux de Bengale éblouissants, et les applaudissements, alternant avec le canon du bord, expriment notre joie et notre enthousiasme.

Alors commencèrent des chants pieux à l'Eucharistie et à la Sainte-Vierge, que l'on exécuta à deux chœurs, un vaisseau répondant à l'autre avec un admirable entrain. Le *Magnificat*, l'*Ave Maris stella*, le *Regina Cœli*, le *Parce Domine*, l'*Oremus pro Pontifice* furent chantés, une heure durant, avec une émotion toujours croissante. Rien ne peut rendre l'effet de ces huit cents voix partagées en deux chœurs, et exécutant avec une majestueuse gravité les plus beaux chants de l'Eglise sur des modes populaires.

Pendant ce temps, la nuit était tombée ; la lune, apparaissant au milieu du ciel pur, éclairait de sa douce lumière cette scène grandiose qui restera un des plus grands souvenirs de mon voyage.

A 9 heures, on lève l'ancre au milieu de cris de joie mille fois répétés de part et d'autre, et nous faisons route sur Caïffa, pendant que les derniers échos redisent nos accents et que l'onde paisible les porte au loin dans Jaffa et ses environs.

# CHAPITRE II

## CAIFFA. — LE MONT-CARMEL. — NAZARETH

DÉBARQUEMENT A CAIFFA. — EN PROCESSION POUR LE CARMEL.
— LA MADONE. — LE MONASTÈRE. — INSTALLATION DES
PÈLERINS. — EXCURSION SOUS LA DIRECTION DU FRÈRE
LIÉVIN. — FEU D'ARTIFICE A BORD. — UNE JOURNÉE AU
CARMEL. — UN COUCHER DE SOLEIL SUR LA MÉDITERRANÉE.
— DÉPART DU CARMEL. — ROUTE DE NAZARETH. — LA PLAINE
D'ESDRELON. — CAMPEMENT A EL-HARTIYEH. — LE THABOR.
— NAZARETH : FLEUR OU FLEURIE — LE SANCTUAIRE ET LA
GROTTE DE L'ANNONCIATION. — UN DINER SOUS LA TENTE. —
LA FONTAINE DE MARIE. — LES NAZARÉENNES. — LA TABLE
DU CHRIST. — A LA SYNAGOGUE. — CHEZ LES FILLES DU
GOUVERNEUR. — COMME QUOI LA POLITESSE NOUS OBLIGE A
FUMER. — UN MARIAGE NAZARÉEN.

UEL délicieux réveil, le jeudi 27 avril. Devant nous se dessine la petite ville de Caïffa, coquettement assise sur le versant incliné d'une verte colline, au pied de laquelle, dans une vaste baie, mouillent nos deux paquebots.

La Méditerranée bleue et transparente s'illumine

déjà des reflets brillants du ciel oriental. Je suis sous le charme ! j'admire le décor asiatique qui m'environne.

D'un côté, c'est Saint-Jean-d'Acre, avec ses tours, ses minarets, ses vieilles murailles, sa ceinture de palmiers ; de l'autre, c'est la sainte montagne du Carmel !... La mer qui se balance à l'entour et qui vient mourir à ses pieds est la plus belle qu'on puisse voir. Sur les flots laissés à leur couleur d'émeraude ou frappés des chauds rayons du soleil, le Carmel projette l'ombre sévère de ses crêtes gigantesques. Nul bruit que celui de la vague lointaine n'interrompt le silence de ses collines paisibles. Sa tête est couverte de quelques arbres qui, de loin en loin, percent la roche et étendent leur feuillage sur des fleurs parfumées et sur des plantes d'un vert sombre. C'est là que se retirèrent Elie et Elisée avec leurs disciples, pour inaugurer dans le monde la vie religieuse, qui fait envisager la terre comme une sorte d'exil, le ciel comme une patrie, qui remplit l'âme d'une grave mélancolie et la nourrit d'une céleste espérance.

Tels furent les vieux Prophètes qui suivirent Elie sur le Carmel, tels les anachorètes qui leur succédèrent dans les premiers siècles de l'Eglise, et qui immortalisèrent son sommet.

Les vaisseaux ne pouvant s'approcher du rivage, Caïffa n'ayant pas encore de port, de nombreuses barques, conduites par des Arabes, viennent nous prendre à bord. Le passage du canot, qui oscille aux escaliers du quai, n'est pas sans péril et nous impressionne un peu ; mais tout se passe sans accident.

Les bateliers, avec leurs robes bariolées de jaune et de rouge, se précipitent sur nos paquets et nos personnes. Leur empressement n'a pour but que d'avoir *bakchiche* (1).

Mais dès que les premiers pèlerins commencent à descendre, ils prennent rivalité pour s'assurer un plus abondant butin. Les barques se heurtent, les sons frémissent, stridents et gutturaux ; les gestes s'entre-croisent, nous en sommes effrayés. Est-ce une vraie querelle ou une ruse pour pouvoir, dans le désordre, subtiliser quelqu'un de nos colis ? *Chi lo sa ?*

En mettant pied à terre, nous nous prosternons pour baiser ce sol béni, foulé par les pas du Sauveur !... Une indulgence plénière est accordée à cet acte de foi et d'amour.

Ensuite, au milieu de deux rangs pressés de gens du pays, avides de nous regarder, nous allons à la petite église latine de Caïffa, placée sous le vocable de Saint-Louis. Elle est en partie envahie par des femmes catholiques syriennes, à la physionomie douce et modeste, parées de leurs plus beaux vêtements. Là nous attendent le Révérend Père Germer, supérieur de Notre-Dame de France à Jérusalem, et le comte de Prillat (2), venus à la rencontre des pèlerins, ainsi que plusieurs membres du clergé oriental.

Une fois les saluts échangés, on organise la procession pour arriver pieusement au Carmel. En tête, la

---

(1) Pourboire qu'ils demanderont sans cesse, dès notre entrée en Terre-Sainte jusqu'à notre sortie.
(2) Son vaillant bras droit.

LE MONT-CARMEL

bannière, précédée de la croix ; puis, deux à deux, les dames, les laïcs, les prêtres. La côte est abrupte, mais nous en gravissons avec bonheur les pentes rocailleuses, couvertes d'une végétation luxuriante.

Le Carmel est une des plus fameuses montagnes de toute la Palestine ; il s'avance dans la mer et forme un promontoire, élevé d'environ trois cents mètres, sur la pointe duquel le monastère domine majestueusement un immense horizon. « Notre-Dame du Mont-Carmel, « que vous êtes bien ici pour veiller sur le voyageur « fatigué, sur le navigateur en péril ! Bénissez tous « ceux qui vous saluent en passant et laissez tomber « dans leurs cœurs les grâces dont vous êtes la dis- « pensatrice !... »

Hommes, femmes, enfants demandent à porter nos bagages pour un léger *bakchiche*. J'accepte les offres d'une fillette de douze à treize ans, qui est fière de l'honneur que je lui fais, et me cueille des fleurs tout le long du chemin. Elle a su deviner ce qui pouvait me plaire, car il n'y a rien que j'aime autant que ces gracieuses créatures de Dieu. Au Carmel, elles ont des couleurs plus vives et des parfums plus exquis qu'ailleurs. Sur les flancs de la montagne, j'admire des haies de cactus, des géraniums immenses, des lauriers roses superbes, des lys déjà fleuris, et toute cette végétation orientale qui inspirait jadis les prophètes de Dieu, et qui fait, encore aujourd'hui, de cet endroit, un des plus poétiques pèlerinages du monde entier. En chantant des cantiques et en récitant le rosaire, nous avons vite franchi les trois kilomètres qui conduisent de Caïffa au sommet du Carmel. L'air du matin, rafraîchi par une douce brise qui souffle de la mer a ranimé nos forces. Aussi, notre première visite est celle de la chapelle où on célèbre immédiatement une messe d'action de grâces à laquelle nous assistons tous.

Qu'elle est belle ! qu'elle est douce ! qu'elle est bonne ! qu'elle parle bien au cœur, la Madone du Mont-Carmel ! J'ai vu, dans ma vie, bien des images de la très sainte Vierge : c'est la seule qui ait satisfait mon âme, rempli mon idéal de la Vierge toute pure et toute céleste. On dit que c'est un présent de Notre Saint Père le Pape Pie IX. Ce cadeau est digne de la générosité du Pontife et de son zèle bien connu pour la reine du ciel. Qu'il fait bon de prier devant elle ! Aussi nos voix chantent avec émotion ces paroles, expression sincère des sentiments de nos âmes :

> O Notre-Dame du Mont-Carmel
> Pour toi mon âme
> D'amour s'enflamme
> De cet autel, brillante étoile
> Guide ma voile ⎫
> Au port du ciel ⎭ bis

Ce sanctuaire, caché par les constructions du couvent, forme une rotonde légèrement élargie et surmontée d'une coupole. Il recouvre la grotte célèbre que le prophète Élie a longtemps habitée. C'est près d'ici que l'homme de Dieu eut la vision d'une petite nuée qui, grandissant peu à peu au-dessus des flots, vint apporter la rosée et l'abondance à la terre, éprouvée par une longue sécheresse : image de Marie, la nuée bienfaisante. C'est le premier lieu du monde où la Vierge a été invoquée. Son culte y est donc établi depuis près de trois mille ans. Après ce devoir de piété rempli, chacun prend possession de son campement. Ce n'est pas chose facile pour les religieux du Carmel de loger huit cents pèlerins français. Corridors, salles communes, chambres, tout est envahi dans le monastère, et dans le palais arabe placé sous le phare qui domine la montagne.

J'ai obtenu, pour Marguerite et moi, le privilège d'avoir un logement dans le couvent. Nous occupons une chambre à quatre lits dont la fenêtre grillée regarde la mer. Des moustiquaires en gros tulle entourent nos lits et leur donnent un air propre et coquet qui fait plaisir. Madame et Mademoiselle Récamier de Paris viennent compléter notre cellule monastique, ce sont d'aimables compagnes. Les pauvres pèlerins ne sont pas aussi favorisés que nous !... Ils n'ont qu'un matelas posé sur les dalles des corridors, et encore les couloirs ne sont point assez longs pour les recevoir tous. Trois vastes tentes abritent ceux qui n'ont pu trouver place dans les bâtiments.

Leur couche se compose d'herbes sèches jetées sur un tapis d'herbes vertes ; ils seront bien de véritables pénitents les hôtes de ce lieu !...

L'heure du déjeuner approche, on se rend à la salle à manger qui n'est autre qu'un champ, couvert de chardons, au milieu duquel on a dressé quatre longues rangées de tables, chargées de nos couverts, en fer battu, déjà rouillés depuis le dernier pèlerinage. Il fait une chaleur tropicale et nos chapeaux nous défendront mal des ardeurs du soleil. Le vent a brisé les poteaux et renversé l'immense tente qui devait nous servir de réfectoire, de sorte qu'elle n'a pu être dressée ici sur la montagne. Il faut donc tenir sa fourchette d'une main et son ombrelle de l'autre, c'est ce que je fais bravement en riant de bon cœur, car ce n'est point ordinaire de manger ainsi.

Après le dîner, on visite les environs du Carmel ; le frère Liévin nous accompagne. Ce vénérable religieux, qui doit être désormais notre guide, est un beau vieillard de soixante et quelques années. Sa barbe blanche et sa haute taille lui donnent un air très respectable. Enfant de saint François, il porte la bure des Franciscains de Terre-Sainte. Belge de naissance, Français par le cœur, arabe quand il le faut, habitant la Palestine depuis plus de trente ans, il connaît à merveille la Galilée et la Judée. On cite de lui plusieurs ouvrages estimés sur les Lieux-Saints. C'est un homme qui unit une grande science à une admirable simplicité.

Avec lui, nous prenons un sentier rocailleux et difficile qui descend vers la mer. En quelques minutes, nous arrivons à l'école des Prophètes. C'est là qu'Elie et Elisée formèrent leurs disciples à la vie ascétique. D'après une tradition locale fort respectable, la sainte Famille, retournant d'Egypte à Nazareth, s'y arrêta pour prendre un légitime repos. Cette grotte est en grande vénération parmi les musulmans ; ils y viennent de très loin pour y jeûner et y prier, car ils en ont fait une mosquée. La chaleur est accablante : je n'ai pas le courage de continuer à suivre la caravane ; je vais m'asseoir au bord de la mer qui dort tranquille au pied de la côte, aux tons d'or bruni. Elle est tantôt sombre comme du lapis-lazuli, tantôt étincelante comme le diamant sous les reflets d'un beau soleil couchant, je ne me lasse pas de la contempler ! On me montre sur la colline voisine l'endroit occupé jadis par la ville de Calamon, où saint Louis s'arrêta après son naufrage, en 1255. Une petite tour en désigne la place. Le pieux roi profita de son séjour en ce lieu pour faire un pèlerinage à Notre-Dame du Carmel. On aime à évoquer ici ce souvenir de la chère patrie !...

De délicieuses fleurs croissent dans le sable et embaument l'air. J'en fais une ample moisson ; la flore du Carmel est vraiment éblouissante ! Je remonte ensuite le sentier abrupt qui conduit au couvent, chargée de plantes, de coquillages et de petites éponges. Quel plaisir je causerai à mes amies en leur donnant à mon retour ces modestes présents !...

Je rencontre sur mon chemin la petite chapelle de Saint Simon Stock. A cet endroit même, la sainte Vierge revêtit le serviteur de Dieu du Saint Scapulaire, livrée bénie, source de grâces, aujourd'hui répandue dans le monde entier. J'arrive à temps pour assister au salut qui clôture cette belle journée. Pendant la cérémonie, l'orgue, joué avec talent, nous fait entendre, parmi les jeux d'anches et les sons harmonieux des registres de récit, un singulier accompagnement de triangle, tambourin et clochettes... l'orchestre est au complet, il n'y manque que la grosse caisse. C'est très original, très joyeux, et produit un excellent effet ; pour ma part, j'en ai été charmée, j'aime tant la musique...

Après la bénédiction, chacun se rend sur la terrasse dominant la Méditerranée, devant le monastère ; il fait une de ces nuits féeriques d'Orient, où tous les paysages revêtent les plus belles teintes et les aspects les plus mélancoliques et les plus beaux.

A la pâle clarté de la reine des nuits, on voit nettement les carènes de nos deux navires se détacher sur le bleu sombre de la mer. Derrière eux on aperçoit les lumières de Saint-Jean d'Acre, et devant, celles de Caïffa. Soudain, un feu de bengale rouge éclaire merveilleusement nos chers paquebots ; puis, de tous les côtés à la fois, partent des fusées et des pièces d'artifice qui font l'étonnement des Arabes. Nous-mêmes, nous sommes enthousiasmés par ce spectacle imprévu et nous acclamons la France, Jérusalem, les Pères Carmes et nos deux Commandants. Mais il est tard, le feu d'artifice terminé, il est temps de songer au sommeil et de gagner mon blanc petit lit du Mont-Carmel où il me semble que je vais si bien dormir !...

VENDREDI 28 AVRIL. — Oui, j'ai fait un bon sommeil sur cette couche monastique qui m'a reposée des fatigues de la veille ! Aussitôt habillée, je cours à la fenêtre, et à travers les barreaux de fer j'aperçois la mer dont les flots, à cette heure matinale, revêtent des teintes dorées, produites par l'éclatante lumière d'un magnifique soleil levant. Cette vue est idéale !... Il y a, dans le calme de la belle nature qui m'entoure, quelque chose d'indéfinissable qui porte l'âme vers Dieu et l'oblige pour ainsi dire à reconnaître sa puissance et sa bonté. Je m'arrache à cette contemplation pour aller assister à la Sainte Messe et faire ensuite ma visite à la grotte d'Elie, convertie en chapelle.

On prie bien sous ce rocher noirci par les siècles, et qui servit jadis à Elie et à Elisée !...

Dans les heures libres, chacun va dans les endroits qui lui plaisent ; les uns au jardin d'Elie, d'autres dans la vallée des martyrs ou vers les ruines de l'ancien couvent de Saint-Brocard.

Je me dirige, avec Mme de la Marlière, dont j'ai fait la connaissance à bord, vers un rocher très élevé d'où nous apercevons les montagnes verdoyantes du Liban dont les cèdres grandioses et les beautés pittoresques ont été maintes fois chantés par nos saints livres.

Nous descendons ensuite et visitons successivement les jardins du couvent où fleurissent la rose et le lilas du Carmel, le cimetière des moines et la pyramide qui recouvre les restes des soldats de la France, massacrés en ce lieu par le fanatisme musulman.

La bénédiction du Saint-Sacrement termina cette seconde journée au Carmel, où tous nous avons voulu être reçus à nouveau du Saint Scapulaire.

SAMEDI 29 AVRIL. — Ce matin, il faut partir, quitter ce cher couvent, la mer, ces horizons immenses et les couchers de soleil au rayon vert.

Hier, à notre repas du soir, nous avons joui de ce spectacle unique, incomparable. De ma place, à table, je dominais la Méditerranée. L'astre du jour se couchait magnifiquement derrière les montagnes ; ses derniers rayons répandaient sur toutes ces côtes une teinte verdâtre, étrange, merveilleuse ! Le regard se perdait sur l'immensité des eaux, sillonnées çà et là par quelques blanches voiles, c'était enchanteur ! L'Ecriture a eu raison de vanter la beauté du Carmel, en même temps que la gloire du Liban. « *La gloire du Liban lui a été donnée, ainsi que la beauté du Carmel* (1). Une grande nature est un spectacle qu'on admire, qui nous poursuit et qui nous reste. Il y a des jouissances passagères parce qu'elles ne nous ont touchés, pour ainsi dire, qu'à la surface ; les véritables jouissances sont durables ; ce sont celles qui tendent à nous ennoblir, qui parlent à notre âme et qui l'élèvent ; aussi les comprend-t-on et les apprécie-t-on toujours, même à distance et après des années. C'est ce que j'éprouve depuis mon retour des Lieux-Saints ; et en décrivant aujourd'hui cette délicieuse soirée du Carmel, je la revois de nouveau par la pensée et je ressens les mêmes émotions que si je l'avais encore sous les yeux. Ce sentiment de bonheur ne finira qu'avec ma vie !

A 5 heures, une messe d'adieu nous réunit à la chapelle, puis chacun court porter son sac de voyage sous le drapeau de son groupe et prend à la hâte une tasse de café noir à la turque, ou un œuf cru pour son déjeuner.

Rien de plus curieux, rien de plus pittoresque que le spectacle que présente le plateau du Mont-Carmel avant le départ ; c'est un mélange indescriptible de chevaux, d'ânes enharnachés, de drogmans, de

---

(1) Isaïe. Chap. XXXV. v. 2.

moukres, de pèlerins à la recherche de leurs montures ou de leurs paquets égarés.

C'est un désordre, un pêle-mêle qui ne manque pas d'originalité surtout en pareil lieu !...

A sept heures, la cavalcade commence à défiler. En tête, un drogman, au costume multicolore, porte le drapeau français qui protège l'immense caravane. Derrière lui, flottent le drapeau pontifical et l'étendard du Sacré-Cœur aux couleurs nationales. A la tête de chaque groupe, un petit fanion rouge, jaune, blanc ou vert, sert de signe de ralliement. Marguerite de Roquefeuil et moi assistons à la scène mouvante qui se déroule sous nos yeux. Elle est pleine de vie et de coloris. Les cavaliers se succèdent, contenant à peine les élans fougueux de leurs coursiers impatients, qui lancent des ruades, les jettent à terre, en hennissant, et en secouant leur tête ornée de pompons.

Les moukres, couverts d'oripeaux, poussent des cris stridents. Ils aident les pèlerins à se relever tout en leur demandant : *bakchiche ! bakchiche !*

Les amazones s'avancent ensuite ; quelques-unes manient avec grâce leur monture, d'autres font de leur mieux pour s'y maintenir ; mais la plupart, timides, embarrassées, débutant dans l'art de l'équitation, se sont bravement — ou de désespoir — campées à califourchon sur leur selle. Ce n'est pas élégant, mais c'est plus sûr. Je ne pourrai jamais me décider à monter ainsi, c'est d'un grotesque impossible à rendre.

Cette longue file descend en priant les pentes ardues et rocailleuses du Carmel, traverse la petite ville de

Caïffa, où les voitures qui stationnaient au bord de la mer viennent la rejoindre. Cela forme un charmant coup d'œil qui est tout à fait oriental. Les bannières voltigent au vent et ondulent de concert avec les longs voiles, sous la fraîche brise matinale qui nous présage une délicieuse journée de printemps. Le soleil semble nous sourire en dorant l'horizon de ses premiers feux. Nous sourions avec lui, de contentement d'abord, ensuite des costumes plus ou moins excentriques qui passent sous nos yeux : burnous étranges, couffichs sombres, informes manteaux blancs faits de main arabe, couvre-nuques aux couleurs vives, ombrelles gigantesques, casquettes à large visière, lunettes noires, vertes et bleues, une vraie mascarade ! Que dirait-on en France si on nous voyait affublés ainsi ?...

Quarante-huit kilomètres nous séparent de Nazareth, ce sera une rude journée pour les cavaliers. La plupart des dames et même quelques prêtres qui n'ont pas osé affronter les périls de la chevauchée, se sont hissés dans les gigantesques véhicules traînés par trois chevaux qui sont les omnibus du pays. Ils sont tellement bondés que ma compagne et moi avons peine à y trouver deux places.

Lorsqu'ils s'ébranlent, quels cahots !... il y a de quoi donner le mal de mer ! vraiment, je regrette de n'avoir pas pris un mulet, j'eusse été moins fatiguée que par les secousses de ces phaétons qui n'ont point de ressorts.

Nous parcourons l'immense plaine d'Esdrelon sur une route nouvellement empierrée... Quels sauts nous faisons !...

Voici le torrent de Cison sur les bords duquel, par ordre d'Élie, les quatre cent cinquante prophètes de Baal furent exterminés. En le traversant, une des voitures perd une de ses roues et les voyageuses sont renversées dans l'eau. Mais, grâce à la protection de Notre-Dame du Mont-Carmel, elles en sont quittes pour la peur.

La campagne est agréable, fertile, couverte d'oliviers aux lamelles d'argent, de grenadiers en fleur, de blés épais, de foins odorants : c'est embaumé, ensoleillé, ravissant.

A midi, nous campons sur la colline de *El Hartiyeh*, dans une petite forêt de chênes verts et de caroubiers. De cette situation élevée, sous ces ombrages charmants, nous apercevons encore les flots bleus de la Méditerranée et, sur les derniers sommets du Carmel, une petite chapelle édifiée sur le *Mouhrahah*, ou mont du sacrifice. C'est là, en effet, qu'Élie offrit son sacrifice au vrai Dieu et confondit les prêtres de Baal. Nous déjeunons, sur l'herbe, de quelques œufs durs et de viande froide. L'eau et le vin ont été apportés dans des outres de peau de chèvre, ce qui leur donne un petit parfum de bouc goudronné qui nous aide à faire pénitence !... Ce repas champêtre se termine par du café et une tasse de camomille ; cela nous repose et ranime nos forces.

Les fatigues de la première étape sont déjà oubliées ; la gaieté règne partout.

Après deux heures de repos, le cornet donne le signal du départ. L'immense colonne se reforme et elle s'avance sur une longueur de deux et parfois trois kilomètres, dessinant sur la verdure des prairies un gracieux ruban dont la beauté s'accroît encore dans les sinuosités des montagnes.

Notre voiture vient d'être rejointe par une gentille amazone, tout de blanc habillée... Elle paraît exténuée : « *Pouvez-vous disposer d'une place en ma faveur dans votre véhicule, car je ne puis plus rester à cheval, cette bête me tue.* » — *Venez*, lui répondons-nous, *on se gênera, s'il le faut, pour vous recevoir.* » Et Mlle d'Allemagne, jetant la bride de son mauvais coursier, s'installe au milieu de nous, mais elle était si pâle, qu'il fallut lui administrer un cordial pour la remettre et elle ne savait comment nous exprimer sa gratitude... Cette aimable jeune fille fait partie du groupe belge et son père l'accompagne au pèlerinage. Elle est venue sur le *Poitou*; il a fallu l'occasion de cet incident pour entrer en connaissance avec elle, ce dont nous sommes heureux, parce qu'elle est aussi bonne que distinguée !...

Les collines au milieu desquelles nous cheminons sont couvertes de chênes élevés, et, entre les arbres, les clairières sont tapissées d'une herbe fine et fleurie. Je vois pour la première fois, dans toute sa vigueur, le beau lin à fleurs roses qui doit être notre inséparable compagnon dans la Syrie, et dont les fleurs admirables font l'ornement de ces gracieux parterres naturels qui nous entourent. C'est le *Linum pubescens* des botanistes. Quel dommage de n'en pouvoir cueillir !

J'aime la solitude solennelle de ces montagnes de Galilée, elle m'impressionne vivement, elle dispose l'âme à recevoir cette grâce locale, propre à la Terre-Sainte, et presque inconcevable à qui n'a pas foulé ce sol béni. Le ciel est splendide, le soleil se joue merveilleusement dans le feuillage où des oiseaux, brillamment colorés, se livrent à de joyeux ébats. Et la pensée que Jésus-Enfant a vu ce que je vois — car nous ne sommes plus qu'à trois quarts d'heure seulement de Nazareth, — qu'il est venu sans doute se reposer ici du travail de la journée et, dans le silence de la nature, offrir à son Père cette prière solitaire dont il donna plus tard l'exemple à ses disciples, me remplit d'inexprimables consolations.

A mesure que la journée s'avance, la fatigue se fait sentir, la joie s'éteint, la verve tombe, l'entrain disparaît ; on cherche à découvrir au loin la petite ville, objet de nos désirs, mais rien qu'une plaine interminable, après laquelle se dressent des collines qui bornent l'horizon !... Je m'adresse au cocher :

— « Moukre, serons-nous bientôt à Nazareth ? »

— « Oui, Madame, mais donnerez à moi, *bakchiche* ! »

— « Pressez donc vos chevaux alors ! »

— « Après que moi aurai *bakchiche* ! »

Ennuyée de cette sempiternelle réponse, je garde le silence et j'égrène quelques *Ave* qui me rendent courage et bon espoir.

A un détour de la route, tout à coup j'entends ce cri : *Le Thabor !* En effet, dominant toutes les montagnes de son haut sommet arrondi, s'élève le Thabor !... Je n'oublierai de ma vie cet instant. Je contemple avec émotion ce lieu vraiment saint, où la gloire divine a éclaté dans toute sa majesté !

Et quel paysage ?... Par dessus ces plaines et ces collines, le ciel étincelant, net et profond ; les lignes et les teintes harmonieuses des perspectives ; des flots d'air et de lumière qui ravissent nos yeux et lui révèlent des beautés inconnues à nos climats.

A mesure que nous approchons du terme de notre voyage, le chemin devient âpre et difficile, c'est un véritable casse-cou. Mais Nazareth est au bout, aussi a-t-on grand courage et grande joie. Déjà on entend les cloches de l'église de l'Incarnation qui sonnent à toutes volées pour nous souhaiter la bienvenue.

Enfin voici Nazareth, la cité blanche, la cité fleurie de Galilée où germa la fleur la plus incomparable qui se soit épanouie sur la terre, d'où surgit le rejeton de Jessé !...

Elle s'étage gracieusement en hémicycle sur la pente d'une colline ; la blancheur de ses maisons carrées à toits plats lui donne un air joyeux et propret qui est rare dans les villes d'Orient. Son aspect est doux à l'œil, plein de fraîcheur et de poésie !...

Ah ! qu'elle est bien nommée « *Fleur ou Fleurie !* » Et vraiment aucun autre nom ne lui pouvait mieux convenir ! N'a-t-elle pas produit la *Rose mystique*, de laquelle est sortie cette fleur divine, le Verbe incarné, qui est la splendeur même de Dieu.

Elle mérite aussi d'être appelée « *la Fleurie* », car sur les montagnes, dans les vallées, pas le moindre repli de terrain qui n'ait ses fleurs, pas le moindre brin d'herbe qui ne balance, à la brise du soir, ses gracieuses fleurettes. Nous descendons les lacets qui mènent au bas de la ville en chantant avec un enthousiasme incroyable le *Magnificat* et l'entraînant cantique de Lourdes : *Ave, ave Maria !* La population entière de la cité s'est portée au-devant de nous et nous accueille avec transport et sympathie.

Les hommes se tiennent debout, graves et respectueux ; les femmes, les filles et les petits enfants sont groupés et accroupis le long des murailles des jardins. Leurs costumes, où dominent le rouge, le jaune et le blanc, les feraient prendre pour d'immenses corbeilles de fleurs artistement disposées. Des centaines de gamins nous escortent en gambadant de joie et en chantant : *Ave, Ave, Ave !...*

Nous mettons pied à terre, et de suite nous nous rendons à l'église de l'Annonciation, trop petite, hélas ! pour nous contenir tous ensemble.

Quand je pénètre à mon tour dans l'auguste sanctuaire, quelle émotion me saisit !... J'avais tant souhaité d'y ployer les genoux, d'y mettre des baisers, des prières et des larmes avec le souvenir de ceux qui me sont chers, que je ne peux croire à la réalité de mon bonheur...

Il est vrai cependant ! Mes yeux voient la grotte bénie où Marie reçut le salut de l'Ange (1), mes lèvres touchent la pierre vénérée où se tenait agenouillée

---

(1) A Nazareth, les maisons sont construites sur le flanc d'une colline parsemée de grottes auxquelles sont adossées un grand nombre d'habitations. Il en était ainsi de la demeure de la Sainte-Famille et, après que la Sainte-Maison — la *Santa-Casa* — eut été transportée à Lorette, une chapelle, dite *chapelle de l'Ange*, fut bâtie sur son ancien emplacement. Celle-ci étant plus courte et plus étroite que l'habitation sacrée, les fondations laissées sur place restent en dehors, tout autour de la chapelle... Les grottes étaient si étroitement unies

l'humble Vierge pendant qu'elle écoutait le message divin, où elle prononça le *Fiat* auquel était attaché le salut du monde!... Oh! que doucement coulent mes larmes! Oh! que suavement je répète : *Ave, Ave Maria !* L'angélique prière me pénètre, m'enflamme, j'éprouve un charme indicible à la dire, à la redire sans cesse en ce lieu où elle retentit pour la première fois !...

Il faut cependant m'arracher à ces délices ; l'heure est tardive, on nous appelle au camp ; adieu, grotte chérie, vestibule du ciel, demain dès l'aurore, nous reviendrons prier, chanter, pleurer, baiser ton sol béni !

La grande tente-réfectoire est installée au centre d'un terrain vague qui fait le fond verdoyant de la coupe au-dedans de laquelle Nazareth est assise.

Gazonnée au printemps, cette plaine se dessèche en été, elle devient l'aire où les Nazaréens foulent aux pieds des bœufs le blé et l'orge, et vannent leur grain au vent du soir. Aujourd'hui elle disparaît sous les tentes innombrables qui la couvrent, c'est presque une ville, avec ses rues et ses numéros ; sans cela, comment reconnaître son gîte ?... On trébuche plus d'une fois dans les cordes qui sillonnent le camp, cela vient

---

avec le bâtiment, qu'elles formaient des pièces du domicile de la Sainte-Famille. La *Santa-Casa* de Lorette n'est donc pas la maison tout entière, et la grotte formant également une portion de la demeure sainte, dans laquelle l'archange annonça l'heureuse nouvelle, nous pouvons dire de chacun de ces endroits: *Ici le Verbe s'est fait chair*, et rien n'est plus juste que de vénérer le même mystère dans les deux sanctuaires à la fois. — (*Lorette*, par Guillaume GARRATT, pages 36 et 40).

NAZARETH

1. Église de l'Annonciation. — 2. Mensa Christi. — 3. Atelier de saint Joseph. — 4. Fontaine de la Vierge.

de m'arriver, mais j'en ai été quitte pour baiser la terre, cette terre sanctifiée par les pas de Jésus ! ma chute a donc eu un heureux résultat.

Le dîner sous la tente est animé ; le contentement général ; les malades oublient leurs maux, et les blessés leurs contusions. Le menu commandé par Morcos et Carlos, nos maîtres d'hôtel, nous paraît succulent malgré les concombres qui nagent dans la sauce et la vue peu engageante de nos marmitons. C'est vraiment un curieux spectacle. Huit cents pèlerins à table, causant, riant, mangeant, dans une parfaite harmonie, entourés de moukres et de drogmans qui s'empressent à les servir est une chose assez rare ! Aussi bon nombre d'indigènes collent-ils leur visage aux fentes de la tente pour nous regarder, dans un ébahissement impossible à rendre !...

Au dessert, les orateurs se succèdent à la tribune. Mgr de Goësbriant, évêque américain, d'origine bretonne, veut bien, le premier, nous adresser la parole. En sa qualité d'ancien missionnaire — car Monseigneur porte très vaillamment ses soixante-dix-sept ans et ses quarante-cinq ans d'épiscopat — Sa Grandeur nous entretient des progrès merveilleux de l'Œuvre de la Propagation de la Foi qui a donné dix millions de catholiques au nouveau monde, et Elle la recommande à notre zèle.

Vient ensuite le R. P. Montagnoux, l'intarissable poète de la *Ville de Brest*, qui chante, en strophes émues, Nazareth, la ville des fleurs, où grandit, durant vingt années, ce fruit délicieux dont les apôtres ont vu et savouré la sainteté, alors que les prophètes n'avaient respiré que les suaves parfums de la fleur virginale qui le réservait au monde. Puis l'éminent avocat canadien, M. Thibault, nous tient sous le charme de l'ardent enthousiasme dont tout son être semble vibrer en nous parlant de la France, qu'il aime comme une seconde patrie.

La France catholique est célébrée par un petit enfant de Nazareth qui nous adresse les vœux les plus délicats et les plus charmants. C'est un vrai gazouillement d'oiseau. Mais l'oiseau de Galilée est pauvre et orphelin. Aussi l'avons-nous remercié en le comblant de *bakchiches*.

L'indispensable camomille termine notre festin, saupoudré des avis et des saillies, toujours pleines de tact et d'à-propos, du P. Bailly.

Pour compléter cette belle journée, quelques pèlerins ravissent nos oreilles par leurs chants harmonieux ; M. Tréca nous dit une de ses jolies poésies et on se sépare en répétant en chœur, ce refrain de la délicieuse composition du P. Marie-Jules, sur l'air de *Castibelza*.

> O Nazareth, à bon droit l'on t'appelle,
> Ville des fleurs
> Nos yeux ravis en te voyant si belle
> Versent des pleurs (*bis*).

Dimanche 30 avril. — Il est 6 heures du matin ; tous les pèlerins se portent à la basilique de l'Annonciation. Elle est simple d'architecture et composée de trois nefs. Je la regarde à peine, car j'ai hâte de descendre les quinze marches qui conduisent à la crypte où je me sens attirée plus qu'ailleurs ! Déjà quelques prêtres y célèbrent le saint Sacrifice. L'incarnation du Verbe se renouvelle entre leurs mains, à l'endroit même où elle s'est accomplie dans le sein de la Vierge Marie ! Oh ! comme cette pensée m'émeut et combien je voudrais qu'une messe se dise sur cet autel à mes intentions ! Je le désirais d'autant mieux que l'Eglise fêtait en ce jour la séraphique Catherine de Sienne, pour laquelle j'ai une dévotion particulière. M. l'abbé Berly veut bien me donner cette satisfaction et se priver d'offrir le saint Sacrifice pour lui et les siens, ce dont je lui serai à jamais reconnaissante !...

Quelle joie intime et profonde ! Je reçois la sainte communion au lieu même où le fils de Dieu a pris ce corps et ce sang dans le chaste sein de la Vierge Marie !... à l'endroit où il a daigné se faire homme !... La bouche n'a pas de paroles, l'âme de sentiments qui puissent répondre à son bonheur ; elle ne peut que s'abaisser et s'anéantir dans sa misère et son impuissance !...

Nazareth ! que de fleurs au doux parfum on recueille dans ton enceinte, et que ton séjour a d'attraits ! C'est Dieu avec nous, c'est Dieu notre frère ! Ainsi Dieu a aimé le monde !...

Au sortir de l'église, je suis assaillie par des enfants qui viennent me sourire, toucher mes vêtements en me disant : *Buon-jor, signor Madame, bakchiche* ! ou bien *Signor, mon bère, bakchiche.* Les uns m'offrent des *oranges*, du sucre en longs bâtons, de la *Lamonade* ; c'est leur manière de parler notre langue, laquelle, dans ces bouches orientales a un charme tout particulier. Il semble que l'aimable Enfant Jésus a laissé ici quelque chose de sa grâce, de son innocence, sur les visages roses et épanouis des petits Nazaréens.

J'aime à considérer leurs grands yeux noirs, leur teint brun ou blond, leurs cheveux flottants ; ils me rappellent qu'ainsi devait être au retour d'Egypte l'Enfant-Dieu parmi ses compagnons d'âge, et ce souvenir me ravit.

A neuf heures, la messe pontificale est célébrée par Mgr Ménini, archevêque de Bulgarie, qui se rend au Congrès de Jérusalem et veut bien partager notre fête.

Les grandes orgues de la basilique sont tenues artistement par le Père Denis, de l'ordre des Prémontrés, de Frigolet, et nous sommes émerveillés par les flots d'harmonie qui s'échappent de ses doigts agiles. Comme au Carmel, l'orchestre est au complet et fait mon bonheur. Les Arabes catholiques assistent à la cérémonie et les femmes, enveloppées dans de grands voiles de calicot blanc, sont assises par terre. La tenue de tous est très respectueuse.

Sur une population de sept à huit mille habitants, on compte à peine neuf cents catholiques latins, huit cents grecs unis et deux cents maronites ; tout le reste est moitié musulman et moitié schismatique. Il y a quelques rares familles protestantes et bien peu de juifs.

Les Nazaréens sont sages, laborieux et surtout religieux, mais ils savent comme ailleurs demander aux étrangers ; nous ne cessons de rencontrer sur notre chemin des femmes, des enfants qui tendent la main et répètent à satiété : *bakchiche, bakchiche !*

Cette après-midi, nous visitons les lieux célèbres de Nazareth. Notre procession défile dans les rues étroites, mal pavées, sinueuses, tournant autour des maisons distribuées en groupes comme un archipel de pierres ; au lieu de fossés, de portes et de murailles, des bouquets de nopals, de grenadiers, de figuiers ; parmi ces édifices et ces fleurs, la population se groupe, s'étage pour nous regarder passer ; c'est étrange et charmant.

Nous arrivons à l'atelier de saint Joseph converti en chapelle. Nous y chantons le *Te Joseph celebrent*.

On chemine ensuite entre deux belles haies de cactus aux larges feuilles épineuses, et bientôt nous sommes à la *Fontaine de Marie*. C'est là que l'Auguste Vierge venait chercher chaque jour la provision d'eau nécessaire pour les besoins de son ménage, puisque c'est la seule fontaine qui existe à Nazareth.

Comme au temps de Marie, les femmes y vont puiser de l'eau, elles marchent à pas lents, silencieuses et graves, l'urne penchée sur la tête, la main relevée pour la soutenir, le voile rejeté en arrière et flottant ; on dirait des statues grecques en mouvement. Elles ont un genre de beauté très particulière. C'est le type syrien dans toute sa grâce !...

Ailleurs, les femmes juives, dédaigneuses pour les chrétiens, sont ici pleines d'affabilité. Elles nous offrent gracieusement à boire. Avec leurs robes jaune d'or, bleu pâle ou rose tendre, à moitié cachées par leur grand voile de lin blanc, le front ceint d'un bandeau, elles donnent une idée de ce que devait être la Vierge toute belle et toute pure qu'elles me représentent.

La procession se dirige ensuite vers une autre chapelle qui renferme un bloc de rocher d'une taille gigantesque. On l'appelle *Mensa Christi* (Table du Christ). Une tradition rapporte que Notre-Seigneur, après sa résurrection, aurait fait un repas sur cette pierre avec ses disciples.

Nous passons ensuite à l'église des Maronites catholiques, lieu de l'apparition de la Sainte-Vierge à saint Antoine de Padoue. Le curé vient nous recevoir à la porte du jardin qui précède l'église, afin d'offrir l'eau bénite aux pèlerins et, de plus, l'encens aux prélats du cortège. A l'arrivée de NN. SS. les Evêques, le clergé fait entendre un chant liturgique maronite accompagné par le tam-tam oriental et par une espèce d'instrument qui produit le même son que les cymbales. Cela nous étonne singulièrement.

De là, nous allons visiter la synagogue, où Jésus enseignait les Saintes Ecritures et discutait avec les docteurs de la loi. Ce sanctuaire appartient aux Grecs catholiques. Le curé nous reçoit aussi très solennellement. A la porte, un acolyte, en soutane et en toque noire, psalmodie en langue grecque certains chants liturgiques sur un rythme lent et monotone, pendant que le prêtre balance l'encensoir devant les trois Evêques.

A côté, un chantre fredonne, la bouche close, une note grave et invariable. C'est un accompagnement bien étrange pour nous, mais requis sans doute pour cette solennité. La scène, fort touchante du reste malgré son originalité, nous édifie profondément.

Nous rentrons ensuite à l'église de l'Annonciation pour recevoir la bénédiction solennelle du Très Saint

Sacrement et assister à l'ouverture du Mois de Marie, prêchée par le R. P. Comminges, de Lourdes.

Lundi 1ᵉʳ mai. — Un soleil radieux m'éveille de bonne heure ; la journée s'annonce magnifique ; la Ville-Fleur revêt sa plus belle parure printanière pour fêter le premier jour du mois consacré à sa Reine, la Vierge Marie ; l'air est transparent, les collines verdoyantes. Aucun bruit ne trouble cette solitude fermée, d'où le regard et la pensée montent d'eux-mêmes vers le ciel. On voudrait y rester toujours !...

J'assiste à la messe dans la chapelle des Dames de Nazareth, communauté française dont l'action bienfaisante a transformé la population. Elles me font visiter les fouilles récentes qui ont mis à découvert des ruines d'un intérêt exceptionnel. On pense que c'est le lieu où se trouvait jadis la maison qui abrita l'adolescence de Jésus. Les religieuses de Nazareth sont heureuses de posséder un tel trésor. Je déjeune chez elles avec plusieurs pèlerins afin de voir plus en détail leur établissement et leurs œuvres. Dans l'après-midi, elles veulent bien nous donner un interprète connaissant notre langue, pour guider nos pas à travers Nazareth. Je désirais beaucoup étudier sur place, les mœurs et les usages du pays. Ils sont tellement différents des nôtres, que c'est fort intéressant. Nous partons, enchantées de jouir, en petit comité, de la Ville-Fleur où l'Emmanuel a fait son nid. Ce nid est un paradis, *alleluia !*

Nous voici engagées dans des ruelles dont les pavés, couverts d'une boue indescriptible, sont glissants et dangereux. Quel dommage d'être obligées d'abaisser à chaque instant nos yeux sur cette fange au lieu de regarder le ciel et les monuments qui dominent la ville. Cette gracieuse Nazareth, si jolie de loin, est fort sale à l'intérieur, et c'est vraiment pénible à constater. Nous passons devant les ateliers, le marché, les boutiques où nous faisons emplette de voiles du pays, en gaze de couleur parsemée de larges fleurs blanches ou rouges.

Le guide nous propose d'aller chez les filles du gouverneur turc. Nous acceptons avec empressement.

A travers un dédale de petites ruelles assez malpropres, nous arrivons devant une maison à l'aspect bizarre. Le bas est orné de fumier ; on monte un escalier extérieur, le rez-de-chaussée nu et délabré sert de caserne aux soldats de la garde turque. Nous arrivons au premier étage, habité probablement par le gouverneur, mais tout est fermé, nous ne voyons rien. A la suite de notre cicérone, nous montons encore, et nous voici sur une galerie d'où nous jouissons d'une admirable vue sur Nazareth et sur ses environs. Le divan — nom du salon en Orient — s'ouvre sur la galerie par des baies ogivales, ornées de vitraux de couleur.

Nous entrons, il n'y a personne pour recevoir. Chacune de nous s'assied — car nous ne sommes que des dames — sur de longues banquettes recouvertes d'étoffe rouge, et qui sont loin d'être moelleuses.

Les fils du gouverneur, ayant sans doute été prévenus de notre arrivée, viennent nous saluer et nous offrir des fleurs, puis ils disparaissent. Bientôt un frou-frou soyeux se fait entendre et deux jeunes filles fort élégantes font leur apparition. Elles sont vêtues de robes de soie bleu pâle avec de longues traînes. Des agrafes de diamant brillent à leur corsage et dans leurs cheveux, leurs mains et leurs bras sont chargés de bijoux.

Nous les regardons avec étonnement, parce que leur toilette est tout à fait française et n'a nul cachet oriental, c'est une déception ! Elles nous la font oublier par l'air aimable et gracieux avec lequel elles nous accueillent, c'est tout ce qu'elles peuvent faire, ne connaissant point notre langue. Un grand nègre apparaît aussitôt, portant un plateau contenant plusieurs coupes de cristal remplies de dragées, de pâtes d'orange, de roses, et deux verres d'eau. Il passe et repasse successivement devant nous, afin que chacune puisse se servir et prendre à son gré de ces bonbons nazaréens.

Ensuite le fils aîné du gouverneur revient au divan, avec une boîte de cigarettes dont il nous distribue le contenu.

Grande est notre surprise ! comment allons-nous faire pour fumer ?... Mais la fille aînée, charmante blonde de vingt à vingt-deux ans, après avoir allumé sa cigarette, vient gracieusement nous présenter du feu ! Il fallut donc s'exécuter et faire au moins le simulacre de fumer.

Après cette opération, le grand nègre apparaît de nouveau avec son plateau couvert de microscopiques tasses de café ; nous prenons de ce café à la turque, dont le mélange épais est peu agréable à l'œil mais dont le goût est exquis.

Voici un autre exercice : on apporte le narghileh,

que les femmes en Orient fument aussi bien que les hommes.

Les filles du gouverneur commencent à en aspirer quelques bouffées, puis elles le passent à la pèlerine la plus proche d'elles pour qu'elle en fasse autant.

Nous étions ébahies. « Quoi, il faut encore mettre cet « instrument dans notre bouche, c'est par trop d'ama- « bilités, murmurions-nous, quand cela finira-t-il ?.. »

Mais l'interprète expliqua que nous ne pourrions refuser sans manquer de politesse envers ces demoiselles qui nous recevaient avec tous les honneurs possibles. Nous aspirâmes donc le narghileh sans y trouver aucun charme et sans comprendre comment on peut passer tant d'heures à écouter le glouglou de l'eau dans la carafe, ce qui est la grande jouissance des Orientaux. Après toutes ces cérémonies, nous vîmes entrer des jeunes filles de la maison, qui, d'après les ordres de leurs maîtresses, exécutèrent, pour notre plaisir, la danse du pays. Cette danse grave et monotone ne consiste qu'en simples mouvements rythmés, accompagnés de chants. Chants singuliers, formés de deux ou trois notes seulement, et qui sont si répandus et si populaires en Syrie... Lorsqu'un couplet est fini, les femmes poussent leur cri de joie habituel : *you, you*, avec force battements de mains réguliers et cadencés. C'est très curieux et très amusant.

A bout d'expédients pour nous distraire, elles envoyèrent chercher leurs guitares, dont elles tirèrent quelques sons gutturaux qui ne prouvèrent pas beaucoup en faveur de leur talent.

Une visite, dans ces conditions, ne pouvait s'éterniser ;

nous prions notre interprète de transmettre nos remerciements à ces aimables jeunes filles, qui répondent que notre présence leur a causé grande joie et qu'elles demandent permission de nous serrer la main. Sur notre signe affirmatif, elles s'empressent de donner à chacune cette marque d'amitié, et nous les quittons tout heureuses de leur bonne réception.

Dans la soirée, je me dirigeais vers l'église de l'Annonciation afin d'aller me prosterner de nouveau dans la grotte bénie qui entendit des lèvres d'un ange l'*Ave* du ciel et de la terre, lorsque j'aperçus un singulier cortège qui se rendait à la basilique.

Sous une large ombrelle blanche, portée par une femme de l'escorte, enveloppée d'un vêtement brun à raies jaunes, s'avançait une toute jeune fille de treize ans à peine, dont le visage était couvert de trois voiles. Deux de ses compagnes soutenaient sa marche chancelante en lui donnant de chaque côté l'appui de leur bras. Devant elle, deux autres amies tapaient, tout le long du chemin, sur de petits tambourins de grès qui ressemblent assez à nos pots de terre recouverts de parchemin ; c'était la musique de la noce, car j'avais la bonne fortune de rencontrer un mariage nazaréen ! Une trentaine de femmes suivaient la fiancée et fermaient la marche.

J'entrai dans l'église à leur suite, me demandant où était le futur époux, parce que je ne voyais aucun homme.

Après quelques instants d'attente, un jeune garçon de dix-huit ans arrive, accompagné de ses amis. Il vient se placer près de la jeune fille. Le prêtre demande trois fois à la fiancée : « Prenez-vous pour votre époux, etc... » Elle ne répond rien les deux premières fois, elle semble réfléchir. Ce n'est qu'à la troisième fois qu'elle prononce le *oui* sacramentel.

Après la cérémonie, ses compagnes vont la conduire à la demeure de son mari avec la même solennité qu'à l'aller. La jeune épouse paraît défaillir d'émotion et, pour remplir le programme, il faut encore l'aider à marcher.

L'époux s'en va de son côté avec ses amis. Avant de rentrer chez lui, il s'arrête sur la terrasse qui est devant la basilique et forme avec les jeunes hommes qui l'entourent un grand cercle. Ils tapent du pied droit, tous à la fois, et répondent en chœur à l'acclamation proférée par l'un d'eux. Cette manière de faire exprime les souhaits que l'on offre au jeune couple pour son bonheur et sa prospérité.

Lorsque l'épouse arrive à la maison de son seigneur et maître, elle forme au-dessus de la porte une croix avec une boule de pâte. Elle boit de l'eau à une amphore. Soudain, voici l'époux. Il rentre seul, soulève un voile rose, puis le second et le troisième voile qui couvre le visage de sa femme, donne un léger soufflet en signe de puissance, mais il embrasse aussitôt sa Reino — car c'est le nom de l'épouse — en signe d'affection. Ensuite, le mari boit, passe la bouteille à l'assistance, tire sa révérence et disparaît, pour ne revenir que le lendemain chez sa jeune femme. Voilà les usages du pays !... Reino est catholique, c'est une orpheline élevée par les religieuses de Nazareth. Aussi, nous proposons-nous de l'aller visiter avant notre départ, afin de connaître

NAZARETH
Intérieur du sanctuaire de l'Annonciation.

un intérieur nazaréen et voir de plus près cette nouvelle mariée orientale.

Notre dernière journée à Nazareth se termine à l'église de l'Annonciation où le Salut solennel du Très-Saint-Sacrement nous est donné. Par une heureuse coïncidence, j'avais à faire ce soir-là mon heure de garde du Rosaire. Quel lieu choisi pour offrir à la Reine du ciel cette prière qu'elle aime tant ?... Je descends dans la grotte ; elle est solitaire ; seules, quelques lampes d'or et d'argent, suspendues à la voûte, jettent une faible clarté sur la plaque de marbre qui marque le lieu où le Verbe fut conçu. J'y lis ces mots : *Hic Verbum caro factum est* : Ici, le Verbe s'est fait chair !

Oui, ici, s'est passé un drame étonnant entre le Ciel et la terre ; une chose merveilleuse qui ne s'était jamais vue et qui ne se verra plus jamais ! Cette pensée verse sur la ville de Nazareth un délicieux parfum, et, sur cette grotte silencieuse, un arôme céleste, inconnu dans tout autre coin de cette vallée de misère et de larmes.

Seule, agenouillée, à l'endroit où le mystère s'accomplit, j'effeuille, pétale à pétale, cette rose mystique de la terre qui porte mes hommages à la rose du Ciel. Il semble que le souffle qui passe sur mes lèvres a la vertu d'incliner la tige, « la glorieuse Vierge », et qu'en s'inclinant, la tige abaisse « la fleur » jusqu'à moi. Oh ! qu'alors je m'empresse de lui présenter le cœur, les intentions de Notre Saint-Père le Pape Léon XIII, le Pape du Rosaire, pour demander à celle qu'il fait tant connaître et aimer sous le titre de *Regina*

*Sacratissimi Rosarii*, qu'elle le conserve longtemps pour sa gloire et celle de son Divin Fils.

Je fais de même pour notre nouvel Evêque (1), si dévoué également à cette œuvre, puisqu'il a bien voulu suivre l'exemple du Souverain Pontife en prenant une heure de garde dans le Rosaire de Montluçon, ce qui lui assure à jamais notre profonde gratitude. J'ai la confiance que cette œuvre lui sera aussi chère qu'à son vénérable prédécesseur (2), c'est le vœu que je forme dans le sanctuaire béni de l'*Ave Maria*.

Après avoir prié pour mes parents, amis, associés du Rosaire, je visite deux autres grottes taillées dans la roche du monticule, et qui font suite à celle de l'Incarnation. La première, dédiée à Saint-Joseph, n'est éclairée que par deux ou trois lampes et n'a d'autre ornement qu'un tableau placé au-dessus de l'autel et qui représente la Sainte-Famille. La seconde, plus solitaire encore, est dans une obscurité complète ; seule, la roche nue avec sa majestueuse noirceur forme la plus riche des décorations. Marie les a habitées, suivant toute apparence. Jésus y a donc passé la plus grande partie de sa jeunesse et l'on a bien fait d'y tracer ces quatre mots qui sont comme l'abrégé de sa vie cachée : *Dans ce lieu, il leur était soumis.*

Je reviens me prosterner une dernière fois dans l'oratoire de l'Annonciation, et j'aperçois une colonne de granit brisée à cinquante centimètres du pavé, et dont la partie supérieure reste suspendue à la voûte

---

(1) **Mgr Dubourg**, évêque de Moulins.
(2) **Mgr de Dreux Brézé.**

pour une cause que les gens du pays regardent comme miraculeuse.

Cette colonne, qui remonte au temps de l'Impératrice Sainte Hélène, désigne le lieu traditionnel qu'occupait l'Ange quand il vint saluer Marie.

Après avoir monté deux marches, je me trouve sur l'emplacement de la *Santa-Casa*, qui a été transportée à Lorette par les Anges, le 10 décembre 1294, pour être soustraite à la sacrilège profanation des infidèles qui voulaient en faire une mosquée. J'ai eu l'ineffable jouissance de visiter cette maison vénérée lors de mon pèlerinage à Lorette, en mars 1887, et j'en ai rapporté un inoubliable souvenir.

Moments délicieux, émotions saintes, ressenties dans ces deux sanctuaires bénis où rien n'a troublé mon silence et mon recueillement, non jamais je ne vous oublierai ! Lorette et Nazareth ne feront plus qu'un désormais dans ma pensée et mon affection.

Demain, nous partons de grand matin pour Cana et Tibériade. Adieu, cité de l'Incarnation, ville fleurie si pleine de charmes et d'attraits, nous te quittons de corps, mais nous te laissons nos cœurs ! Adieu !

> Près de tes bords le Seigneur nous appelle,
> Génézareth !
> Nous garderons ton souvenir fidèle,
> Cher Nazareth ?

# CHAPITRE III

## CANA. — TIBÉRIADE. — LE THABOR

DÉPART DE LA CARAVANE. — SÉPHORIS. — EL MESCHED. — LA FONTAINE DU CRESSON. — CANA. — LE CHAMP DES ÉPIS. — LA PLAINE D'HATTINE. — LE MONT DES BÉATITUDES. — SŒUR JOSÉPHINE ET LA CAMOMILLE. — AU CAMP : BONNE NUIT ! — TIBÉRIADE. — LE LAC. — LA TRAVERSÉE. — LES RUINES DE CAPHARNAUM. — RETOUR A TIBÉRIADE. — EN ROUTE POUR LE THABOR. — LA MONTAGNE DE LA TRANSFIGURATION. — LE PANORAMA DU THABOR. — ERNEST CORNET D'ERMAGNE : UNE DRAMATIQUE AVENTURE. — RETOUR A NAZARETH. — LA JEUNE MARIÉE NAZARÉENNE. — RETOUR A CAIFFA. — EMBARQUEMENT POUR JAFFA.

E moment qui précède le départ d'une caravane n'est pas sans émotion. C'est vers l'inconnu qu'on se dirige. L'imagination, devançant le galop de la cavale arabe, trouve partout, au détour d'un rocher, au fond d'un ravin, quelque accident nouveau, quelque malencontreuse aventure. Ce frémissement involontaire est d'autant plus sensible, qu'il n'y aura pas de

route carrossable dorénavant, et que tous, nous devrons chevaucher par monts et par vaux, dans des sentiers plutôt faits pour les chèvres que pour les hommes. Enfin, confiante en la Providence qui veille sur les pèlerins, je fais choix pour monture, de maître Aliboron. Malheureusement il n'a pas de selle, comment me tenir dessus ? car, pour tout au monde, je ne me mettrais pas à califourchon. Les chevaux ne sont pas mieux partagés que les ânes. Il n'y a donc point d'hésitation possible, d'autant plus que je viens de voir rouler dans la poussière plusieurs cavaliers montés sur ces indomptables coursiers. Je n'ai nulle envie de faire comme eux. Je m'assieds courageusement sur mon bourriquet, mettant mon pied dans les ficelles qui servent d'étriers. Elles sont trop longues : « *Salibas, serre la corde, ou je vais tomber* », mais Salibas, qui ne me comprend pas, s'en met fort peu en peine. Il flatte son âne en s'écriant : « *Bono, bono, bakchiche ! — Tu l'auras à Tibériade, si l'âne est bono*, lui dis-je. Salibas sourit alors avec béatitude, répétant : *à Tabarieh ; bakchiche*. Ce mot-là, l'arabe le saisit toujours !...

Enfin l'on part !... Un petit zéphir caresse le visage et tempère la chaleur qui commence à se faire sentir. Nous nous engageons à la file les uns des autres dans des chemins rocailleux, bordés de cactus et de figuiers sauvages d'une hauteur considérable ; nous passons devant la fontaine de la Vierge où de gracieuses Nazaréennes viennent, la gargoulette sur l'épaule, puiser l'eau nécessaire au ménage ; puis, gravissons les rampes du plateau élevé qui domine Nazareth. Nous apercevons, sur notre gauche, *Séphoris*, patrie de saint Joachim et de sainte Anne, et toute la plaine de Zabulon. Un peu plus loin, *El Mesched* où l'on vénère, dans une mosquée, le tombeau du prophète Jonas. Voici la *fontaine du Cresson*, restée fameuse par une défaite des Croisés, en 1187 ; et bientôt Cana, assise en amphithéâtre sur le penchant d'une colline bien cultivée, apparaît à nos yeux. De loin, la petite bourgade n'est pas sans beauté, avec sa verte parure de nopals et de grenadiers ; mais, de près, elle n'est qu'un amas de pauvres maisons orientales, un misérable village que le passage de Jésus a immortalisé. Son souvenir a survécu à toutes les destructions. Là, comme ailleurs, une humble église, élevée sur les débris de la basilique de Sainte Hélène, témoigne, après dix-neuf siècles, de la vitalité impérissable des paroles et des actes de Jésus.

Nous nous dirigeons immédiatement vers cet humble sanctuaire, qui appartient aux Franciscains, et dans lequel une grand'messe est chantée par les pèlerins ; il y a beaucoup de communions. Après la cérémonie, les Pères nous offrent à pleines urnes un vin délicieux produit par les vignes de Cana.

Nous l'acceptons avec gratitude en souvenir du premier miracle de notre bon Maître, car Jésus ennoblit, sanctifie tout ce qu'il touche : ses moindres actes sont une parole vivante que les siècles gardent et répercutent.

Après avoir vu la fontaine d'où venait l'eau que Jésus changea en vin, la maison de saint Barthélemy, convertie en chapelle, les ruines de l'habitation de Simon, qui devint un des apôtres, nous reprenons nos montures, suivis par une troupe de jeunes Cananéens noirs, sales, se roulant dans la poussière, mais se relevant toujours à temps pour crier : *bakchiche* ! Je crois que dans ces pauvres villages arabes, les enfants sont aussi nombreux que les cailloux de la route ; ils fourmillent.

Nous traversons le *Champ des épis* ; c'est le lieu où les disciples du Sauveur, poussés par la faim, pressèrent des épis dans leurs mains un jour de Sabbat, et en mangèrent, au grand scandale des Pharisiens ; nous en prenons aussi en mémoire de ce fait. Le pays que nous parcourons est d'une fertilité remarquable, si l'on peut en juger par la fraîcheur du gazon et l'éclat des fleurs qui naissent sans culture. Je cueille là cette jolie *renoncule adonide*, dont les pétales d'un beau rouge la font si justement appeler : *goutte de sang*. Je n'en ai jamais aperçu en France ayant une nuance aussi vive. Le soleil d'Orient colore tout d'une manière merveilleuse !

Mon petit moukre, peu sensible aux beautés de la nature, tire un poireau cru de sa poche et se met à le croquer à belles dents, c'est le menu de son dîner. L'arabe est d'une sobriété étonnante, il vit de rien, ses bêtes également. Elles broutent les chardons et les artichauts sauvages qui bordent les sentiers, et coûtent peu comme nourriture à leur maître.

Le chemin serpente à travers les collines ; bientôt il devient âpre, montueux, difficile ; les pieds des chevaux ont peine à trouver place, tant le sol est rocailleux. Le soleil darde sur nous ses rayons de flamme sans qu'aucun arbre ne vienne en tempérer l'ardeur par une ombre bienfaisante ; nous commençons à sentir que nous sommes vraiment pèlerins de pénitence. Alors on égrène le chapelet ; c'est la pieuse habitude du pèlerinage de réciter le Rosaire tous les jours dans les endroits les plus scabreux et où il y a davantage à souffrir. Cette prière est touchante, récitée d'un bout de la caravane à l'autre. Ne formons-nous pas, du reste, un immense chapelet dont les fanions de couleur sont les *Pater* !...

Montant toujours, nous atteignons la plaine d'*Hattine*, où eut lieu la fameuse bataille qui fit perdre aux Croisés le royaume de Jérusalem, en 1187, et fit tomber la vraie Croix entre les mains des infidèles.

Au milieu se dresse une colline solitaire, surmontée de deux cônes rocheux presqu'entièrement dénudés. C'est le Mont des Béatitudes ou Cornes d'Hattine.

Il est d'un accès difficile ; aucun sentier n'y mène ; ses flancs sont jonchés de grosses pierres roulantes ; de hautes herbes en obstruent le passage. Quel pays plein de grands souvenirs évangéliques !

Ici, sur le haut de cette montagne, le Seigneur Jésus était assis ; à ses pieds se tenait une foule immense, avide d'entendre sa parole. De cette élévation, comme d'une chaire majestueuse, le Fils de Dieu a laissé tomber de sa bouche cette sublime doctrine, ces suaves enseignements appelés : Le sermon sur la montagne !

Jamais l'idéal et la science du bonheur, dont le cœur de l'homme est altéré, ne s'étaient traduits sous cette forme, avec un accent plus pénétrant.

Là encore, eut lieu le miracle de la multiplication des pains.

Du large plateau où nous sommes, l'horizon est immense, la vue austère et grandiose. Je suis émerveillée !... Devant moi, l'Hermon neigeux trône dans l'infini du Ciel. Au bas, le lac de Génézareth, moiré comme un métal poli et coloré de toutes les teintes, suivant les caprices de la lumière. Sur ses bords, Tibériade, avec ses blancs minarets, ses antiques fortifications, ses ruines, qui semblent se baigner dans les flots ; et, perché sur un roc, l'ancien château-fort de Tancrède de Hauteville domine ce paysage et ajoute à sa beauté ; c'est inoubliable !

Après une petite halte qui nous a donné le loisir d'admirer ce magnifique panorama, nous descendons lentement les lacets de la montagne. Le ciel reste brûlant, l'atmosphère ardente. La solitude est remplie d'un silence à peine troublé par le cri de quelques oiseaux, le vol effaré et brusque des ramiers, le murmure de la vague qu'on commence à percevoir faiblement. L'image du Christ vivant semble flotter sur ces collines verdoyantes, sur cette mer de Galilée tant de fois sillonnée par la barque qui le portait !...

On assiste au drame intime de ses pensées ; l'on regarde avec respect ces hauts sommets noyés dans la lumière où il se retirait la nuit pour prier, ce lac azuré où il naviguait, ces rochers où il se reposait !... Et une religieuse mélancolie divinement attrayante vous envahit !... On s'y laisse doucement aller et la longueur de l'étape est oubliée. Il y a cependant une heure et demie que nous descendons, car Tibériade est située à 150 mètres au-dessous de la mer ; les moukres ont beau exciter leurs bêtes à avancer, par le cri habituel : « Han ! Dich ! » elles y restent insensibles, et nous, brisés par leur trot, nous soupirons après le repos du camp !...

A six heures, on met pied à terre. La camomille est là, qui nous attend dans un immense tonneau. Chaque pèlerin en reçoit une tasse au passage. Cette boisson hygiénique nous réconforte. On bénit la charité de sœur Joséphine qui prépare l'infusion précieuse, et qui vient chaque année de Jérusalem diriger le service de l'ambulance et accompagner la caravane.

Cette intrépide petite sœur est la providence des pèlerinages. Sa pharmacie ambulante est sans cesse assaillie par une bande de malheureux qui toussent, qui ont la fièvre, dont l'estomac est dérangé par nos indigestes menus, ou que la migraine accable. A ces pauvres infortunés, elle relève le moral abattu, et leur dit avec un accent méridional très prononcé : « Ce « n'est rien, courage, buvez cette tasse de camomille et « vous serez guéri ! »

Et la camomille les sauve, les ranime, leur rend gaieté et santé. Aussi, dans l'enthousiasme de la reconnaissance, on ne veut plus donner à la bonne sœur d'autre nom que celui de la fleur qu'elle sait si bien employer. De tous côtés on entend : Vive la sœur Camomille !..... Et ce nom lui reste !.....

En pèlerinage, on ne compte pas avec les fatigues, ou plutôt on ne les sent pas... A peine arrivés, on nous organise en procession pour aller à travers les rues étroites, sales et obscures, jusqu'à l'église catholique des Franciscains, bâtie sur les bords du lac à l'endroit où Jésus-Christ établit la primauté de Saint Pierre.

Dans la chapelle, nous recevons la bénédiction du Très Saint Sacrement et ensuite revenons au camp pour le repas du soir. La lassitude m'empêche de faire honneur à la cuisine des moukres ; le pain est lourd, la viande manque de saveur ; malgré des chants et des discours fort agréables, je ne goûte rien, je ne jouis de rien. Mes paupières se ferment, après cette rude journée de dix heures de marche dans les âpres sentiers de la Galilée et sous le chaud soleil d'Orient.

J'inaugure avec joie le coucher sous la tente, tout ce qui revêt le charme de la nouveauté me séduit !... Mon petit lit de sangle me paraît bon, les draps sont tellement gommés qu'on les croirait en papier, ce qui produit un bruit singulier quand je me glisse dedans. Mais quels cris étranges se joignent au bruit du vent, aux hennissements des chevaux pour empêcher tout sommeil !.. Ce sont les chacals et les hyènes qui nous donnent un concert : gémissements, sanglots, glapissements, sifflottement des moukres, aboiements des chiens, rien n'y manque ; chacun jette sa note lugubre dans ce chœur infernal, impossible de fermer l'œil. Et moi qui espérais si bien dormir !.. quelle déception !.. Je croyais qu'il avait exagéré, le pèlerin poète qui a composé la chanson comique qui nous a tant divertis au dîner ; hélas ! je vois par expérience qu'il a été des plus véridiques. On va en juger :

*Air de Cadet Roussel !*

**AU CAMP. — BONNE NUIT !**

**C'est l'heure où le bon père Bailly**
**Nous souhaite une bonne nuit.**
**Les précautions sont bien prises,**
**Vous pouvez vous mettre en chemise.**

REFRAIN. — Ah, ah, ah, oui vraiment,
Les bonnes nuits qu'on passe au camp !

Des chardons, un nid de fourmis
Vous servent de descente de lit ;
Vous tombez sur votre couchette ;
Mais vos pieds sont plus hauts que vot' tête.

Au milieu d'un rêve doré,
Soudain, je me sens dévoré
Par une abominable bête
Qui se promène sur ma tête.

Poursuivez les microbes de nuit,
Mais n'grattez pas, « trop gratter cuit »
Ecoutez plutôt sans colère,
Voilà qu'les ânes se mettent à braire.

Alors tous les chiens du pays
Se dis' : « faut faire tapage aussi »
On sonne, on siffle, on hurle, on crie.
Comment dormir, je vous en prie ?

Trois heures ! enfin, ça de finir,
Loué soit Dieu ; je vais dormir ;
Quand tout à coup la tente craque,
Je reçois sur l'nez la baraque.

Si les chansons vous font plaisir,
Les moukres vont vous en servir :
Dès quatre heur' ils vous rompent la tête ;
C'est leur manière de nous fair'la fête.

Attendez donc pour nous r'poser
Que le train nous ait déposés
Dans nos bons lits, en douce France ;
En attendant, faites pénitence.

Oui, oui, nous faisons pénitence ; malgré mes couvertures, l'humidité me saisit ; je ne sais comment m'en garantir ; le meilleur, je crois, c'est de la supporter ; j'attends le jour avec impatience.

Phébus paraît enfin !... Je remets mes vêtements humides et je me rends à l'église latine pour assister à la messe du pèlerinage. Elle est célébrée par Monseigneur l'évêque de Bâle. Imprégnés encore de nos souvenirs de Rome, nos cœurs exhalent leur attachement à la Chaire de Pierre, par le chant *Tu es Petrus*, répété souvent au pied de la grande statue du Prince des Apôtres, offerte par les pèlerins de 1883. Il produit, là, un effet saisissant. J'aime à entendre les vagues de la mer battre les murs de l'humble sanctuaire ; elles me rappellent la scène évangélique de la pêche miraculeuse qui a eu lieu à cette place même. Là encore, Jésus reçut la triple affirmation d'amour de celui qui l'avait renié, et lui a dit en retour : *Pais mes agneaux, pais mes brebis !* Que ces faits sont touchants ? comme ils dilatent l'âme ; qu'il m'est doux de les faire revivre, de les contempler dans leur cadre, ce qui rend la foi singulièrement vivante.

Après la messe et le petit déjeuner, je m'approche avec joie du lac. C'est un beau miroir aux bords teintés d'argent bruni. Sous les rayons du soleil matinal, ses eaux ressemblent à l'opale aux reflets changeants ; il mérite bien le nom de joyau de la Galilée qui lui est donné.

Je m'assieds sur les bords de cette mer prédestinée. Le temps est magnifique, un vrai temps d'*Alleluia* !... Tout est silencieux autour de moi, les maisons de Tibériade sont cachées dans un pli de la vallée, et cet isolement favorise le travail de l'imagination qui cherche à ressusciter le passé avec ses impérissables souvenirs. Je crois apercevoir la barque du Christ qui sillonne le lac en tous sens !... Il me semble entendre sa voix appeler ces pauvres pêcheurs galiléens et leur dire : « Suivez-moi, je vous ferai pêcheurs d'hommes ! » L'âme éprouve une indicible jouissance à penser que là le Maître du monde a vécu presque toute sa vie publique, qu'il y a fait ses plus grands miracles, qu'il y instruisait la foule édifiée et ravie de sa morale. L'évangile, ainsi étudiée sur place, a une suavité et un charme incomparables !...

Après avoir baigné mes pieds dans cette onde, bleue comme un saphir, ce qui me rafraîchit et me délasse, je vais visiter Tibériade. L'aspect en est peu poétique et mesquin. La ville est mal odorante. Des maisons bâties sans ordre et sans goût, des ruelles informes et infectes, une population en guenille composée en grande partie de Juifs au type biblique, à l'air sordide, avec de longues mèches de cheveux qui descendent en tire-bouchons graisseux le long de leurs tempes : voilà le tableau que présente cette ville qui possède 3.500 âmes, dont 2.500 Juifs. La chaleur y est excessive ; à midi, le thermomètre marque 61°, nous en sommes accablés ; néanmoins je ne veux pas manquer l'expédition à Capharnaüm.

Le Père Bailly nous laisse le choix entre le cheval ou la barque, comme moyen de transport. Je n'hésite pas à opiner pour la barque ; une nouvelle chevauchée ne sourirait nullement à mes reins fatigués du voyage de la veille.

Les bateaux sont amarrés sur la rive, à l'endroit où eut lieu la pêche miraculeuse. Dans ce pays où rien ne change, les barques ont conservé la forme antique et

TIBÉRIADE ET LAC DE GÉNÉZARETH

# TIBÉRIADE

recourbée de celles des apôtres. J'entre dans l'une d'elles avec une dizaine d'autres pèlerins, et bientôt la voilà qui vogue sur les flots avec sa blanche voile au vent. Les ondes, calmes et unies au moment du départ, deviennent agitées et frémissantes ; la frayeur nous saisit lorsque nous voyons notre frêle embarcation submergée par les vagues. Comme Pierre je m'écrie : Seigneur, sauvez-nous, car nous allons périr !

Nos rameurs, bras et jambes nus, aux allures de pirates, poussent des cris rauques et menaçants, peu faits pour nous rassurer. Alors nous mettons notre confiance en Dieu et entonnons courageusement ce cantique fait pour la circonstance :

>   Le bon Jésus marchait sur l'eau,
>   Va sans peur, mon petit bateau.

Presque aussitôt la mer s'apaise et nous croyons entendre le Maître nous dire comme aux Apôtres : « Pourquoi craignez-vous, hommes de peu de foi ? »

Nous filons tout droit vers Capharnaüm, laissant à gauche Magdala, pays d'origine de celle qui aima tant Jésus, et Bethsaïda, patrie de Pierre et d'André.

Après une heure et demie de navigation, nous débarquons parmi d'énormes touffes de lauriers-roses. Elles enguirlandent le lac. Leurs profondes racines empêchent les barques d'arriver jusqu'au rivage, et nous sommes obligés de nous laisser porter à terre par nos sauvages bateliers, moyennant *bakchiche* !

Un petit sentier, ombragé de lentisques et d'*agnuscastus*, nous conduit à l'endroit où s'élevait cette cité que frappa l'anathème du Christ, et qui n'est aujourd'hui qu'un monceau de ruines. A la place de ces arbres qui regardent tomber dans le lac leur gracieux feuillage, s'élevait jadis la ville de Capharnaüm dont le nom signifie campagne de joie ou de beauté.

Une belle prairie, une fontaine abondante rendaient sa situation agréable et ravissante.

Notre-Seigneur y fit son principal séjour durant les trois années de son ministère évangélique : c'est là qu'il guérit le paralytique, le serviteur du centurion, la belle-mère de saint Pierre, qu'il délivra un possédé muet, à la grande admiration du peuple qui s'écriait : « Jamais on n'a rien vu de semblable en Israël ! »

Mais Capharnaüm a été ingrate et insensible aux prodiges du Sauveur, et il a prononcé sur elle cette plainte amère :

« Et toi, Capharnaüm, t'élèveras-tu toujours orgueil-
« leusement jusqu'au ciel ? Si dans Sodome avaient eu
« lieu les miracles dont tu fus témoin, Sodome subsis-
« terait encore » ! (1)

L'oracle est accompli ! L'orgueilleuse ville est tellement abaissée, qu'on ne reconnaît sa place qu'aux informes amas de pierres et de ruines gisant sur le rivage.

La synagogue seule est reconnaissable à de superbes débris. Ses grandes assises en calcaire poli sont fort bien conservées. Je me repose au milieu d'un monceau de frises, de fûts de colonnes, de chapiteaux aux feuilles d'acanthe, de linteaux sculptés, qui devaient en être

---

(1) S. Math. XI., 23.

l'ornement. Ces ruines contrastent péniblement avec les charmes de la nature dont on est entouré.

Le lac est superbe. Frappé en plein par les derniers rayons du soleil couchant, il revêt toutes les nuances de l'arc-en-ciel. Par instants, un souffle descend de la montagne et fronce, sans la troubler, la belle nappe immobile ; c'est comme un frémissement. La vague clapote sur les galets, caresse les touffes de lauriers en fleur qui se reflètent dans l'eau avec des miroitements rosés ! c'est délicieux. Trop tôt, l'heure du départ arrive... Nous remontons en barque et voguons doucement vers Tibériade... La mer semble assoupie. Les collines des deux rives adoucissent, en s'éloignant, leurs arêtes et leurs teintes. A mesure que le jour décroît, les couleurs du lac s'effacent peu à peu. Au-dessus de nos têtes, la lune pleine s'élève et les étoiles, comme des épingles d'or, piquent la voûte azurée.

Pénétrés d'émotion devant ce spectacle magique, nous nous taisons et admirons !...

Notre rêverie se change en prière et un hymne d'amour et de louange s'élève de nos cœurs vers Dieu.

Je comprends l'attrait du Sauveur pour ce lac lumineux et tranquille, pour ces montagnes escarpées et désertes de la Galilée ! Son âme contemplative et tendre devait s'harmoniser parfaitement avec cette nature si merveilleusement calme et recueillie. Pour sa parole ardente et imagée, la plus grande que la terre ait jamais entendue, les murs d'une synagogue auraient été trop étroits ; il lui a fallu le Ciel libre, la solitude pleine d'échos, la mer avec le murmure des vagues !... Voilà ce qui donne tant de charme à ces lieux, c'est qu'on sent qu'ils ont vu le Christ ! Ils ont conservé comme un reflet de sa divine beauté ! cette idéale beauté à nulle autre pareille.

Nous rentrons au camp, les mains chargées de lauriers-roses, ressentant une impression de bonheur que peut seule donner la vue de ces lieux bénis. J'aime à rappeler ici ces quelques vers improvisés par notre aimable poète, M. Victor Tréca :

> Quels bords plus enchanteurs, et quelle onde plus pure !
> Du flot qui bat la grève, harmonieux murmure !
> Le laurier en buisson, caressé par le vent,
> Unit sa gerbe rose au bleu du firmament,
> Et perdant nos regards dans l'éternel espace
> Il nous semble vraiment voir le Sauveur qui passe !...

Au repas du soir, Morcos, notre grand majordome, nous fait servir à tous un poisson du lac. C'est une attention dont nous lui savons gré ; car Jésus en mangea bien souvent durant sa vie mortelle et deux fois après sa résurrection. Cette pensée nous le fait trouver excellent, malgré qu'il soit froid et mal assaisonné par nos marmitons, peu savants sous le rapport culinaire. C'est dans la mâchoire d'un de ces poissons, que saint Pierre pêcha sur l'ordre de Jésus, qu'il trouva la pièce de monnaie appelée statère. Aussi le poisson en a-t-il gardé le nom !...

Et voilà cette journée finie, à mon grand regret. Encore une nuit sous la tente, et demain, dès l'aube, nous partirons pour le Thabor.

La nuit se passe, comme celle d'hier, au milieu des cris des moukres, des chameaux et des chacals.

A quatre heures, le réveil sonne ; je me hâte de sortir de la tente ; il était temps ; déjà les drogmans la démolissaient avec une prestesse incroyable ; ils la repliaient et la chargeaient à dos d'âne et de chameau avec une étonnante rapidité. Ce soir, nous trouverons tout cet attirail monté, organisé, à Nazareth.

En attendant, je finis ma toilette au milieu du champ, c'est très pittoresque ; je porte sur mon visage des traces de l'empoi dont nos serviettes sont imprégnées !... Elles sortent probablement de la même fabrique que les draps de nos lits.

On déjeune debout, comme on peut, d'un œuf cru ou d'une tasse de café noir, parmi tout ce brouhaha et cette mêlée étrange d'ânes, de chevaux et de gens !...

Mille cris féminins et masculins se font entendre : *Daoud, où est mon cheval ?... Mohamed, ma selle tourne !... Yousef, sanglez ma bête !... Salibas, aide-moi à monter sur mon âne !...* etc...

C'est un tableau original et amusant !... Bientôt nous partons en suivant un chemin opposé à celui par lequel nous sommes venus. Je jette un dernier regard sur cette mer de Galilée, si jolie au lever du soleil : on ne croirait jamais, en la voyant de loin, qu'elle a cinq lieues de longueur sur deux de largeur. Elle ressemble à une belle coupe qui reflète l'azur du ciel. J'emporte cette vision dans mon cœur. Je l'y retrouve toujours, vivante et adorable.

Notre interminable caravane s'échelonne le long des rampes escarpées de l'Arbelle, encombrée déjà par les bêtes de somme du convoi qui transportent tout le matériel de campement, de couchage, de cuisine. Les pentes sont glissantes, bordées de précipices, dans lesquels moukres et bêtes roulent quelquefois avec leur chargement.

La chaleur est accablante, mais nous sommes pleins de courage, n'allons-nous pas monter au Thabor ?...

Le pays que nous traversons est fort curieux : il est parsemé de tentes de bédouins, faites en peau de chèvres ou de chameaux. Debout devant ces tentes, les indigènes, armés de longs fusils ou de lances de quinze pieds de longueur, nous regardent passer d'un air sombre et menaçant.

Quelques femmes bédouines, vêtues de grandes blouses bleues, au teint brun foncé, ayant des anneaux aux oreilles, aux poignets et aux pieds, viennent nous offrir du lait fermenté, contenu dans de grandes jattes.

Cette boisson n'a guère de succès que parmi les moukres qui la boivent avec délices !...

Nous passons devant un ancien khan qui présente l'aspect d'un double château-fort, gardant les deux côtés de la route. Construit au XVI$^e$ siècle par les caravanes qui venaient d'Egypte, il tombe actuellement en ruines.

Quelle est cette haute montagne qui, du sein de la plaine de l'Esdrelon, élève sa tête arrondie comme un globe, dominant majestueusement les hauteurs voisines qui l'encadrent sans la toucher ?...

Nos cœurs l'ont deviné !... C'est le Thabor !... Ses flancs dénudés et rocailleux sont couverts, çà et là, de maigres touffes de bruyères, mais vers le sommet, la végétation s'accroît, les broussailles s'épaississent, c'est alors une vraie forêt de chênes verts et d'abgars. Les sentiers sont à peine tracés au milieu d'un sol pierreux d'une raideur inouïe. L'ascension est très pénible pour les chevaux et les ânes. Le mien butte à chaque instant, je me tiens à sa tête, à son poil pour ne pas tomber lorsqu'il escalade ces énormes pierres. La brave petite bête a vraiment un jarret d'acier, elle monte d'un bond sur les roches, y tenant à peine son sabot, glisse, se cramponne, s'élance de nouveau m'emportant avec elle. Je suis tout étonnée d'arriver au sommet, saine et sauve. Aussi je flatte le pauvre animal en lui disant : « Bono, bono ! » Salibas attend également son salaire : Je le lui donne généreusement et dans sa joie, il me baise la main et baise ensuite le *bakchiche, ce bakchiche* tant désiré !

Je me rends immédiatement à la petite église des Pères Franciscains, gardiens de ce lieu auquel se rattachent les plus beaux souvenirs évangéliques ; puis j'erre, seule avec mes pensées, sur ce plateau, témoin de la Transfiguration du Christ. Il fait bon reposer, sans aucune préoccupation terrestre, sur cette hauteur paisible d'où le regard se perd dans des horizons sans fins, d'où l'âme s'élance vers des régions sublimes à la suite des aigles, traçant leurs orbes dans un ciel sans nuages ! Ah ! je comprends l'enthousiasme de Pierre, et avec lui je m'écrie : « *Bonum est nos hic esse* ». Oui, il fait bon d'être ici, car ce Thabor, piédestal de la gloire de Jésus, semble avoir gardé un reflet de sa beauté souveraine et, de fait, *Thabor* signifie : *Lit de lumière*.

Qu'est-ce donc que le Ciel, ce Thabor éternel, où

Dieu se plaît à manifester sa gloire et toutes ses infinies perfections !

A l'endroit où s'accomplit cet éclatant miracle, sainte Hélène avait élevé une magnifique basilique. Il n'en subsiste que des ruines ; à côté, se voient les restes de deux autres églises plus modestes, dédiées l'une à Moïse et l'autre à Elie.

Nous écoutons, dans un religieux silence, la lecture de l'Evangile de la Transfiguration qui revêt ici-même un caractère impressionnant.

Je monte ensuite sur les ruines d'un vieux bastion qui offrent de curieuses découpures ; le temps est toujours artiste, même dans son œuvre de destruction. De ce point culminant, le panorama qui se déroule à mes yeux est incomparable :

Dans ses larges effacements bleus, l'horizon accumule des pays ; il est la plus saisissante image de l'infini, c'est la frontière du Ciel et derrière lui, Dieu semble se cacher !

Le grand Hermon, couvert de neiges éternelles, s'élève dans l'azur limpide, rompant la ligne fuyante de l'anti-Liban. Plus loin, c'est le Mont des Béatitudes qui se dresse au-dessus du lac de Tibériade. Vers l'Occident, le Carmel, comme une harpe céleste, s'allonge au bord de la Méditerranée ; puis, perdu dans le vague des lointains, l'œil distingue le sillon du Jourdain courant tout le long des montagnes d'Arabie.

Nous sommes éblouis !... est-il possible en effet de voir un tableau plus splendide !

Comme Pierre, j'aurais aimé fixer ici ma tente, mais après une légère réfection prise chez les bons Pères

Franciscains, le signal du départ est donné. Il faut quitter ce sommet perdu, noyé dans la lumière où Jésus fit voir à ses trois disciples préférés, dans une clarté qui éclipsait le ciel d'Orient, sa gloire éternelle ; il faut s'éloigner de la célèbre montagne qui garde, toute fraîche, malgré les siècles destructeurs qui se succèdent toujours, l'empreinte du Sauveur du monde ; je cueille, sur des rochers, une touffe d'immortelles rouges, elles seront mon gracieux memento !...

La descente du Thabor se fait de glissade en glissade ; chevaux, ânes, mulets, drogmans, moukres et pèlerins dégringolent les uns sur les autres dans un désordre tout pittoresque. On se demande comment il n'arrive pas d'accidents. Il est certain qu'il y a une providence toute spéciale qui veille sur les pèlerins, nous en faisons journellement l'expérience.

Au bas de la montagne, nous reprenons nos montures qui paraissent plus fringantes que jamais. Au moment où la caravane commençait à défiler, je vois arriver mon jeune compatriote et ami, Ernest Cornet d'Ermagne, rouge, essoufflé, n'en pouvant plus. Qu'avez-vous, lui dis-je avec inquiétude ? « Il vient de m'arriver une
« étrange aventure, me répondit-il. Suivant mon habi-
« tude, je m'étais écarté pour dessiner quelque vieux
« pan de mur, quelque joli site, mais succombant à la
« fatigue et à la chaleur, je m'endormis à l'ombre d'un
« olivier, le crayon à la main. Combien de temps ai-je
« donné au sommeil ? je ne le sais. Lorsque je m'éveillai,
« je vis tous les objets que contenaient mes poches de
« veste, éparpillés à terre, mon porte-monnaie seul

« manquait à l'appel. Il contenait vingt-cinq francs.
« J'étais vexé de m'être laissé si sottement voler, mais
« je le fus encore davantage quand je vis, au calme qui
« m'entourait, que tous les pèlerins avaient quitté le
« Thabor. J'escalade les ruines qui me cachent le
« camp. Plus personne !... J'entre dans le monastère.
« Un Père Franciscain, chargé de tout ranger après le
« départ, se trouve par bonheur encore là. — On est
« venu vous réclamer deux fois, me dit-il... Si vous
« vous sentez la force de descendre à pic la montagne,
« peut-être pourrez-vous les atteindre dans la vallée. —
« J'écoute à peine les dernières paroles, que déjà je
« cours de roc en roc. Mes guêtres me protègent des
« broussailles, les pierres ébranlées suivent ma course,
« je ne vois rien encore !... Une rumeur qui monte
« d'en-bas me guide seule. Je descends toujours cou-
« rant sans faire un faux pas, par une grâce providen-
« tielle, car j'étais perdu. J'appelle. Un drogman, inquiet
« de mon sort, attendait derrière la colonne, mon cheval
« en main. Combien je le remerciai ! C'est ce brave
« homme, du nom d'Abasch, qui était venu me récla-
« mer au couvent ! Et voilà pourquoi vous me voyez
« ému et agité... »

Le Révérend Père Bailly, survenant à ce moment,
s'écria : « Imprudent enfant, votre sommeil vous a
« sauvé... Vous en êtes quitte pour la bourse !... Si
« vous vous étiez réveillé pendant qu'on vous volait,
« vous ne ririez pas maintenant de votre aventure ! »
J'unis mes remontrances à celles de notre bon directeur de pèlerinage, et, rassurée sur le compte de mon
jeune ami, j'excite ma bête par le cri magique : Han !

Dieh ! Elle se met à filer, renversant tous les obstacles, et je me trouve dans les premiers rangs de la caravane.

Il est déjà tard quand nous rentrons à Nazareth. Le soleil est couché, le court crépuscule laisse après lui une lueur dont semblent s'entourer les maisons blanches de la Ville des Fleurs. Le vent frais du soir nous apporte les dernières envolées de l'*Angelus* qui semblent nous redire ces mots : *Verbum caro hic factum est :* Ici le Verbe s'est fait chair ! Nous le récitons pieusement et, dans cette demi-obscurité, les voix affaiblies des pèlerins chantonnent l'*Ave Maria*. Les conversations se sont tues !... Tous prient ou rêvent. Une heure se passe délicieusement !...

Les amis que nous avons laissés à Nazareth viennent au-devant de nous. Que l'on est joyeux de se revoir !... Nous ne formons vraiment qu'une même famille par les sentiments et par le cœur !

En nous rendant chez les Dames de Nazareth, où nous avons pris gîte, nous rencontrons un groupe de pèlerins causant à la porte d'une maison de modeste apparence. Ils nous invitent à y entrer avec eux. « Venez, s'écrient-ils, c'est là qu'habite Reino, la jeune mariée nazaréenne ! »

C'était une bonne occasion dont nous fûmes heureuses de profiter. Les jeunes époux nous accueillirent de leur mieux. Reino, encore vêtue de sa robe de soie et de ses bijoux, vint nous les faire admirer... « C'est ma marraine de France, dit-elle, qui m'a envoyé tout cela », car chaque année, le pèlerinage fournit des parrains et marraines aux enfants de Nazareth pour qu'ils soient catholiques. Reino avait eu le bonheur d'être tenue sur les fonts baptismaux par une pieuse pèlerine qui n'oubliait point sa filleule, et qui l'avait comblée de cadeaux à l'occasion de son mariage. Je remarquai une large pièce d'or, suspendue à son cou au moyen d'une petite chaîne. « Qu'est-ce que cela ? lui dis-je... » Elle sourit et répondit mystérieusement : « C'est ma dot ! » J'appris, en effet, que plus une femme a de pièces de monnaie comme parure à son cou, plus sa dot est considérable.

Le mari, pour nous faire honneur, va chercher au fond de la pièce, l'unique de la maison, une bouteille contenant une liqueur du pays. Il en remplit un petit verre, y trempe ses lèvres et le fait ensuite circuler à toute l'assemblée. Pour répondre à sa politesse, il a fallu que nous buvions tous à la même goutte, dans le même verre, autrement il n'aurait pas été satisfait. Il nous remercia ensuite très chaleureusement de notre visite, et on se sépara en se donnant force poignées de main.

C'est l'incident qui clôt notre séjour dans la petite cité qui nous est si chère. Demain, après une dernière visite au sanctuaire de l'Annonciation, nous quitterons cette douce patrie de la sainte Vierge.

Le soleil radieux nous éveille de bonne heure ; nous nous hâtons, car il faut arriver cette après-midi à Caïffa, afin de reprendre la mer pour débarquer le lendemain à Jaffa. On se sépare avec peine du groupe de Samarie ; c'est la première fois que les pèlerins se divisent, et qui sait si, tous, nous nous retrouverons au complet quand nous aurons atteint le but de notre voyage ?... Ils partent les premiers et défilent silencieusement. Ils nous envoient un salut gracieux et aimable auquel nous répondons par ce souhait : « Que Dieu vous garde !... » car ils vont être plus exposés que nous !...

Nous quittons après eux cette humble bourgade, la blanche fleur de Galilée, si favorable aux grâces du ciel et à la poésie de la terre, qui exerce, de l'aveu de tous, un prestige ineffable.

Nous saluons d'un regard ému la silencieuse vallée au sommet de laquelle Nazareth est assise, à demi voilée par quelques bouquets de hauts nopals épineux, et bientôt hélas ! un repli de terrain la dérobe à nos yeux.

Devant nous, la magnifique plaine d'Esdrelon se déroule avec ses champs d'orge et de maïs. Elle contraste singulièrement avec les montagnes arides qui l'environnent ; c'est comme un petit coin du paradis terrestre respirant encore le doux parfum des aimables vertus de Jésus et de Marie, qui l'ont si souvent parcouru.

La distance de Nazareth à Caïffa est de quarante-huit kilomètres environ. A moitié chemin, nous faisons halte dans un délicieux petit bois d'oliviers, de chênes verts et de caroubiers.

Morcos nous sert le déjeuner dont le menu ne varie pas : toujours les œufs durs et la viande froide, mais l'estomac commence à s'y faire et s'y soumet joyeusement.

Au sommet d'une colline, la vue devient splendide !... La belle chaîne du Carmel se déploie à l'ouest comme un rempart verdoyant, et, à l'extrémité, une immense ligne bleue brille dans le lointain : c'est la Méditerranée, c'est l'eau de la France !... Nous la saluons d'un brillant cri de joie, et il nous semble, en revoyant ces ondes, revoir déjà notre belle patrie, que nos courses et nos émotions ne nous ont pas fait oublier.

Entre les têtes de palmiers qui se balancent gracieusement sur le rivage, nous découvrons les blanches maisons de Caïffa, colorées délicieusement par les dernières teintes du soleil couchant. Ce spectacle nous ravit et donne un attrait de plus à la gentille cité orientale, témoin de nos premières joies en Terre-Sainte. Nous ne faisons que la traverser pour aller en chaloupe regagner notre navire, ancré à une assez grande distance.

A dix heures précises, on lève l'ancre. Le phare du Mont-Carmel projette au loin les rayons lumineux de ses feux tournants, comme un salut d'adieu. Nous regardons encore la sainte montagne, et filons à toute vapeur sur Jaffa.

# CHAPITRE IV

## JAFFA

DÉBARQUEMENT. — A L'HOPITAL FRANÇAIS. — LA MAISON DE TABITHE. — LES SOUVENIRS BIBLIQUES DE JAFFA. — LE CHEMIN DE FER DE JAFFA A JÉRUSALEM. — HYDDA. — RAMLEH. — LE TOMBEAU DE SAMSON. — LE TORRENT DU TÉRÉBINTHE. — JÉRUSALEM !

ssise sur une falaise, l'antique cité de Japhet offre à première vue un aspect des plus pittoresques : ses hauteurs sont couronnées d'un ciel éblouissant qui en dessine toutes les lignes, et la vague vient mollement se briser à ses pieds, tandis que le soleil jette des flots de lumière sur ses terrasses et ses coupoles argentées. Mais, le pèlerin qui accourt d'Occident pour prier sur le tombeau du Christ, ne songe pas à toutes ces beautés : derrière Jaffa, il aperçoit déjà Jérusalem et Bethléem, le pays des plus doux mystères où l'attendent tant d'émotions suaves et de grâces précieuses.

Jaffa est le port de débarquement des pèlerins qui vont à Jérusalem.

A l'entrée du petit port, une lignée de roches noires semble monter la garde devant le rivage.

Terribles sentinelles, au milieu desquelles les embarcations doivent passer à l'aide de véritables tours de force, profitant d'une vague favorable pour tromper leur vigilance. C'est pour cette raison que notre navire reste ancré à un kilomètre en mer, et que de petites barques viennent nous y chercher. On retombe sous la griffe des Arabes qui, durant le trajet, ne font que nous crier : *bakchiche!* La mer est si agitée, que nos barques dansent comme des coquilles de noix et font des plongeons affreux. Plusieurs pèlerins, durant le trajet, ont repris le mal de mer.

Je suis si heureuse de respirer la fraîche brise matinale, de me sentir à la merci des vagues et surtout à celle de la Providence, que je n'ai nulle crainte d'en être atteinte. Je ne songe qu'à admirer le splendide tableau que j'ai sous les yeux ; rien de plus charmant que la vue de cette petite ville se déployant en éventail sur un long amphithéâtre, les pieds dans les flots et couronnée de verdure, ce qui lui donne de loin un caractère d'originalité qui plaît infiniment.

Bientôt nous touchons au quai ; il est encombré de curieux de tous costumes, de tous pays. Jaffa, placée sur les frontières de l'Asie, participe au mouvement de l'Europe, tout en gardant son cachet éminemment oriental.

Nous prenons gîte à l'Hôpital français, tenu par les bonnes sœurs de Saint-Joseph de l'Apparition, de Marseille. Ce superbe établissement, élevé sur le point culminant de la ville par un de nos compatriotes, M. Guinet, de Lyon, est admirablement construit. Outre une ravissante chapelle dédiée à saint Louis, il possède, à chaque étage, des galeries ouvertes, à larges baies, d'où l'on aperçoit la mer de tous côtés. Le toit est formé d'une immense terrasse, qui domine l'horizon de la Méditerranée et le rivage qui fuit vers la Syrie. Nous déjeunons sous les cloîtres où de longues tables ont été dressées, respirant en même temps l'odorant parfum des fleurs variées qui nous entourent.

Beaucoup de pèlerins partent ensuite pour aller voir l'emplacement de la maison de Tabithe, la veuve charitable ressuscitée par le prince des apôtres. On connaît le grand miracle dont cette femme a été l'objet, néanmoins, je suis heureuse de le relater ici : « A l'époque
« où saint Pierre se trouvait à Joppé, vivait une sainte
« veuve nommée Tabithe. Elle était la providence des
« pauvres, des veuves et des orphelins qu'elle habillait
« et nourrissait. Elle vint à mourir. Tous les pauvres
« de la ville se rendirent auprès de ses restes vénérés
« en versant d'abondantes larmes : ils avaient perdu
« leur mère. Sur ces entrefaites, saint Pierre arrive.
« Les veuves vont le trouver et lui montrent en pleu-
« rant les robes que leur faisait Tabithe. Saint Pierre
« en est touché, il se met en prières, ressuscite Tabithe
« et la rend à ses enfants adoptifs. » Ce miracle fut connu de toute la ville de Joppé, et plusieurs crurent au Seigneur.

Jaffa est aussi, d'après la tradition, le théâtre d'autres événements bibliques : c'est là que Noé, sur l'ordre de Dieu, construisit son arche. Après le déluge, un de ses fils fonda une ville sur cette falaise, et lui donna son nom qu'elle a toujours gardé ou peu s'en faut. Jaffa : la ville de Japhet.

C'est encore là que Jonas s'embarqua pour éviter d'aller prêcher la pénitence à Ninive ; on sait comment il y fut bientôt ramené malgré lui.

Nous visitons ensuite le lieu où logeait saint Pierre quand il eut sa vision au sujet de Corneille.

L'habitation de l'Apôtre était sur les bords de la mer ; il ne reste plus aujourd'hui qu'un massif de pierres puissamment unies par un ciment qui porte avec lui un cachet d'antiquité que les siècles ont respecté.

Rien de plus original que la porte par laquelle on sort de Jaffa pour aller à Jérusalem. Elle s'ouvre sous une tour bâtie par les Croisés : en dehors est une fontaine surmontée d'une inscription arabe et sans cesse entourée de chameaux, les uns accroupis sur le sable, les autres debout, le cou tendu, s'abreuvant dans le bassin.

La campagne voisine est un jardin d'orangers, de bananiers aux fruits délicieux, d'abricotiers, de mûriers. Elle est divisée en vergers qui encerclent la ville de charmants faubourgs de verdure, et qui dissimulent leurs trésors derrière de hautes et rébarbatives clôtures de cactus arborescents. L'atmosphère est imprégnée d'une odeur parfumée qui fait du bien, surtout lorsqu'on sort de la ville où l'air est chaud et nauséabond.

A midi précis est fixé le départ pour Jérusalem !... Il faut donc se rendre à la gare. Que cela me semble étrange, d'entendre parler de gare à Jaffa. N'est-ce pas ôter le pittoresque du pays que d'avoir mis ici un chemin de fer ?...

C'est là que les pèlerins se réunissent pour prendre prosaïquement leurs places qu'ils ne quitteront plus jusqu'à la Ville-Sainte. O poésie du désert, c'en est fait de vous !...

Après avoir serpenté quelque temps à travers les jardins embaumés, les rails débouchent tout à coup dans la plaine de Saron, le pays le plus fertile et le plus désolé qu'on puisse voir. Au sud, c'est la contrée habitée autrefois par les Philistins.

Dans la claire atmosphère d'Orient, cette immense étendue, sans arbres, que fixe le regard, avec les incertaines et bleuâtres lignes des monts de Judée, donne la sensation d'un infini qui, par une ondulation, se continue dans les cieux. La plaine est très riche et pourtant produit peu ; il est difficile de ne point voir la malédiction de Dieu dans cette désolation, humainement inexplicable.

Des haies de cactus annoncent Lydda, qui possède le tombeau du grand martyr saint Georges, et le lieu de la maison du paralytique Enée, guéri par saint Pierre. C'est la première station.

A travers des champs semés d'anémones, de cyclamens, d'orchidées et de délicates ombellifères, le train file sur Ramleh, dont on aperçoit les blancs minarets qui pointent au milieu d'un fouillis de verdure. La tour des Quarante Martyrs dresse sa masse imposante au-dessus de la cité antique, patrie de Joseph d'Arimamathie et de Nicodème.

Nous atteignons bientôt les premiers contreforts des montagnes de Judée, leur vue nous fait battre le cœur !...

A droite, dans le lointain, on aperçoit quelques points blancs formés par des marabouts, dont l'un passe chez les indigènes pour être le tombeau de Samson.

A Artouf, on s'engage dans un étroit défilé au fond duquel coule un torrent terrible lorsqu'il est gonflé par les pluies d'hiver.

Encore trente-cinq kilomètres et nous atteindrons Jérusalem ! Nous sommes tellement empilés dans ces longs compartiments d'une classe uniforme, et composés de simples banquettes aussi étroites qu'incommodes, que nous ne respirons plus, et le voyage nous paraît interminable. Et, pour ajouter à notre malaise, nous retrouvons dans le train le roulis et le tangage du navire, causés par les ondulations incessantes des voitures sur la voie. La souffrance décidément nous suit partout ; le pèlerinage ne porte pas en vain le nom de pèlerinage de pénitence ! On se soumet et on accepte cependant ! Heureusement nous sommes distraits de nos maux par une succession de panoramas plus intéressants les uns que les autres ; ce sont des gorges sauvages tapissées de fougères, dont les hautes parois se dressent tantôt en falaises abruptes, tantôt se développent en cirques majestueux, ou bien encore d'énormes gradins qui s'étagent jusqu'au torrent du Térébinthe, que l'on traverse sur un pont.

Ces masses de granit rappellent le géant Goliath qui, non loin d'ici, tomba frappé au front par une des cinq pierres que David ramassa dans l'eau du torrent... Ce site silencieux et désert nous annonce l'approche de la Ville-Sainte, El-Skoods. A cette pensée, une vive émotion s'empare de moi, et quand le sifflet de la locomotive nous avertit de l'arrivée en gare et que je vois, par la portière, les blanches coupoles de Jérusalem surgir à l'horizon, mes yeux se mouillent de larmes et, comme les soldats de Godefroy, je m'écrie : Jérusalem ! Jérusalem !

# CHAPITRE V

## JÉRUSALEM : LE CALVAIRE ET LE SAINT-SÉPULCRE

PREMIÈRE IMPRESSION. — NOTRE-DAME-DE-FRANCE. — A TRAVERS LES RUES DE LA VILLE-SAINTE. — L'ÉGLISE DU SAINT-SÉPULCRE. — LA PIERRE DE L'ONCTION. — LE CALVAIRE. — LE LIEU DE LA CRUCIFIXION. — LE LIEU DE LA PLANTATION DE LA CROIX. — LA FENTE DU ROCHER. — LE TOMBEAU DE NOTRE-SEIGNEUR. — LA CHAPELLE DE SAINTE-MADELEINE. — LA COLONNE DE LA FLAGELLATION. — L'ÉPÉE DE GODEFROY DE BOUILLON. — LE LIEU DE L'INVENTION DE LA SAINTE-CROIX. — LA PRISON DE NOTRE-SEIGNEUR. — LES CHAPELLES DE SAINT-LONGIN, DE LA DIVISION DES VÊTEMENTS, DES IMPROPÈRES. — ARRIVÉE DES PÈLERINS DE SAMARIE.

ENDREDI 5 MAI. — La gare est à deux kilomètres de Jérusalem. La Ville-Sainte nous montre déjà, dominée par la tour de David et la porte de Jaffa, la partie sud-est de ses grandes murailles. Avec ses chemins déserts, ses alentours presque sans culture, avec ses édifices peu saillants et ses dômes, elle présente un caractère

de calme et de grandeur, de tristesse profonde et de
majesté qui impressionne vivement. On sent que c'est
une reine déchue, mais qui porte encore au front des
vestiges de gloire. Son aspect, sévère de prime abord,
apparaît insensiblement comme empreint d'une beauté
grave et touchante, sous l'auréole du malheur.

Les voitures qui nous attendaient à la gare nous ont
bien vite transportés à Notre-Dame-de-France, qui est
située en dehors des murs.

Notre hôtellerie a fort grand air. Sa façade regarde le
mont des Oliviers, et, avec ses trois étages de pierre
blanche, son toit rouge et le drapeau français qui flotte
au sommet, elle tranche par sa hauteur sur les constructions voisines et donne aux indigènes une haute opinion
de notre patrie.

Je jouis de prendre possession de ma cellule dont le
mobilier se compose d'un lit bien garni, d'une table de
nuit, d'une commode, de deux chaises en bois blanc,
de deux pliants, d'une toilette en fer : c'est tout à fait
monastique, mais d'une grande propreté, chose très
appréciable en Terre-Sainte, car les Orientaux ne
brillent pas par ce côté... Les rideaux de fenêtres sont
peu luxueux, une toile d'emballage en fait les frais,
mais ce grossier tissu a l'avantage de préserver la
cellule des rayons du soleil et de la chaleur étouffante
de Jérusalem.

On nous appelle pour dîner. Le réfectoire n'étant pas
encore construit, notre salle à manger est installée un
peu à tous les vents sous une toiture de nattes mal
jointes, n'ayant pour pavé que la terre nue. Néanmoins,
nous nous y trouvons à merveille et bien mieux que

sous la tente. La cuisine, n'étant plus ordonnée par Morcos, nous paraît succulente ; les œufs durs et la viande froide sont remplacés par du bouillon gras et des mets réconfortants ; le jardin, grâce aux Pères, produit d'excellents légumes qui nous donnent l'illusion de la chère patrie.

La soirée se termine par le mois de Marie et un salut solennel d'action de grâces, qui a lieu dans la chapelle provisoire de Notre-Dame-de-France. Elle n'est pas vaste, guère ornée, mais on y respire le recueillement.

Nous regagnons ensuite nos cellules. Quel bonheur d'avoir une chambre à soi, avec un vrai lit pour se reposer ; c'est une jouissance que seuls peuvent comprendre ceux qui ont couché dans une cabine de navire ou sous la tente. On ne connaît vraiment la valeur des choses qu'après en avoir été privé !

Par ma fenêtre, je jette un regard ravi sur cette Ville-Sainte, dans laquelle je vais savourer pendant dix-huit jours les souvenirs que j'y trouverai à chaque pas.

La lune s'était levée ; sa douce lumière se jouait sur les clochers, les minarets, les dômes, auxquels elle donnait un aspect étrange, mélancolique, mystérieux. Je me disais : « Voilà bien la cité unique au monde, « à la fois maudite et aimée de Dieu ; ville muette et « sans animation, sorte de vaste nécropole rappelant « les forteresses du moyen-âge, et que les siècles n'ont « pas changée. »

Je m'arrache non sans peine à cette contemplation pour prendre un repos inconnu depuis mon départ de France.

## JÉRUSALEM

Samedi 6 mai. — Quelle joie de se réveiller à Jérusalem !... je doute encore de cette vérité ; il me semble que c'est un rêve qui va s'évanouir !... j'y suis cependant, c'est bien réel !... je vois sous mes yeux les magnifiques remparts couronnés de créneaux et fortifiés de tours et de bastions. J'aperçois, dorées par le soleil levant, les coupoles du Calvaire et du Saint-Sépulcre, surmontées du signe de notre salut. Je suis enfin convaincue de mon bonheur et il me tarde d'aller m'agenouiller près de ce Tombeau glorieux, pour lequel je suis venue de si loin.

Ma chère petite compagne partage mon désir, et nous voilà bientôt engagées à travers des rues étroites, mal pavées, obscures, tournantes, recouvertes par des balcons qui surplombent, souvent voûtées afin de briser et d'arrêter les rayons du soleil.

Les maisons n'ont qu'un toit plat, aménagé en terrasse. Les rares fenêtres, garnies d'un épais treillis, défient le regard indiscret du passant.

Les bazars s'enfoncent dans d'obscurs et sordides couloirs, où sont entassées, en une double rangée de boutiques, des denrées de toute provenance. Des Juifs au visage blême, aux cheveux roulés en tire-bouchons devant les oreilles, se tiennent accroupis dans ces échoppes pour vendre leur marchandise. Leur vue n'est pas engageante.

Ici, tout se passe en plein vent : le boucher égorge ses bêtes en public. Il faut marcher parmi des flaques de sang et des peaux d'animaux, et voir ce massacre qui nous serre le cœur. Le cordonnier confectionne ses grossières babouches et ses savates en cuir rouge ;

le potier tourne ses urnes et ses gargoulettes. Le confiseur fabrique ses pâtes de roses et ses sucres de guimauve au milieu d'une nuée de mouches voraces, qui lui en dévorent une partie.

J'avoue que ces produits de Jérusalem n'excitent pas notre envie ; nous nous empressons de hâter notre marche, bousculées d'un côté par les chameaux et les ânes et, de l'autre, par les chiens sauvages qui errent en toute liberté parce que ce sont les seuls balayeurs des rues. L'hygiène publique leur est abandonnée ; ils se partagent les quartiers de la ville et font disparaître, la nuit, les détritus amoncelés pendant la journée : autrement on ne saurait où poser le pied.

Des Arabes, assis solitairement devant leurs portes, fumant le sempiternel narghileh, nous regardent passer d'un œil béat. Une nuée de mendiants nous harcèlent de leurs cris : *Fate mi la carita !... Signor, Madame, bakchiche !* Ils disent ces mots, avec des larmes dans les yeux, des larmes dans la voix et vous poursuivent jusqu'à ce qu'ils aient la charité qu'ils demandent. Ah ! si nous savions prier ainsi Notre Seigneur, que n'obtiendrions-nous pas ? Le secret de la prière n'est-il pas dans ce désir intense, si fortement et si obstinément exprimé ! Voilà une bonne leçon, donnée par ces pauvres mendiants de Terre-Sainte. Puissions-nous en profiter !...

Au détour d'une rue, plusieurs femmes nous croisent. Elles ont une grâce majestueuse, drapées dans leurs longs voiles blancs.

Sont-elles aussi jolies que celles de Nazareth et de Bethléem ?... Il est bien difficile de le savoir ... Leur figure est couverte d'un voile grisâtre à dessins fantastiques, multicolores, qui les empêche d'être vues en leur permettant de tout voir, mais leur donne un aspect effrayant.

Nous rencontrons beaucoup de prêtres schismatiques, vêtus de robes noires, portant les cheveux longs, tressés et relevés sous une haute toque qui ressemble un peu à celles de nos juges ; ils nous regardent curieusement, et nous de même.

Après avoir descendu les escaliers d'une rue entourée de tous côtés de marchands de chapelets et autres objets de piété, nous voyons enfin la façade de l'insigne basilique du Saint-Sépulcre. Cette construction fut élevée par les chrétiens après la première croisade, au XII$^{me}$ siècle. Il n'en reste que la porte sud, mais cette porte offre les mêmes caractères architectoniques que les monuments français de la même époque.

A l'entrée, un poste de soldats turcs nonchalamment étendus sur des nattes, fumant leur narghileh et faisant du café sur des réchauds : voilà les gardiens du plus précieux sanctuaire de la chrétienté.

Nous franchissons, profondément émues, le seuil de cet auguste temple qui renferme dans son enceinte le sommet du Calvaire. Devant nous se trouve un bloc rectangulaire de marbre rouge. C'est la « Pierre de l'Onction. » La tradition chrétienne prétend que, sur ce marbre, Joseph d'Arimathie et Nicodème déposèrent le corps de Notre-Seigneur, après sa mort, afin de l'embaumer suivant l'usage des Juifs.

Cette table est ornée, à chaque angle, d'un pommeau doré. A ces angles se dressent, en faisceaux produisant un effet majestueux, six chandeliers monumentaux, en bronze et en cuivre, portant des cierges gigantesques. Ceux en bronze, ornés de figurines, remarquables par la finesse du travail, sont un don de la République de Venise.

Un cordon de huit lampes en albâtre, entretenues aux frais communs des latins, des grecs, des arméniens et des coptes, relie les chandeliers, au travers desquels « filtre une lumière douce comme l'opale du « ciel de Jérusalem, quand le soleil a disparu derrière « la montagne de Sion. »

Nous nous agenouillons respectueusement et baisons avec amour ce marbre saint, sur lequel on a rendu les derniers devoirs à Notre Divin Sauveur.

A quelques pas de là, un escalier de pierre, de vingt marches, conduit au Calvaire. Plusieurs des degrés, comme ceux de la *Scala Santa*, à Rome, ont été usés sous les genoux des pèlerins. Nous les gravissons avec un vif sentiment de foi et d'amour. Le Calvaire est élevé de six mètres au-dessus du sol de l'Eglise. Au temps de Notre Seigneur, c'était un roc isolé, situé en dehors de la ville, non loin de la Porte Judiciaire, et n'ayant qu'une fort petite hauteur. Le sommet, malheureusement nivelé et dallé, est une plate-forme d'environ quinze mètres carrés.

Cette plate-forme se divise en deux parties, séparées par des piliers massifs qui soutiennent plusieurs voûtes surbaissées. On remarque dans la partie du midi, le lieu même où le Sauveur a été fixé à la Croix ; dans la partie septentrionale, celui où la Croix qui portait le divin Rédempteur a été plantée en terre.

Nous commençons par vénérer la première qui appartient aux latins. On ne peut exprimer les tristes et douloureuses impressions que produit dans l'âme le souvenir de ce qui s'est passé là. C'est ici que Jésus a été brutalement dépouillé de ses vêtements qu'une cruelle flagellation avait collés à sa chair sacrée ; ici qu'il a été durement étendu sur le bois de la Croix ; ici que des clous longs et acérés ont fixé ses membres divins à l'instrument de son supplice. A cette pensée, le cœur se fond, les émotions étouffent la voix, les gémissements éclatent, les larmes coulent !...

Nous n'avons plus que la force de nous prosterner la face contre terre et de coller nos lèvres sur ce sol béni, arrosé du sang de Jésus-Christ.

Une belle mosaïque, incrustée dans les dalles, indique le lieu précis où s'est accompli le drame sanglant. Au fond, nous admirons un autel en bronze, d'un travail de ciselure remarquable ; au-dessus de l'autel, un tableau représente la scène déchirante du crucifiement ; enfin, une rangée de grosses lampes en cuivre complète la décoration.

Autrefois, une porte s'ouvrait dans la paroi droite du mur latéral, qui donnait accès dans la chapelle de Notre-Dame-des-Sept-Douleurs, dite chapelle des Francs. Une étoile y indique encore aujourd'hui la place où se tenait, forte dans son inexprimable douleur, l'auguste Marie accompagnée de saint Jean, de Madeleine et des saintes femmes, pendant que son divin Fils, couché à terre, subissait l'horrible supplice du crucifiement.

Aujourd'hui, la porte est murée ; mais un grillage, pratiqué dans le mur, permet à l'œil de plonger dans cet oratoire et de compatir aux déchirements du cœur de la Mère en pleurant les douleurs du Fils. J'ai pu même entrer dans la chapelle et contempler la *Mater Dolorosa*, qui est bien la personnification de l'angoisse et de la souffrance.

Je me dirige ensuite vers la chapelle la plus sacrée du monde, dont l'autel, d'après la tradition, revêtue ici de tous les caractères de l'authenticité, occupe l'endroit où s'est accompli le sacrifice du Rédempteur. Hélas ! cet autel qui recouvre la petite excavation où a été plantée la croix, appartient exclusivement aux Grecs non unis. Le prêtre catholique n'est jamais autorisé à y dire la messe, et ne peut célébrer la vivante reproduction de l'adorable mystère, là même où le Sauveur l'a divinement opéré pour nous.

Le cœur en est douloureusement ému... Avec quelle piété on se prosterne en ce lieu, avec quelle ferveur on prie plus que partout ailleurs pour qu'il n'y ait plus qu'un troupeau et qu'un Pasteur, car c'est pour tous que Jésus s'est immolé !

Avançant sous l'autel, dont la table est supportée par quatre petites colonnes, j'étends une main tremblante, je l'introduis avec respect dans un cercle d'argent, scellé sur la cavité du rocher et elle se trouve à l'endroit même qui a porté le bois du salut !... Comme l'apôtre, en mettant son doigt dans la plaie du côté de Jésus, y puisa un accroissement de foi et d'amour, ainsi en plongeant dans l'ouverture du Calvaire, on en retire le sentiment de l'amour infini d'un Dieu qui a voulu mourir pour nous !

A gauche de cet autel, je considère et touche la fente

miraculeuse du rocher qui traverse perpendiculairement la montagne dans toute sa profondeur. C'est la preuve vivante de ces paroles de l'Evangile, racontant les circonstances de la mort de Jésus-Christ : « Les rochers se fendirent. »

Il est certain que cette déchirure est miraculeuse, et que ni la main de l'homme ni la puissance de la nature n'ont pu la produire. C'est le seul endroit du Calvaire où l'on puisse voir, de ses yeux, le calcaire grossier avec ses aspérités naturelles.

Un grand nombre de lampes répandent en ce lieu vénérable une lueur sombre mais solennelle, qui porte l'âme au recueillement et à la prière. Il s'en échappe une vertu toute céleste qui vous transforme et vous fait dire : « Ce petit coin de terre est vraiment la porte du ciel ! »

Le saint Tombeau est à quarante pas environ du Golgotha. Il est au milieu d'une magnifique rotonde, entourée de dix-huit gros pilastres carrés en pierre. Ces piliers soutiennent une vaste galerie et un dôme de gigantesque dimension, lancé avec grâce dans les airs.

Au centre de cette rotonde et sous ce dôme majestueux, s'élève un mausolée en marbre jaune et blanc, de huit mètres de long sur cinq de large. Ce monument renferme le Tombeau de Notre Seigneur. La façade, surchargée de lampes allumées, de cierges, d'ornements bizarres, rappelle un peu les monuments byzantins de Venise.

L'Édicule est divisé en deux parties qui sont : la chapelle où l'Ange parla aux saintes femmes et celle du Tombeau de Notre Seigneur. On passe de l'une dans l'autre par une porte basse et étroite. Nous voici dans celle de l'Ange. Nous y baisons la pierre sur laquelle le messager céleste était assis en annonçant la Résurrection de Notre-Seigneur. Quelques lampes éclairent ce vestibule.

Une vive émotion nous saisit lorsque nous franchissons le seuil du Saint des Saints ! Une grande clarté s'en échappe, provenant de quarante-trois lampes qui brûlent là jour et nuit. Nous courbons la tête, tombons à genoux, frissonnant de respect en présence de cette tombe sacrée, qui a gardé trois jours la dépouille du Christ et l'a rendue triomphante à la vie. Quel autel et quel temple !... Le tombeau de Jésus-Christ et le rocher, témoin des gloires de sa Résurrection ! La prière, l'amour, la reconnaissance, la confiance, se partagent les puissances de l'âme : les facultés sont comme suspendues en cet instant inoubliable, mystérieux, divin...

J'inonde de baisers, de larmes, le marbre protecteur qui recouvre la pierre du Sépulcre, car c'est ce marbre qu'on livre à nos embrassements, autrement, la pierre aurait déjà disparu par les pieux larcins des pèlerins de tous les siècles. Mais la foi n'en ressent nulle atteinte : elle n'a pas besoin de l'intermédiaire des sens. Elle croit, elle aime et reçoit directement la lumière et la grâce qui émanent de ce reposoir sacré.

Cette foi au véritable Tombeau de Notre-Seigneur est universelle parmi les peuples de toute nation, de toute communion.

Nous y coudoyons Russes, Arméniens, Abyssins, Coptes, Grecs. Tous le vénèrent à l'envi, se prosternent, baisent et prient sans respect humain. Cette unité est

EDICULE DU SAINT-SÉPULCRE

fort touchante et réalise à la lettre la parole d'Isaïe :
*Son Sépulcre sera glorieux.*

Comme on ne peut se trouver que quatre ou cinq à la fois, dans le saint Edicule, nous sommes obligées de céder la place aux autres pèlerins qui attendent à l'entrée et c'est avec peine qu'on s'en éloigne. Cette première visite, avant-goût du Paradis, compense déjà de toutes les fatigues du voyage et nous inonde de consolations ineffables.

Au sortir du Saint-Sépulcre, on a devant soi le grand chœur, aujourd'hui l'église des Grecs. Ici, tout est d'une magnificence inouïe : l'or y est à profusion, les tableaux, comme dans un musée : aussi l'ensemble m'a frappée, je n'ai pu m'empêcher d'en admirer la beauté, malgré mon désir d'y trouver à critiquer. Nous passons ensuite dans la chapelle de sainte Madeleine, qui marque le lieu où le Christ apparut à la sainte pénitente, lorsqu'elle le prit pour le jardinier. Une rose dans le pavé marque l'endroit où se tenait Jésus ressuscité. Nous nous agenouillons sur cette rosace et la baisons. Le cœur s'arrête avec attendrissement sur cette touchante scène racontée dans l'Evangile : il comprend à demi, il entrevoit, il adore ce mystère d'amour. Il lui semble entendre ces deux mots échangés entre eux : « Marie !... Rabboni !... » Mais quel accent dans ces deux mots ! Accent d'amour divin ! Accent de bonheur et de foi ! Et, pour cette bienheureuse femme qui a vu la première son Sauveur ressuscité, c'est une gloire incomparable, qui rayonnera à jamais sur son front, où le doigt du Christ s'est posé !...

La chapelle suivante rappelle un doux souvenir.

D'après une pieuse tradition, généralement admise, parce qu'elle est conforme aux sentiments du cœur, Notre Seigneur apparut là à sa Très Sainte Mère, le jour de Pâques, pour la consoler de ses douleurs, et changer ses larmes amères en larmes de joie. Cette église, appartenant aux Franciscains, possède la précieuse colonne de la Flagellation qui garde encore des traces du sang de Jésus-Christ. Elle est en porphyre et n'a plus que 75 centimètres de hauteur. Celle qu'on vénère à Rome, dans l'église de sainte Praxède, est la colonne où Notre Seigneur fut attaché dans la maison de Caïphe, la nuit du jeudi au vendredi saint.

Cette chapelle est solitaire et très sombre. L'autel principal est de toute beauté, on y conserve le Saint-Sacrement devant lequel brûlent nuit et jour neuf lampes d'argent. Des stalles en bois sculpté entourent, sur deux rangs, la chapelle, dont les murs, au-dessus des boiseries, sont cachés par des tentures de damas rouge à franges d'or ; le pavé est une mosaïque très bien conservée. La sacristie possède deux trésors inestimables : la noble épée de Godefroy de Bouillon et un de ses éperons. La poignée de la vaillante lame était de fer doré : l'or en est tombé, mais la gloire y reste attachée, et nulle main française ne peut toucher cette relique sans frémir d'un religieux patriotisme.

Nous descendons ensuite de la basilique du Saint-Sépulcre pour aller vénérer le lieu de l'Invention de la sainte Croix.

Taillé en partie dans le roc, ce sanctuaire est vaste : il porte, avec un cachet visible d'antiquité, quelque chose de bien grave et de bien austère ; c'est l'endroit où sainte Hélène était en prières pendant les travaux d'excavation qui devaient mettre à jour et rendre à la vénération des fidèles l'instrument de notre Rédemption. Il appartient aux Abyssins.

La chapelle est de style byzantin. Une coupole, soutenue par quatre colonnes, lui donne la lumière. Elle est décorée de lampes et d'œufs d'autruche suspendus à la voûte.

Nous nous enfonçons plus bas encore et, après douze marches, on trouve le sol qui a recélé pendant trois cents ans la vraie croix de Jésus-Christ. C'est une grotte profonde, dominée par les rochers du Calvaire, de 18 à 20 mètres environ. Dans ces cavités était enfouie la plus sainte, la plus précieuse relique du monde : La Croix sur laquelle est mort le Fils de Dieu !

En remontant l'escalier, nous visitons la Prison de Notre Seigneur, où il fut enfermé tandis qu'on achevait les apprêts du supplice ; puis la chapelle de saint Longin, qui lui perça le côté, celle de la Division des vêtements et celle des Impropères ou des Outrages.

Tous les jours, après la psalmodie de Complies, les dignes Fils de saint François se rendent processionnellement, en habit de chœur et un cierge à la main, aux Lieux vénérables dont je viens de parler, pour y faire monter, avec des flots d'encens, les vœux et les hommages de l'univers catholique. On permet aux pèlerins qui se trouvent à Jérusalem de s'unir à leurs prières et à leurs chants, ce dont nous serons heureuses de profiter durant notre séjour à Jérusalem.

Quand on a parcouru cette grande et incomparable

basilique du Saint-Sépulcre, qu'on a pénétré dans les souterrains, les chapelles, les églises, les oratoires qu'elle renferme avec les sentiments qu'inspire la Foi, le cœur est tout brisé d'émotion et le surnaturel vous envahit. Mais à cette joie profonde se mêle une profonde tristesse, lorsqu'on voit toutes les sectes schismatiques de l'Orient partager avec les catholiques latins le droit d'usage, entier ou partiel, de ces pieux sanctuaires ; ce qui est la source de discussions peu édifiantes et de rivalités pénibles.

Dimanche 7 mai. — Aujourd'hui, toutes les physionomies sont encore plus épanouies que de coutume. Dans la soirée, nous allons revoir nos frères de Samarie et la grande famille des pèlerins sera au complet.

La fenêtre de ma cellule donnant sur la route par laquelle nos Samaritains doivent arriver, je m'y installe, afin d'être témoin de leur entrée à Jérusalem. Voici le comte de Piellat, l'infatigable pionnier des œuvres catholiques en Palestine, qui d'abord apparaît au galop de son cheval, précédant de quelques centaines de mètres les intrépides de la chevauchée. Le Révérend Père Bailly, aussi frais et dispos qu'au moment de son départ de Nazareth, est à la tête de la cavalcade, accompagné du frère Liévin et suivi de l'avant-garde. Les couleurs de la France et du Pape sont déployées par les premiers cavaliers, et nos acclamations saluent ces chers retardataires. Notre joie grandit quand nous reconnaissons, à travers la cohue des moukres et des curieux, les pèlerins et pèlerines de notre connaissance couverts de poussière et ruisselants de sueur. Nous

nous joignons à eux et nous nous rendons processionnellement à l'église du Saint-Sépulcre pour vénérer le glorieux Tombeau du Christ. C'est au chant du *Te Deum* que nous pénétrons dans l'enceinte sacrée, et allons tous nous grouper autour de l'Édicule qui le renferme.

On tombe à genoux, afin de baiser ce sol béni et on se relève en chantant le *Credo* catholique.

Le Révérend Père Jérôme, vicaire du Custode général, prend alors la parole pour nous souhaiter la bienvenue. Il fait ressortir la grandeur de la pensée qui nous amène en Terre-Sainte. Il annonce le Congrès qui va s'ouvrir, comme un de ces moments psychologiques dont peut dépendre, si on sait le saisir, tout l'avenir du monde. Qu'il puisse hâter l'heure où tous les chrétiens se donneront le baiser de paix sur le Tombeau de Celui dont la dernière prière était : « O Père, faites qu'ils soient un comme vous et moi sommes un ! »

# CHAPITRE VI

## GROTTE DE GETHSÉMANI

LE TORRENT DE CÉDRON. — LA GROTTE DE L'AGONIE. — LE JARDIN. — LES OLIVIERS. — LE ROCHER DE LA CEINTURE DE LA SAINTE VIERGE. — LE TOMBEAU DE MARIE. — LA VALLÉE DE JOSAPHAT.

LUNDI 8 MAI. — Nous partons ce matin de bonne heure, Madame et Mademoiselle de Goncourt, la Marquise de Pérignon et sa fille, Marguerite de Roquefeuille et moi, pour la grotte de Gethsémani. Nous formons un petit groupe d'intimes au milieu de la grande famille de huit cents pèlerins, et nous ne nous quittons jamais. M. l'abbé Maury veut bien être le chef de notre petite caravane et célébrer le saint Sacrifice dans ce lieu vénéré.

Le soleil est déjà très chaud et la course longue ; nous cheminons à pied, l'âme empreinte d'une indicible tristesse, car nous allons contempler le lieu de l'agonie de notre divin Sauveur.

Nous descendons avec peine la montagne qui est extrêmement rapide ayant devant nos yeux le Mont des Oliviers dont les pentes arides sont couvertes de quelques oliviers, au pâle et maigre feuillage, mêlés à quelques arbrisseaux d'une végétation chétive.

Nous arrivons au Cédron qui traverse la vallée de Josaphat dans toute sa longueur et n'est guère qu'à quinze à vingt mètres du Jardin des Oliviers. Son lit est à sec pendant les trois quarts de l'année, je n'y ai vu que des cailloux sans une seule goutte d'eau. Notre-Seigneur le traversa souvent dans sa vie pour aller prier au jardin, il le fit encore la nuit du jeudi au vendredi saint pour la dernière fois.

A cette pensée, notre cœur se serre violemment et nos yeux se mouillent de larmes.

Nous touchons à la grotte de Gethsémani où Jésus accepta le calice qu'il allait bientôt épuiser jusqu'à la lie.

L'endroit est recueilli et triste, austère et religieux. Le regard en s'élevant, ne voit, à l'Occident, sous le Ciel, que les grandes murailles de Jérusalem, le sommet des édifices sacrés et la sombre tour Antonia ; à droite, le Mont Scopus dénudé ; à gauche, la vallée de Josaphat avec ses tombes.

Quand nous rentrâmes à la grotte, elle était presque déserte, un mystérieux et solennel silence régnait sous cette roche qui fut témoin de l'agonie du Sauveur du monde et entendit ce cri sublime : « *Mon Père, s'il*
« *est possible, que ce calice s'éloigne de moi, néanmoins*
« *que votre volonté soit faite et non la mienne !* »

Rien ne peut se comparer à l'émotion puissante qu'on éprouve en pénétrant dans cette retraite obscure qui vit les angoisses et les défaillances de l'Homme-Dieu. Son sang baigna cette terre que nous baisons, et, sous le fardeau de sa douleur, il s'appuya chancelant contre ce même rocher.

Là, près de l'autel, « *il lui vint une sueur comme des* « *gouttes de sang !* » Je m'agenouille à cette place et j'unis ma prière à celle du divin Agonisant. M. l'abbé Maury revêt les ornements sacrés et le sang de Notre Seigneur coule de nouveau à ce même endroit et vient, par la sainte Communion, abreuver nos âmes et les nourrir pour la vie éternelle.

La langue humaine ne sait exprimer ce bonheur intense et recueilli qui ravit et qui transporte ; il est un avant-goût de la céleste patrie. Comme on se réjouit alors d'avoir traversé les mers pour venir sur cette terre privilégiée qui a gardé l'empreinte des pas du Sauveur où son amour a resplendi, émané du foyer vivant de son Sacré-Cœur !...

La Palestine, n'est-ce pas l'Evangile ouvert ?

Après avoir longuement satisfait notre dévotion, nous nous rendons au jardin de Gethsémani.

A la distance d'un jet de pierre, nous rencontrons un large rocher sur lequel Pierre, Jacques et Jean dormaient pendant l'agonie de leur Maître, et, tout près, le lieu de la trahison de Judas.

Vis-à-vis du rocher des apôtres, nous trouvons une porte très basse donnant accès dans un jardin, enclos de murs élevés : c'est le Jardin des Oliviers. Il est gardé et soigné avec amour par les Pères Francis-

GROTTE DE GETHSÉMANI

cains. Il renferme les fameux oliviers contemporains de Notre Seigneur, ou rejetons directs de ceux qui lui servirent d'ombrage quand il venait y prier.

Certes, ce sont des témoins éloquents de la Passion, et ils portent sur leurs branches noueuses les stigmates de tant de siècles ! Ces rameaux vieux et lourds, qui s'inclinent sur le tronc, en portent d'autres plus jeunes qui s'élèvent un peu vers le Ciel et d'où s'échappent quelques tiges, d'une ou de deux années, couronnées de touffes de feuilles et noircies de petites olives bleues, qui tombent comme des reliques célestes sous les pieds des heureux pèlerins. Les immenses racines de ces sept ou huit oliviers, qui portent tous les signes d'une extrême vieillesse, ont soulevé la terre et les pierres qui les recouvraient, et, s'élevant de plusieurs pieds au-dessus du niveau du sol, présentent au pèlerin des sièges naturels, où il peut s'agenouiller ou s'asseoir pour recueillir les saintes pensées qui descendent de leurs cimes silencieuses.

Il nous a été permis d'emporter quelques morceaux de leur bois et quelques fleurs qui croissaient à leur ombre.

Prenant ensuite un petit sentier, nous arrivons au Rocher blanc de la Ceinture de la sainte Vierge. D'après une ancienne tradition, l'apôtre saint Thomas, qui n'assistait pas avec les autres disciples au trépas de la Mère de Jésus, la vit monter au Ciel à cet endroit. Marie, élevée dans les airs, laissa tomber alors sa Ceinture que l'apôtre ramassa. Cette Ceinture est conservée à Prato, en Toscane. Le tombeau où fut déposée la dépouille virginale de la Bienheureuse Mère de

Dieu, est près de là. Nous y descendons. C'est une construction souterraine, creusée dans le rocher. Au fond se trouve le saint Edicule qui renferme le tombeau. Un grand nombre de lampes, suspendues à la voûte, en font le principal ornement. Le gardien, qui est hélas un copte non catholique, nous asperge d'eau de rose, moyennant *bakchiche*.

J'aime à respirer là le parfum de la fleur qui symbolise si bien le nom de *Rosa Mystica* donné par l'Eglise catholique à notre Mère bien-aimée. Qu'il est triste de voir ce lieu aux mains des schismatiques !

Malgré l'incertitude des traditions à l'égard du tombeau de Marie (1), l'Orient tout entier soutient que c'est bien ici que le corps immaculé de la Très Sainte Vierge fut enfermé après sa bienheureuse mort, que c'est bien ici qu'eurent lieu les merveilles de l'Assomption, et que le ciel glorifia dignement celle qui avait voulu vivre et mourir inconnue.

Nous traversons le Cédron qui est à sec et jetons un regard sur la vallée de Josaphat, qui s'étend au-dessus. Aucun lieu sur la terre n'évoque de plus solennelles pensées. C'est la vallée des larmes, du recueillement et de la mort. Rien d'animé ne vient distraire dans cette triste solitude ; des rochers nus, des montagnes arides, des tombes brisées, quelques arbres rachitiques, voilà ce que l'œil contemple avec une certaine mélancolie.

---

(1) Il est, en effet, une autre tradition qui place à Ephèse la mort de la sainte Vierge.

Nous remontons silencieusement à Jérusalem, l'âme absorbée dans la méditation qu'inspire cette sombre vallée, où Dieu viendra à la fin des siècles pour juger le monde. La vue de la cité sainte nous rassure un peu. N'est-elle pas l'image de la Jérusalem céleste ?... Elle est encore belle, non seulement de la beauté pittoresque et naturelle qui résulte d'un site escarpé et d'un paysage austère et grandiose, mais encore d'un charme particulier, mystérieux, indéfinissable, qui saisit l'âme pour toujours et la remplit d'une religieuse et attrayante émotion.

# CHAPITRE VII

## BETHLÉEM

EPHRATA. — LE TOMBEAU DE RACHEL. — ASPECT DE BETHLÉEM. — LA POPULATION. — LA GROTTE DU LAIT. — LA MESSE DE MINUIT A LA GROTTE DE LA NATIVITÉ. — LA BASILIQUE DE SAINTE HÉLÈNE. — AU FEU ! — LE VILLAGE DES PASTEURS : BEIT-SAHOUR. — LA LÉGENDE DU PUITS DE MARIE. — LE CHAMP DE BOOZ. — LA MÈRE ET L'ENFANT. — AU PIED DE LA CRÈCHE. — CHAPELLE DE SAINT-JOSEPH ET DES SAINTS INNOCENTS. — SOUVENIRS DE SAINT JÉROME. — EGLISE ET LÉGENDE DE SAINTE CATHERINE. — LES VASQUES DE SALOMON.

ous désirions vivement aller, en petit groupe, à Bethléem, afin d'assister à la messe de minuit, qui se célèbre toute l'année dans la grotte de la Nativité : M. l'abbé Maury s'offrit à la dire à nos intentions. Nous partons par une belle après-midi ; le soleil est splendide. Comment dépeindre la perspective joyeuse qui se déroule sous nos yeux au sortir de Jérusalem, la ville des ruines ? Mille fleurs étalent leurs bouquets et répandent leurs parfums. A mesure que nous avançons, le

pays devient plus fertile, les collines plus verdoyantes, les vallées mieux cultivées, les chemins plus ouverts ; les coteaux plus riants nous disent que nous ne sommes plus au désert. De tous côtés, de beaux arbres balancent leurs panaches verdoyants ; sur les pentes des monts, s'étagent des terrasses comme des jardins suspendus qui se couvrent de riches moissons de froment et d'orge.

Qui ne reconnaîtrait Ephrata ?... Ce nom, dans la langue hébraïque, signifie fertilité, et il appartient à Bethléem et à ses environs. Bientôt nous apercevons un bâtiment carré surmonté d'un dôme, c'est le tombeau de Rachel ; ici mourut et fut enterrée l'épouse chérie de Jacob. Nos petits chevaux arabes ont bientôt franchi la distance qui nous sépare de Bethléem. La charmante ville apparaît blanche et dentelée sur la colline, absolument comme si elle avait surgi du sol lui-même.

Quel bonheur d'être à Bethléem ! Le beau nom, et qu'il a de charmes pour mon cœur ! Tout, à Jérusalem, inspire la douleur ; tout, à Bethléem, inspire la joie et la confiance. La patrie de Jésus se fait remarquer, au milieu des montagnes arides de la Judée, comme une belle fleur au milieu des sables du désert.

Nous descendons de voiture à la porte du couvent des Pères Franciscains, les gardiens fidèles du berceau du Sauveur. La place de la basilique de sainte Hélène est couverte d'enfants joyeux et souriants qui viennent nous baiser la main et la porter au front. Ils sont beaux, ces enfants, avec leurs tarbouches rouges sur la tête et leurs robes de couleurs vives et variées. Des groupes d'Arabes, assis sur des colonnes renversées, me rappellent les pasteurs de l'Evangile ; d'autres nous présentent des objets en nacre admirablement travaillés, c'est la spécialité de Bethléem et la grande industrie de cette cité.

Les femmes du pays sont remarquables par leur maintien plein de dignité et leur démarche gracieuse. Elles portent le costume antique des femmes juives : la robe bleue touchant terre, la dalmatique rouge rayée de lignes noires verticales. Leur coiffure est une mitre ou toque très riche, recouverte de pièces d'argent enfilées l'une contre l'autre. Un grand voile blanc, suspendu à la mitre, tombe sur les épaules et descend par derrière, jusqu'à la bordure de la dalmatique, ajoutant une grâce chaste à la noblesse de l'ensemble. Leurs mains et leurs bras sont chargés de bracelets et de bagues ; elles aiment beaucoup les bijoux et... en mettent à profusion. Leur type a quelque chose d'idéal. Les traits sont purs et délicats, l'œil limpide et profond. La physionomie calme, fine, presque toujours éclairée d'un sourire discret, exprime l'honnêteté.

Toutes portent au cou une médaille qui constate la communion chrétienne dont elles font partie. Aussi la pureté des mœurs est-elle proverbiale à Bethléem : c'est peut-être le centre le plus chrétien de la Terre-Sainte.

La population qui est de huit mille âmes est, en très grande majorité, catholique.

Nous entrons dans le monastère dont les bâtiments forment une masse imposante qui ressemble à une forteresse, car les trois couvents des Pères Franciscains, des Arméniens et des Grecs sont groupés au-dessus de la sainte Grotte.

Les fils du Séraphique François d'Assise nous reçoivent avec la cordialité qui leur est propre et veulent bien nous donner l'hospitalité.

En attendant l'heure du souper, nous allons visiter la grotte du lait, ainsi nommée parce que, selon la tradition, la sainte Vierge, fuyant en Egypte, se serait arrêtée là pour allaiter l'Enfant Jésus.

Quelques gouttes tombant à terre auraient donné au rocher une vertu merveilleuse. Il se réduit facilement en une poudre blanche, qui donne à l'eau dans laquelle on le délaye l'apparence du lait. Depuis, les jeunes mères de Bethléem, quand elles sentent leur sein tarir, viennent tailler une de ces pierres crayeuses et avalent l'eau dans laquelle elles l'ont mise pour rendre leur lait plus abondant. Aussi la grotte est-elle prodigieusement fréquentée par les femmes des environs.

Nous eûmes de la peine à y entrer. Un grand nombre de Bethléemites la remplissaient pour assister au Mois de Marie, que prêchait un bon Père Franciscain. J'ai admiré là un joli tableau de la Vierge allaitant son Divin Enfant, et pris quelques fleurs parmi celles qui ornaient ce modeste sanctuaire.

Le souper au couvent fut très sommaire. Nous nous retirâmes ensuite dans une grande pièce à six lits, mise à notre disposition pour attendre l'heure de la messe et nous reposer après.

A onze heures et demie, nous traversons ces longs cloîtres déserts et silencieux, une petite bougie à la main pour éclairer notre marche, et descendons, émues et recueillies, dans la sainte grotte où s'accomplit le grand mystère de la naissance de Notre Seigneur.

Un autel brillant de lumières frappe vivement nos regards ; c'est la place de l'enfantement divin. C'est ici-même que la très sainte Vierge mit au monde son Fils unique ! Une étoile d'argent marque ce lieu sacré que nous baisons avec transport. Autour de l'étoile sont écrits ces mots : « *Hic de Virgine Maria Jesus Christus natus est !* » Ici, de la Vierge Marie Jésus-Christ est né !

Trois lampes, dont la plus riche, ornée de fleurs de lis, fut offerte par Louis XIII, roi de France, emblèmes de foi et de prières, brûlent jour et nuit en ce lieu vénérable.

La grotte est large et profonde, elle renferme trois sanctuaires bien distincts : le sanctuaire de la Nativité, le sanctuaire de la Crèche, et le sanctuaire de l'Adoration des Mages. Le sanctuaire de la Crèche se trouve éloigné de cinq mètres environ de l'autel de la Nativité, on y descend par quelques marches.

La grotte, entièrement creusée dans la roche, est revêtue de tentures de soie rouge très anciennes et très usées, qu'on ne peut ôter ni changer : le schisme est là qui s'y oppose.

On remarque dans le rocher une excavation taillée en forme d'auge, rappelant la forme du berceau de l'Enfant-Dieu.

Vis-à-vis se trouve un autel érigé en l'honneur du grand mystère de l'Epiphanie.

M. l'abbé Maury commence, à minuit, le saint sacrifice de la messe.

Agenouillées à l'endroit même où était la Crèche, nous éprouvons un de ces bonheurs intimes qu'on se sent impuissant à exprimer, et quand, par la sainte communion, Jésus-Enfant vint prendre possession de nos âmes, nous n'étions plus sur la terre, le ciel était notre partage. Oh ! comme à ce moment solennel j'ai prié pour tous ceux auxquels me lie la reconnaissance et l'affection, comme j'ai demandé à ce doux Sauveur de leur donner une part de mes joies si pures et si divines !

Nous passons en Terre-Sainte d'une fête à l'autre, et chaque fête se présente avec un caractère saisissant de vérité.

Mais ce qui donne vraiment la vie à ces lieux sacrés, c'est le Verbe de Dieu ; tout est silencieux et mort sans Lui.

Le Verbe de Dieu dans l'Eucharistie rend tout palpitant. Quelle langue peut exprimer l'émotion que l'on ressent en recevant le Corps sacré de Jésus-Christ là même où fut couché, par la Vierge immaculée, Celui qui y est né pour nous sauver !

L'Eucharistie est la Voie, la Vérité et la Vie : elle seule donne la raison de l'Eglise catholique qui serait incomplète sans l'auguste sacrement. Pour bien voir les Lieux-Saints, pour en jouir, il faut croire à la Présence réelle. C'est la lumière qui illumine, donne la vie et rend les cœurs brûlants d'amour. C'est une vraie grâce d'en haut qui manifeste la gloire des sanctuaires à ceux qui cherchent avant tout Celui qui, seul, est cette clé de David qui ouvre les mystères.

Après une fervente action de grâces, nous montons

dans la grande basilique à cinq nefs, due à la piété de l'Impératrice sainte Hélène et qui porte encore tous les caractères de l'architecture constantinienne. Nous ne faisons que la traverser, car elle appartient aux Grecs et sert simplement de passage ; elle donne accès dans le cloître qui conduit au dortoir qui nous est assigné. Chacune prend possession de son lit et Madame de Goncourt, placée près de la table, est chargée d'éteindre la lampe. Elle souffle dessus, l'obscurité règne dans la pièce. Les saintes émotions de cette nuit de Noël me tenaient éveillée et je ne pouvais dormir comme mes compagnes. Notre Seigneur le permettait ainsi pour nous préserver d'un horrible accident !... Je vis une petite lueur rouge paraître tout à coup dans un coin de la chambre et grandir peu à peu, tandis qu'une odeur de fumée m'étreignait la gorge. « *Mais, quelque chose brûle ici,* m'écriai-je... *Mesdames, réveillez-vous !* » A ce mot, la Marquise de Pérignon jette un appel déchirant : « *Venez à mon secours, mon lit est en feu !* » Nous nous levons à la hâte et arrachons sa couverture qui était la proie des flammes. Nous la mettons au milieu du dortoir et versons dessus le contenu de nos pots à eau ; c'était notre unique ressource ; personne ne pouvait venir à notre aide, car nous étions seules au rez-de-chaussée, et, dans ce couvent-forteresse, aux épaisses murailles, nos cris n'auraient point été entendus. Mais le divin Enfant de la Crèche veillait sur nous... nos efforts pour éteindre ce commencement d'incendie furent couronnés de succès, et nous pûmes encore goûter quelques heures de repos avant le lever de l'aurore.

O nuit de Bethléem ! tu resteras gravée dans notre souvenir ; si nous avons eu un moment d'angoisse, il a disparu devant les ineffables joies que l'on goûte dans la « Maison du Pain. »

Mercredi 10 mai. — Ce matin, après le déjeuner, nous nous disposons à faire une excursion au village des Pasteurs.

Pour y arriver, on prend un petit chemin en casse-cou qui descend avec rapidité de la colline où la ville est assise.

Nous traversons par des sentiers en zigzag un charmant bois d'oliviers fleuris, au bout duquel est le village des Pasteurs, patrie des heureux bergers qui furent les premiers appelés à adorer l'Enfant Jésus. Parmi les antiques citernes du village de Beit-Sahour, on nous conduisit à celle qui est appelée Bir-Mariam, puits de Marie.

Une légende raconte qu'un homme occupé à puiser de l'eau à cette citerne, ayant refusé de faire boire la sainte Vierge qui passait par là, l'eau monta jusqu'à la margelle pour qu'elle pût se désaltérer, et reprit ensuite son niveau.

Une magnifique plaine s'étend devant nous, couverte de blés mûrs ; c'est l'ancien champ de Booz (Oued-Kharoubeh) où s'est passée la gracieuse idylle de Ruth.

En ce lieu ravissant, nous voyons revivre le touchant récit de l'Evangile ; à nos yeux resplendit la douce clarté, à notre oreille retentit la bonne nouvelle avec le *Gloria in excelsis*, à nos lèvres monte le cantique de Noël, car nous sommes arrivés au lieu précis où les bergers reposaient quand l'Ange vint leur annoncer la grande joie. Nous y faisons halte pour savourer sur le vif la céleste scène qui s'est passée ici, puis, comme Ruth, nous glanons des épis dans le champ de Booz qui a conservé son aspect primitif. Des blés et des orges en occupent une partie ; des oliviers agitent çà et là leurs lamelles d'argent, des grenadiers sauvages jettent une tache pourpre au milieu de cette belle nature verdoyante et ajoutent à son éclat.

De loin, nous apercevons quelques pasteurs qui, vêtus de peaux de moutons, les jambes nues, font paître leurs agneaux noirs à grosse queue, dont la graisse remplace le beurre, en Palestine. Ils ont une figure naïve et sympathique qui prévient en leur faveur. J'ai compris, en les regardant, la prédilection dont leurs ancêtres ont été l'objet de la part de Dieu.

Nous remontons à Bethléem par le sentier que prirent les bergers pour se rendre à la crèche. Sur une petite élévation, se trouve une construction isolée, restaurée et aménagée intérieurement en chapelle. C'est, dit-on, la maison qu'a habitée autrefois saint Joseph !...

Nous adressons nos hommages au virginal époux de Marie et cueillons quelques branches d'oliviers en fleur, en souvenir de lui. En quittant cet humble sanctuaire, j'admire le charmant paysage qui se déroule au loin. La plaine est dominée, à l'ouest, par les coteaux de Bethléem et, à l'est, par des collines qui, s'élevant graduellement, vont mêler leurs perspectives sur les montagnes bleuâtres de Moab. Ce tableau est plein de variété et de lumière !...

BETHLÉEM
Vue prise du côté de Beit-Sahour.

Nous rentrons ensuite avec joie dans Bethléem, car cette petite ville a un charme pénétrant auquel on ne peut résister ; c'est qu'elle servit de berceau et d'abri au doux enfant Jésus, et elle conserve le charme de ses sourires d'enfant, de sa jeunesse, de sa grâce ! Voilà ce qui nous enchante, rien n'est plus séduisant que ce charme-là !

Comme j'arrivais au couvent des Franciscains pour aller faire mes adieux à la crèche, je vis venir à moi une femme du pays, drapée dans son long voile blanc et tenant entre ses bras un tout petit enfant, joli comme un ange, qui me tendait sa mignonne main. Il me sembla que c'était la Vierge Marie avec son cher fils Jésus ; je déposai tout émue un *bakchiche* dans la main du gentil bébé en m'écriant : Voilà vraiment le Jésus de la crèche. La pauvre mère, heureuse de me voir admirer son enfant et surtout de ce que j'avais donné *bakchiche*, me remercia par un bon sourire où se lisait le contentement et la reconnaissance. Cette scène, en un pareil lieu, me toucha profondément et sera un de mes bons souvenirs de Bethléem.

Je vais me prosterner une dernière fois près du berceau de l'Enfant divin, afin d'y goûter, dans le recueillement, les célestes pensées qui s'en dégagent et prier pour tous ceux auxquels je dois reconnaissance et affection. Dans cette grotte silencieuse, comme il m'est doux d'évoquer les scènes ravissantes de foi naïve et d'amour tendre qui s'y passèrent il y a 1895 ans !

Il me semble voir encore à cette place le sourire enfantin de Jésus, la beauté de son regard et la délicatesse de ses petits membres. Avec quel bonheur sa tendre mère veille sur lui, comme elle le presse sur son cœur, l'écoutant, ravie, balbutier ses premiers mots!

Quand il n'est plus sur ses bras, il repose dans ce creux de rocher comme une blanche colombe, puisqu'il n'y avait pas eu de place pour lui à l'hôtellerie !...

Joseph est en extase devant cet admirable tableau ! Je serais demeurée indéfiniment dans cette pieuse rêverie, si mes compagnes de voyage ne fussent venues m'avertir qu'il était temps de songer au départ.

Avant de m'éloigner, j'ai voulu visiter les grottes qui se trouvent à la suite de celle de la Nativité.

Un bon père Franciscain s'offrit à me guider dans ce dédale de petits corridors souterrains. Une bougie à la main, il me conduisit d'abord dans la chapelle dédiée à saint Joseph. Il convenait d'honorer en ce lieu le virginal époux de Marie, le providentiel tuteur de l'enfant Dieu.

Au sortir de cette grotte, on entre dans celle des Saints Innocents. Beaucoup de mères infortunées avaient caché là leurs enfants pour les préserver du massacre ordonné par Hérode ; mais les bourreaux les découvrirent, et le sang des petits martyrs coula sur la terre à flots. « Nous vous saluons, fleurs et prémices des
« martyrs, qu'une épée cruelle a moissonnés dès l'au-
« rore de vos jours, comme un tourbillon de vent
« emporte les roses naissantes. »

Sous l'autel, je remarqué un caveau dans lequel ont été déposés quelques-uns de ces jeunes martyrs, dont les restes reposent en paix près du berceau de Celui pour lequel ils ont répandu leur sang.

En continuant de suivre le petit chemin souterrain,

j'arrive vers le tombeau de saint Eusèbe, abbé de Bethléem, puis, j'entre sous une voûte qui renferme le premier tombeau de saint Jérôme et celui des deux nobles romaines qui vinrent chercher la science du salut sous sa direction. Le tableau qui orne l'autel de sainte Paule et de sainte Eustochie les représente dans le même cercueil avec ces mots : Unis dans la mort comme dans la vie !...

Après avoir visité la chambre carrée, taillée dans le roc vif, à peine aérée par un soupirail, où saint Jérôme vécut trente-huit ans, où il a écrit la *Vulgate*, version latine de la Bible, et pratiqué de si grandes austérités, nous montons à l'église Sainte-Catherine, paroisse catholique, grande et belle église desservie par les Franciscains.

On se demande pourquoi la paroisse de Bethléem a été dédiée à sainte Catherine.

La tradition populaire, toujours si tenace en Orient, nous apprend que Notre Seigneur, apparaissant à la jeune vierge, venue vénérer son berceau, aurait célébré avec elle des fiançailles mystiques et lui aurait mis au doigt un anneau comme gage de sa foi. Sainte Paule, très dévote à la vierge d'Alexandrie, lui aurait consacré cet édifice qu'elle fit construire au IV° siècle, pour l'usage de saint Jérôme et de ses religieux.

Nous rentrons à Jérusalem par la route d'Hébron, afin de compléter notre voyage par les vasques de Salomon.

Ce sont trois vastes réservoirs construits par le grand Roi pour arroser son jardin fermé, *hortus conclusus*. Ils sont de forme carrée et superposés en amphithéâtre pour se déverser l'un dans l'autre, sans doute à cause de la grande différence qui existe entre ce lieu et le jardin. Ces trois vasques, alimentées par les eaux pluviales, ont des dimensions considérables ; la plus grande a 177 mètres de longueur sur 64 de largeur. La source qui alimente ces bassins est la fameuse fontaine scellée, *fons signatus*. L'Eglise compare souvent la sainte Vierge à cette fontaine scellée. D'ailleurs, le *Cantique des Cantiques* tout entier est appliqué par les interprètes à Marie, véritable épouse bien-aimée du Roi des Rois.

Nous arrivons dans la triste cité de Jérusalem, l'âme embaumée des parfums pénétrants de la riante « Maison du Pain. » Elle représente vraiment les mystères joyeux, et la Ville-Sainte les mystères douloureux...

Quand nous serons, le jour de l'Ascension, sur le Mont des Oliviers, la série des mystères sera au complet, car nous aurons rencontré les mystères glorieux !... *Alleluia !*

# CHAPITRE VIII

## LE MONT DES OLIVIERS. — BÉTHANIE

UNE ATTENTION DU PÈRE BAILLY. — LE DÉPART DE JÉRUSALEM.
LE LIEU DE L'ASCENSION DE NOTRE SEIGNEUR. — LE CARMEL
DU « PATER ». — PANORAMA DU MONT DES OLIVIERS. —
L'EMPLACEMENT DE BETPHAGÉ. — UN MOMENT CRITIQUE. —
BÉTHANIE. — LA PIERRE DU COLLOQUE. — LE TOMBEAU DE
LAZARE. — LA ROUTE DE JÉRICHO. — RENTRÉE A JÉRUSALEM
PAR LA PORTE DORÉE.

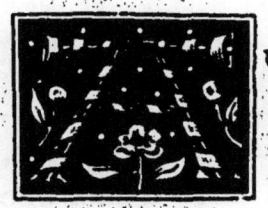ujourd'hui 11 mai, nous fêtons l'Ascension de Notre Seigneur. Certes, c'est bien le cas, ou jamais, de la célébrer au mont des Oliviers, à l'endroit même où Jésus-Christ monta au ciel.

Le Père Bailly, qui sait si bien organiser toute chose, n'a pas oublié de fixer notre pèlerinage sur la sainte montagne pour ce jour glorieux. A cinq heures du matin, un grand nombre d'ânes attendaient à la porte de Notre-Dame de France pour servir de monture aux pèlerins et pèlerines qui ne se sentiraient pas la force d'affronter les fatigues du voyage à pied, parce qu'on devait aller du mont des Oliviers à Béthanie, distante d'une lieue de Jérusalem.

Je m'empressai donc de renouveler connaissance avec Maître Aliboron, mais il ne me parut pas si *bono* que celui de Tibériade. Je le montai avec une certaine défiance, d'autant plus que l'air sauvage du moukre n'était pas de nature à me rassurer, mais la cavalcade commençant à défiler, il fallut les garder l'un et l'autre, me confiant à la garde de Dieu !

Le temps est superbe !... l'astre du jour répand déjà à profusion sa chaude et radieuse lumière.

Nous passons devant les oliviers de Gethsémani qui font rêver, et la Grotte de l'Agonie, dont les blocs de rochers, toujours là, ont bu le sang du Sauveur ; après cela, nous montons, montons toujours par des chemins arides et rocailleux. A mi-côte, on salue l'endroit traditionnel d'où Notre Seigneur regarda Jérusalem dans toute sa splendeur, et versa des larmes sur cette ville qui allait le rejeter et le voir mourir.

La vue de cette hauteur est déjà très belle, que sera-ce au sommet ? Jérusalem, sur son plan incliné, n'est déjà plus cette Jérusalem avec ses décombres, dont les rues étroites et sales avaient fait sur moi une si triste impression. Les deux coupoles qui surmontent la basilique du Saint-Sépulcre, l'immense dôme de la mosquée d'Omar, cette foule de minarets qui dominent toutes les maisons, ces murs à créneaux, ces portes antiques, tout donne à la Ville Sainte un air de grandeur et de magnificence, et les pèlerins étonnés reconnaissent avec plaisir que si Jérusalem est une

**JERUSALEM**
Mont des Oliviers. Mosquée de l'Ascension.

Reine dégradée, elle est du moins toujours une Reine, et sans contredit la Reine de l'Orient.

Après avoir suivi le chemin qui contourne le mamelon central du mont des Oliviers, laissant sur notre droite la grotte où sainte Pélagie, une actrice convertie, fit pénitence et mourut, nous arrivons au lieu de l'Ascension. Les schismatiques l'encombraient, car ils y faisaient leurs offices en l'honneur de la fête. Il fallut attendre qu'ils eussent fini pour pénétrer à notre tour dans l'intérieur de la mosquée.

De suite en entrant, je vois sur une pierre dure, entourée de marbre, l'empreinte du pied gauche de Notre Seigneur, elle est assez visible pour ne laisser aucun doute, quoique un peu usée par les baisers des pèlerins.

Prosternée là avec attendrissement, j'ai collé plusieurs fois mes lèvres sur la dernière trace des pieds du Divin Maître ici-bas, tandis qu'on nous lisait l'Evangile qui parle de ce mystère glorieux.

Plus loin se trouve le beau monastère du Carmel fondé par la princesse de la Tour d'Auvergne, à la place où le « Pater » fut enseigné par Notre Seigneur aux Apôtres. On y célèbre la messe du pèlerinage, puis on nous permet de visiter le beau cloître gothique qui contourne le couvent et contient trente-deux tablettes de marbre, sur lesquelles on a gravé en trente-deux langues l'Oraison dominicale. Des touffes d'arbustes, de rosiers grimpants encadrent les colonnes, tapissent les murs ; au milieu, un délicieux parterre, rempli de fleurs, embellit encore cet endroit béni, qui semble une oasis sur cette montagne désolée.

Après un petit déjeuner gracieusement offert par une bonne sœur converse du Carmel, nous reprenons nos montures pour nous diriger vers Béthanie.

De là, l'œil embrasse une perspective magnifique. Le désert qui, presque de toutes parts, entoure la sainte montagne, déroule au loin ses ravins et ses immenses solitudes. Le regard passe par-dessus ces monts arides pour aller se perdre délicieusement dans la vallée du Jourdain, dont le cours trace comme une longue ligne de verdure. Vers le sud-est, au fond d'un bassin bordé de montagnes brûlées par un soleil toujours ardent, se repose la Mer Morte, bleue et immobile.

On distingue, dans un lointain immense, le Nébo, du haut duquel Moïse contempla la terre promise sans pouvoir y entrer. Quel spectacle, quels souvenirs!... Avec quelle avidité et quelle émotion le regard s'y promène. Notre Seigneur ne pouvait choisir un site plus beau pour monter au ciel : c'est un second Thabor encore plus merveilleux que le premier!..

Nous voici à Betphagé, ou mieux, là où fut Betphagé; on fait halte pour écouter la lecture de l'Evangile selon saint Mathieu qui relate comment le divin Maître envoya deux disciples avec ordre de lui amener une ânesse et son ânon. On montre là une pierre antique, ayant la forme d'un autel, couverte de peintures à demi effacées, et qui désignerait le point de départ de la procession triomphale du Sauveur, le jour des Rameaux.

Quant au village, il n'en reste plus trace. Quelques figuiers sauvages de la plus chétive apparence indiquent seuls l'emplacement de Betphagé dont le nom en Hébreu signifie *Maison des figuiers.*

J'avais l'esprit plein de ces souvenirs évangéliques, en chevauchant sur ce chemin de Béthanie, tant de fois foulé par les pieds du Sauveur qui allait se consoler près des cœurs dévoués de Marthe, Marie et Lazare, de la haine et de la jalousie des pharisiens.

En Terre-Sainte, on n'étudie pas seulement l'Evangile : on le respire, on en vit : le passé devient présent, le récit des faits semble prendre une forme palpable. Et cela plonge l'âme dans une pieuse rêverie dont les charmes se sentent mais ne s'expriment pas.

Le chemin devient rocailleux et difficile ; nous descendons par des sentiers étroits et glissants.

Voici mon moukre qui disparaît, je reste seule à l'endroit le plus périlleux. J'ai beau l'appeler, il ne répond pas à ma voix ! Mon chapeau, par surcroît, s'accroche aux branches pendantes d'un olivier et mes cheveux volent au vent... Que faire ? Que devenir ? Je vais tomber, c'est vertigineux ! Je me cramponne à la bride de l'animal qui fait un saut et retombe sur ses quatre pieds.

Vraiment, l'âne arabe est merveilleux, par son jarret si souple et si solide ; Dieu l'a créé exprès pour ces pays et pour son climat. Avec un âne de France j'aurais certes fait une lourde chute, car il ne saurait se plier ainsi à toutes les inégalités du terrain...

Enfin j'aperçois Béthanie cachée, pour ainsi dire à l'ombre de la montagne. Béthanie, ce nom si doux, est parfumé encore de la présence du Sauveur et de sa prédilection pour la noble famille qui le recevait.

On l'accueillait comme le Seigneur et l'Ami, avec une foi empreinte d'une tendresse exquise.

Et Jésus trouvait près de Marthe, Marie et Lazare, ce repos plein de sérénité dont il avait besoin après les fatigues de son apostolat. Quelle aimable hospitalité de la part de Lazare et de ses sœurs !... Quel délicieux abandon de la part du Sauveur ! On aime à soulever le voile discret de l'amitié qui couvrait la vie intime de ce foyer béni. Il laisse entrevoir des mystères de paix et de bonheur qui ne sont plus de ce monde.

Où est maintenant cette sainte maison dont Jésus a fait souvent sa tente et son tabernacle, où il a dormi sa dernière nuit. Nous ne voyons, hélas ! qu'un amas de ruines qu'on présume être l'ancienne demeure de Simon le lépreux, chez qui Madeleine répandit des parfums sur la tête du Sauveur. Quelques grenadiers sauvages ornent seuls ces débris du passé. Je ne puis résister au désir d'en cueillir une branche, en souvenir de l'illustre pénitente dont le cœur a été si délicatement inspiré. Le parfum qu'elle a versé avec tant de générosité sur les pieds du Fils de l'homme, à la veille de sa sépulture, ne s'est pas évaporé. Suivant la prophétie de Jésus, il embaume encore non plus la maison de Béthanie, mais l'humanité entière. La noble action de Madeleine survit avec le Maître, enveloppée de sa propre gloire et de son immortalité !...

Nous nous dirigeons ensuite vers la Pierre du Colloque, où, tour à tour, les deux sœurs vinrent dire à Jésus : « *Seigneur, si vous aviez été ici, notre frère ne serait pas mort !* »

Cette pierre se trouve à dix minutes environ de

Béthanie. Dans leur tristesse, Marthe et Marie avaient envoyé à Jésus ce message : « *Seigneur, celui que vous aimez est malade !* »

L'incomparable ami n'avait pas trompé cette attente, il s'était rendu à leur appel. Et devant la douleur des deux sœurs, en face du tombeau de Lazare, son cœur s'émut.

Et il pleura !

Dans la foule on disait : « *Voyez comme il l'aimait !* » D'autres murmuraient : « *Ne pouvait-il pas, lui qui a ouvert les yeux de l'aveugle-né, empêcher que celui-ci ne mourût ?* »

Je veux aller voir, moi aussi, le tombeau où s'est accompli ce grand miracle de la puissance divine. La petite coupole d'une mosquée me le désigne. On y descend par un escalier de vingt-six marches, usées et glissantes. Il se compose d'un caveau funéraire qui était autrefois fermé d'une pierre roulante. Il est précédé d'un vestibule carré, de trois mètres de côté environ. C'est là que se tenait Jésus, lorsqu'il commanda d'ôter la pierre. J'assiste, par la pensée, à l'émouvante scène : Marthe effrayée s'écrie : *Seigneur, il sent déjà, voilà quatre jours qu'il est enseveli*. Jésus la rassure : « *Ne t'ai-je pas dit que, si tu crois, tu verras la gloire de Dieu ?* » Après avoir prié, le Maître dit d'une voix forte : « *Lazare, sors dehors !* » Et le mort sortit de sa tombe, encore embarrassé de ses bandelettes. « *Déliez-le*, ajoute Jésus, *et laissez-le aller !* »

Toute cette scène est inimitable. Tout y est beau, d'une beauté sobre et vivante ; l'humain et le divin s'y confondent harmonieusement. Notre Seigneur est homme, en effet, vrai homme par les joies, les inquiétudes, les troubles et les tendresses de l'amour. Mais, en même temps, il est Dieu, et l'amour arme son bras de toutes les forces divines !

Après avoir fait une courte prière, nous nous hâtons de sortir du caveau, à raison de l'insalubrité de l'air. Je retrouve ma monture à la porte : un petit Arabe la tenait par la bride pour avoir *bakchiche*. Je prends, avec d'autres pèlerins, le chemin de Jérusalem, non celui en casse-cou de Betphagé, mais la route de Jéricho qui tourne la montagne des Oliviers. Au milieu de la courbe, on nous montre l'endroit où Jésus maudit le figuier. L'emplacement en est marqué par une découpure pratiquée dans le rocher, au bord du chemin.

Comme la route était bonne, nous chevauchions à notre aise et pouvions méditer à loisir sur les enseignements divins. La nature palestinienne s'y prêtait car elle est d'un grand recueillement ; c'est le calme du désert. Pas de bruit confus, comme celui qui s'élève de la mer ou celui qu'on entend sous les bois.

Quelques cris perdus : gazouillement d'oiseaux, hennissement des bêtes, chant du coq, aboiement des chiens dans la nuit, plainte du chacal, et, par moment, appel de voix humaines. Mais tout cela reste isolé, discret, et se perd dans le silence, qui plane au loin dans les vallées et les montagnes de Palestine, et ajoute à son immense mélancolie.

Devant nous se dressent les murailles crénelées de Jérusalem ornées, de ce côté, de l'antique porte dorée, *porta speciosa*. J'admire l'arcature richement sculptée, datant de l'époque d'Hérode. Deux petites coupoles de construction musulmane servent de toit. Elle produit un effet grandiose. Notre Seigneur entra par cette porte à Jérusalem, le jour de son triomphe, aux acclamations répétées de l'Hosannah, au milieu d'une foule innombrable qui escortait le *Roi pacifique*, prédit par les prophètes.

Les Musulmans ont muré très solidement cette porte, persuadés, selon leurs traditions, que les chrétiens doivent y passer pour s'emparer de Jérusalem et en rester à jamais les maîtres. Ah ! puisse leur prédiction se vérifier !..., et la porte Dorée devenir pour nous un arc triomphal !

# CHAPITRE IX

## JERICHO. — LE JOURDAIN. — LA MER MORTE

LA CARAVANE DE LA MER MORTE. — LA FONTAINE DES APOTRES. — ASPECT DE LA ROUTE DE JÉRICHO. — LE KHAN HADROUR. — LA FORTERESSE DU CHATEAU ROUGE. — A TRAVERS LES PRÉCIPICES. — ARRIVÉE A JÉRICHO. — UNE NUIT BLANCHE. — UN LEVER DE SOLEIL. — LES RIVES DU JOURDAIN. — LA MER MORTE. — LE MONT DE LA QUARANTAINE. — RETOUR A JÉRICHO. — LA DANSE DU SABRE. — UN MOMENT D'ANGOISSE. — ARRIVÉE A JÉRUSALEM.

E jeudi 11 mai, une cinquantaine de pèlerins des plus valides et des plus braves partent pour Jéricho, le Jourdain et la Mer Morte. Marguerite de Roquefeuil et moi, nous nous joignons à ce groupe d'intrépides. A midi, chevaux et ânes sont prêts.... le soleil brûle ; qu'importe?... le signal est donné et voilà la caravane en route. Après avoir suivi le mur septentrional de la ville, et traversé le torrent du Cédron, nous cotoyons le mont des Oliviers, passons devant Béthanie et entrons dans le désert de Juda.

Tout d'abord, nous rencontrons la Fontaine des Apôtres. C'est là qu'ils s'arrêtaient, comme font les voyageurs, en allant de Jéricho à Jérusalem, pour étancher leur soif. On l'appelait autrefois : Fontaine biblique du soleil. L'arcade ogivale qui la surmonte est très remarquable et lui donne un cachet artistique que j'ai admiré.

Une longue ligne blanche serpente devant nous : c'est le chemin de Jérusalem à Jéricho, suivi depuis bien des siècles par les caravanes. Jésus l'a traversé souvent, durant sa vie apostolique, en compagnie de ses disciples.

Dans ce désert, il enseignait le monde en leur personne, semant sa parole qui couvre aujourd'hui l'humanité comme une moisson mûre.

Le paysage est très austère. Le mont des Oliviers domine tout vers le couchant ; à l'est, la vallée du Jourdain se creuse comme un gouffre entre les dernières ondulations des monts de Juda et les hauts escarpements de Moab d'un bleu violacé. Nous longeons, à droite, la montagne nue, aride, tantôt dressée en cône et tantôt mamelonnée. Pas un arbre, pas un village ne viennent rafraîchir le regard et réjouir les yeux. Un silence infini ajoute à la majesté et à l'immensité de cette solitude, qui est d'autant plus religieuse qu'elle est plus morne et plus désolée.

L'âpreté de cette nature ne s'adoucit que dans le voisinage du *Khan-Hadrour*. La ligne des montagnes s'arrondit, le gazon verdoie, les vallées se couvrent d'épis, les troupeaux reparaissent sur les collines, les villages se montrent dans le lointain, la vie renaît.

Le *Khan-Hadrour* où nous arrivons, après trois heures de marche, a été de temps immémorial, une halte pour les caravanes. Jésus dut s'y reposer.

On regarde ce *Khan* comme occupant la place de l'hôtellerie où fut conduit le blessé du récit évangélique. Nous sommes donc sur le théâtre de ce récit touchant, dans lequel le Sauveur voulut montrer par un événement réel un symbole de la charité et de la rédemption du genre humain.

Sur la colline voisine, nous apercevons les ruines d'une forteresse appelée autrefois : *Château rouge* ou *château du sang*, en hébreu *Adommin*. Elle servait de refuge et de protection aux voyageurs attardés qui traversaient ce pays infesté de brigands, et qui l'est encore.

Cet endroit est le plus dangereux de la route, il est prudent de s'y trouver en nombre. Telle est en effet la persévérance des mœurs et des usages en Orient, que ce chemin de Jéricho a toujours été hanté par des bédouins pillards et des nègres sauvages ; en sorte que, par une étonnante persistance du mauvais renom de cette région, la sécurité, qui est parfaite à l'entour de Jérusalem, cesse absolument du côté de l'est, dès qu'on a dépassé le mont des Oliviers et Béthanie, c'est-à-dire à trois quarts d'heure seulement de la Ville Sainte. Aussi n'étions-nous guère rassurés et pressions-nous nos montures pour ne pas rester en arrière de la caravane.

Après avoir passé le *Khan*, le désert reprend sa désolation extrême. Il est entrecoupé de précipices, dont le plus remarquable est l'*Oued-el-Kelt*, sillonné par un torrent mugissant.

Je plonge mon regard dans le gouffre qui s'ouvre devant moi et je suis prise de vertige. Je crois que mon âne a peur aussi, car il s'arrête !... J'appelle le moukre qui me dit de mettre pied à terre, la descente étant fort dangereuse !... Je le fais volontiers, en jetant un coup d'œil sur ces rochers droits sur l'abîme, et qui sont perforés de trous béants qui servaient autrefois de cellules aux ermites retirés dans cette solitude. Quel étrange pays !... quelle solitude affreuse !... j'avoue que je suis saisie de terreur d'autant plus que la nuit arrive et augmente mes craintes !... C'est là que le prophète Élie, fuyant la colère de l'impie Jézabel, fut nourri par les corbeaux. Nous venons de descendre un dernier casse-cou, l'*Akbat-er-Rihha*, c'est vertigineux !... nous sommes au niveau du torrent. La nuit est tout à fait venue ; une nuit noire sans étoiles !... J'aperçois au loin quelques petites lumières qui semblent s'éloigner à mesure que nous avançons.

On me dit que c'est Triha, l'antique Jéricho, et que les feux qui scintillent, ce sont les feux des Bédouins campés dans les bosquets de *Sidr*, au milieu des hautes herbes.

Pour arriver plus vite, je presse ma monture, mais c'est en vain, elle reste à l'arrière-garde, ce qui m'effraye un peu !... Aussi, je ne prête qu'une oreille distraite à ce que j'entends dire autour de moi : c'est pourtant d'un grand intérêt ; nous sommes à l'endroit où Notre Seigneur guérit Bartimée, cet aveugle qui criait avec tant d'insistance, malgré les remontrances de la foule : « *Oh ! Seigneur, faites que je voie ?...* » et qui aussitôt recouvra la vue.

Un pan de mur éboulé marque la place où eut lieu ce miracle. Que de scènes évangéliques et bibliques se sont déroulées là !

Enfin voici quelques maisons qui émergent d'un bouquet de broussailles. Dieu soit loué !... Nous avons atteint le but !...

Notre gîte est à l'hôpital Russe, car les seules habitations qui existent maintenant à Jéricho sont un hôtel et deux hôpitaux destinés aux pèlerins, des tentes de Bédouins disséminées çà et là, et quelques cabanes délabrées de l'aspect le plus sauvage. Une tour carrée, des ruines éparses sur une vaste étendue de la plaine, sont tout ce qui reste de la grande et illustre ville qui s'y élevait autrefois.

La chaleur est excessive ; nous sommes à 200 mètres au-dessous de la mer. Notre chambre est une étuve, nous pressentons une nuit blanche, malgré les moustiquaires qui entourent nos lits. En effet, quoique horriblement fatigués de cette longue chevauchée de vingt-six kilomètres, nous ne pouvons fermer l'œil. A trois heures et demie du matin, on vient nous appeler pour l'excursion du Jourdain ; c'est une délivrance, on s'habille à la hâte, on reprend sa monture et l'on part.

Notre caravane défile dans la nuit, à la lueur incertaine qui descend des étoiles et à celle que verse la lune, dont les rayons ont des reflets d'une douceur infinie. Un calme profond règne dans la campagne ; c'est ce silence solennel, propre aux belles nuits d'Orient, ce silence qu'on écoute, qui a son écho au plus intime de l'être et dont la voix mystérieuse éveille l'idéal qui dort au fond de toutes les âmes.

Nous chevauchons, recueillis et priant, car nous traversons cette plaine célèbre où les Israélites entrèrent avec tant de joie, puisqu'elle était la *Terre promise*, attendue depuis si longtemps.

Mon baudet, reposé des fatigues de la veille, prend la tête de la caravane avec des allures de coursier fringant. Je ne suis nullement satisfaite de son ardeur belliqueuse, parce que je me trouve seule au milieu d'un fouillis inextricable d'arbustes épineux, où il faut se frayer un chemin dans l'obscurité. On apprend à être courageux dans les excursions de Terre-Sainte et à ne compter que sur le secours de Dieu. Aussi, je l'invoque de toute mon âme, en songeant que lui aussi a traversé ce même désert pour rejoindre Jean, sur les bords du Jourdain, et se retirer ensuite dans la retraite et le jeûne sur le mont de la Quarantaine, qui commence à se dessiner peu à peu à l'horizon.

En effet, la nature s'éveille : tout à coup, une teinte de flamme jette au flanc des collines sa note vibrante, tout s'empourpre à l'instant et le soleil paraît presque sans aurore. Les nuances les plus délicates se fondent dans cette clarté qui enveloppe, en Orient, l'immensité de la terre et du ciel. Quel pinceau pourrait reproduire ce tableau magique ! A lui seul, il vaut le voyage !...

A mesure que le jour monte, les montagnes de Moab s'aperçoivent plus distinctement, les horizons ont une profondeur plus grande, quelques aigles planent dans la nue et boivent les premiers rayons du soleil levant.

Quel cadre admirable pour ce beau fleuve, vers lequel nous arrivons et qui est devenu sacré par le contact de Jésus. Comme ses rives sont délicieusement ombragées !... Quelle lisière verdoyante de roseaux gigantesques, de tamaris, d'Agnus-Castus, entre lesquels courent et s'enguirlandent des lianes dont les branches servent de demeures aériennes à une foule d'oiseaux, qui y gazouillent continuellement. Nous sommes émerveillés !... Vite, on dresse une tente sous les larges bosquets de *Populus Euphratica*, qui bordent le Jourdain et on y place des autels. Le saint Sacrifice se célèbre et beaucoup de pèlerins communient.

Que cette parole : *Ecce Agnus Dei, ecce qui tollit peccata mundi* est douce à redire, à cette place où saint Jean-Baptiste, montrant le Christ aux Juifs, leur annonçait sa venue et sa mission. Il me semble entendre, à travers le bruit qui passe et le murmure des eaux, la voix du Père Eternel s'écrier : « *Celui-ci est mon Fils bien-aimé en qui j'ai mis mes complaisances, écoutez-le !* »

Ce lieu est prédestiné, rempli de religieux souvenirs ; j'aime à les évoquer en parcourant les rives fleuries de ce beau fleuve ; c'est là que les Israélites le traversèrent à pied sec, et entrèrent avec Josué dans la terre promise ; c'est là que le prophète Elie, accompagné d'Elisée, son disciple, frappa le fleuve avec son manteau et s'ouvrit un passage à travers ses eaux rapides. C'est ici qu'arriva Jésus, perdu dans la foule, et qu'une vision soudaine le révéla à Jean, qui ne le connaissait pas. « Au-dessus de la tête du Sauveur, il vit les cieux « ouverts, et l'Esprit, sous la forme d'une colombe, se « reposer sur lui. »

Jean comprit alors ce que nulle science humaine, nul génie ne pouvait lui apprendre ; il dut éprouver un de ces tressaillements indicibles qui font sentir que Dieu est là !...

Je suis tirée brusquement de mes réflexions sur les gloires du fleuve biblique, par la voix nasillarde du moukre qui m'avertit qu'il est temps de partir. Déjà ! m'écriai-je avec tristesse, car il m'était pénible de quitter si tôt ce lieu célèbre et enchanteur... Je jetai donc un dernier regard sur ces eaux tumultueuses, formées des neiges immaculées du Liban et qui se précipitent en un cours impétueux au milieu de cette végétation luxuriante, ensuite, je m'élance sur ma bête, aux cris de *Yallah ! hemchi !* poussés par son conducteur, et qui la font filer au galop vers la Mer Morte.

Nous cheminons dans une plaine immense, bornée par les montagnes arides au pied desquelles furent Sodome et Gomorrhe. De loin, on dirait des amas de cendres, des débris calcinés. Le sol est formé de sable fin, tantôt recouvert de cristallisations salines, tantôt ondulé de petites dunes où fleurissent des myriades d'une jolie statice à fleurs jaunes, *Statice Thouinii*, qui est, je crois, ce qu'on vend dans nos pays sous le nom de roses de Jéricho, puis le terrain devient entièrement nu. A mesure que nous descendons, la chaleur augmente, la réverbération, si intense en Orient, en double l'ardeur ; le ciel, d'un bleu profond, laisse échapper mille aiguilles de feu que lance l'astre du jour à son plein midi. Nous arborons les lunettes noires et vertes et ressemblons assez, dans notre bizarre accoutrement, à nos voisins d'Outre-Manche.

Après deux heures de marche dans cette contrée basse, qui a des aspects du désert, la Mer Morte se découvre à nos yeux. Elle semble fuir à mesure qu'on approche ; nous y arrivons cependant à travers des plateaux désolés tout miroitant de sable et de sel. Ses eaux d'un bleu de saphir sont limpides comme le cristal, et calmes... comme la mort ! Oui, c'est la mort dans un cadre réellement sauvage ; tout est mort dans ses eaux, tout est mort sur ses rives, tout est mort dans la plaine, tout est mort sur les montagnes qui bornent l'horizon. Au levant, celles de Moab, éternellement suintantes de bitume, qui ont des reflets de violet sombre : à l'ouest, celles de Judée, d'une autre nature, tout en calcaires blanchâtres, en ce moment éblouissantes de clarté.

Des deux côtés, la désolation est aussi absolue ; le même silence plane sur les mêmes apparences de mort.

Dans l'extrême lointain des sables, sous le réseau tremblant des mirages, apparaît aussi une vieille forteresse, qui est un couvent de solitaires grecs. Et enfin, autre tache blanche, tout juste perceptible là haut, dans un repli des montagnes judaïques, un mausolée qu'on croit être le tombeau de Moïse. Le soleil éclaire de ses ardents rayons cette mer maudite, mais pas une tige d'herbe ne se balance sur ses bords, pas un souffle ne plisse son onde, pas un oiseau ne vient, du bout de son aile, raser son immobile bassin. Ce n'est pas le calme d'une matinée sans nuages, c'est un effrayant silence sépulcral qui vous oppresse et vous étreint.

Ce lac étrange mesure vingt-cinq lieues sur cinq. Sa profondeur moyenne est de trois cents mètres ; son niveau est à 400 mètres au-dessous du niveau de la Méditerranée.

On n'a point d'autre exemple d'une pareille dépression. Aussi, règne-t-il dans ce bassin une chaleur extrême et souvent intolérable. Je la sentais si vivement que, malgré les observations de quelques personnes prudentes, je plongeai mes pieds et mes mains dans cette mer sinistre, dont le bleu m'attirait. Ce fut, pour mes membres fatigués, un véritable soulagement ; Mademoiselle de Pérignon suit mon exemple, mais nous avons peine à y marcher, tant les eaux sont pesantes et gluantes. Au sortir de ce bain extraordinaire, nos mains semblent huileuses et nos pieds emportent une légère couche de vernis salin. Le linge qui les essuie ne peut sécher même au soleil. Nous voulons goûter de cette eau maudite ; elle brûle, quand on la boit, comme une liqueur corrosive, composée qu'elle est, de soude, de chlore, de potasse et autres substances méphitiques.

On a hâte de quitter cette mer sinistre qui fuit entre ses rives de montagnes désertes, jusqu'à l'horizon trouble, avec des airs de ne pas finir, et qui vous imprègne de sa tristesse.

Nous reprenons nos montures pour revenir à Jéricho.

Encore une heure de route à travers les sables et les sels avant d'atteindre notre logis. C'est long, surtout par cette excessive chaleur. Voici que, subitement, l'air s'emplit de moustiques et de moucherons noirs qui s'abattent sur nous en tourbillons aveuglants. Les bêtes en sont piquées et font des sauts à nous jeter par terre ; j'ai grand'peine à tenir mon équilibre, et j'allais, de désespoir, finir le chemin à pied, quand je vis apparaître au loin la citadelle de Jéricho, comme un vague petit point blanc. Cela me rendit courage et espoir. Je m'accrochai au poil et à la tête de mon âne, et je le fis trotter vigoureusement. Comme lui aussi aspirait au repos, la distance fut bientôt franchie.

A midi, je suis au gîte où le déjeuner et la sieste me remettent de mon pénible voyage. On part ensuite pour le mont de la Quarantaine, chevauchant parmi les vagues sentiers, les buissons épineux, les ruisseaux d'eaux vives, les prés émaillés d'iris.

Cette montagne, presque inaccessible, se dresse dans la plaine de Jéricho avec ses arêtes aiguës et ses flancs escarpés, comme le dernier rempart de la plaine de Juda. Du côté oriental, elle est taillée à pic ; on n'aperçoit, en y montant par l'étroit escalier coupé dans le roc, que des parois rocheuses, polies et droites au-dessus de l'abîme. La grotte où Jésus jeûna surplombe le précipice ; quelques ouvertures naturelles lui donnent jour et laissent apercevoir la plaine immense jusqu'au pied de la chaîne d'Arabie, avec le sillon du Jourdain, semblable à une lame d'argent miroitant au soleil.

C'est tout à la fois le désert et la montagne ; deux grandeurs réunies, pleines d'austérité et de majesté.

Telle fut la retraite que se choisit le Fils de Dieu.

Une impression de recueillement saisit l'âme : la nature a gardé si religieusement le souvenir du divin Maître ! Ce roc est toujours le même que celui qui l'abritait, ce précipice grandiose, cette grotte sévère, ont été les témoins de ses prières, de ses jeûnes, de ses austérités, et parlent encore de Jésus solitaire, affligé, pénitent.

Nous descendons visiter la fontaine d'Elisée. Elle coule abondamment au pied de l'antique Jéricho. On sait que le Prophète du Seigneur rendit douces et saines ses eaux, jusque là amères. Ce sont elles qui fertilisent la plaine. Aussi, quelle riche végétation : orangers, grenadiers, caroubiers, palmiers, lauriers roses, pommiers de Sodome, *Spina Christi*, forment une forêt vierge en miniature, un fouillis d'arbustes des plus agréables à la vue. Mille oiseaux emplissent cette oasis d'une musique exquise, et nous donnent un ravissant concert.

Nous revenons tranquillement vers Jéricho. La nuit tombe, un peu lourde. A mesure que s'allument les étoiles, un concert de grenouilles succède à celui des oiseaux. On entend aussi des aboiements de chiens de bergers, là-bas, du côté des campements arabes ; puis, par instant, le fausset lugubre, bien distinct, d'une hyène ou d'un chacal.

A l'entrée du village, un tambour de basque, accompagné d'une petite flûte bédouine, attire notre attention. Ce sont quelques femmes du pays qui se livrent à une danse sauvage, appelée danse du sabre. Nous regardons quelques instants leurs sauts, leurs gestes furieux, accompagnés de battements de mains et de strophes stupides, mais cette pantomime grossière, dansée par ces mégères horribles, n'a plus aucun caractère et nous nous hâtons de regagner notre hôpital russe pour prendre un repos dont le besoin se fait terriblement sentir.

Samedi 13 mai. — Nous partons de Jéricho, dès l'aube, pour remonter vers Jérusalem. Le soleil, qui se lève au-dessus des monts de Moab, teinte d'une nuance d'un rose vif indescriptible les parois rocheuses du mont de la Quarantaine, et nous donne le regret de le quitter.

Dans les sentiers coupés de clairs ruisseaux, sur les herbes, entre les buissons verts, il y a une certaine animation, causée par nos chevaux et nos ânes qui galopent, excités par les moukres, pour que nous puissions arriver à Jérusalem avant la forte chaleur. Cela donne un peu de vie à cette campagne isolée et déserte. Au bout de dix minutes, nous sommes à l'entrée de la route. Elle est très montueuse et côtoie, à droite, le bord du ravin de l'Oued-el-Kelt, ressemblant à une profonde déchirure, taillée entre deux gigantesques murs de rochers abrupts. Solitude âpre et nue. Horizon muré. On se sent étreint par les flancs de la vallée qui semblent vouloir se rejoindre.

On a besoin de regarder le ciel qui domine et élargit tout. C'est vers l'entrée de cette route que Jésus dit à ses apôtres :

« Voici que nous montons à Jérusalem et le Fils de
« l'homme sera livré aux princes des prêtres et aux
« scribes ; ils le condamneront à mort, ils le livreront
« aux gentils pour être outragé, flagellé et crucifié, et
« il ressuscitera le troisième jour ! »

Nous chevauchons péniblement sur ce chemin, qui monte en lacets rapides. Nous nous élevons par degrés au-dessus de la région étrange, en contre-bas de tous les pays et de toutes les mers. La chaleur devient accablante et la lumière dure et éblouissante, je m'arrête une minute au caravansérail du château du sang, pour ôter mon manteau blanc et mettre mes lunettes bleues : cet instant suffit pour me faire perdre de vue la caravane.

J'ai beau crier *yallah hemchi*, marche en avant, le

baudet reste insensible, je ne peux arriver à rejoindre mon groupe qui, descendant une côte, trotte, voltige, disparaît !... Me voilà seule, avec un moukre musulman, à l'endroit le plus dangereux de la route.

Je me confie à la Providence ; elle ne m'abandonne pas ; mon âne, excité par l'arabe auquel j'ai promis gros *bakchiche*, se décide enfin à prendre le galop.

A une certaine distance, j'aperçois un prêtre de notre caravane, dont le cheval fatigué semblait lui refuser ses services. C'était un secours que Dieu m'envoyait !... Nous l'eûmes bientôt rejoint, et sa présence me rassura, d'autant plus qu'au même instant nous rencontrons des Bédouins en défilé presque continu, armés de longs fusils, de coutelas et de poignards. Autour de leur front s'enroule une corde de poils de chameaux, qui encadre une figure noire et sauvage. Ils nous regardent d'un air farouche mais n'osent nous attaquer, pensant que d'autres pèlerins arrivent à notre suite. M. l'abbé Bellevaire se lamentait de n'avoir pas d'armes pour se défendre, moi je n'avais que mon rosaire mais je comptais sur son efficacité. Il m'a protégée si souvent en maintes circonstances ! Quoi qu'il en soit, les rois du désert ne nous firent aucun mal, et dès lors, nul autre incident ne vint troubler notre marche.

A mesure que nous approchons de Jérusalem, les montagnes sont moins sombres, les creux des vallées redeviennent verdoyants, les anémones recommencent à émailler les rochers de points rouges et de points roses. Sitôt après Béthanie, nous découvrons la vallée de Josaphat avec ses grands souvenirs et ses mystérieuses espérances. Jérusalem aussi reparaît, intacte de ce côté-ci, superbe et désolée, profilant très haut sur le ciel sa muraille sarrazine, que dépassent ses coupoles grises et sa mosquée bleue. Ainsi portée sur son plateau, elle semble briller encore de toute l'antique splendeur de ses prophéties, ou n'attendre qu'une parole pour sortir toute éblouissante de ses dix-sept ruines successives et devenir cette Jérusalem nouvelle, qui s'élève du désert, brillante de clarté.

# CHAPITRE X

## LE CONGRÈS EUCHARISTIQUE

PRÉPARATIFS DE LA RÉCEPTION. — M. LEDOULX. — L'ESCORTE. — MONSEIGNEUR PIAVI. — ENTRÉE A JÉRUSALEM. — IMPRESSION PRODUITE PAR LE CARDINAL-LÉGAT. — OUVERTURE DU CONGRÈS A L'ÉGLISE DU SAINT-SAUVEUR. — DISCOURS ET RAPPORTS. — LES ÉVÊQUES ORIENTAUX : NN. SS. GRÉGOIRE, GÉRAIGIRY, BAHMANI, CARDI.

AMEDI 13 MAI. — Ce soir, Jérusalem est en fête. Le Cardinal Langénieux, Légat de Sa Sainteté Léon XIII, doit faire son entrée solennelle, à quatre heures et demie, dans la Ville Sainte. La population est dans l'enthousiasme, elle se rend en foule à la gare dont les abords sont pavoisés et enguirlandés de fleurs. De nombreux fonctionnaires civils et militaires circulent en grande tenue ; une escorte de cavaliers turcs est rangée en ligne, prête à rendre les honneurs, car le Sultan, qui a un tact exquis des convenances et un respect connu pour la grande personnalité du Pape, veut recevoir son Légat comme on reçoit les princes. Dans la

cour d'entrée stationnent les voitures des consuls. Les sommets des talus sont bordés de femmes juives ou arabes, drapées en fantômes ; les musulmanes sous des voiles sombres, les chrétiennes sous des voiles blancs. Tous les costumes d'Orient circulent ; turcs, bédouins, juifs, s'étagent, se pressent, se bousculent ; le coup d'œil est étrange et pittoresque.

Sion a dépouillé ses vêtements de deuil, elle tressaille de joie parce qu'elle va revoir aujourd'hui ce que ses yeux n'ont plus contemplé depuis 1187.

Avant même que le Légat, vêtu de pourpre et coiffé du chapeau rouge, ait mis le pied hors du wagon, il est accueilli par le Consul général de France en Palestine, M. Ledoulx, qui lui adresse de chaleureuses paroles, tout à l'honneur de sa haute dignité, de l'Eglise qu'il représente et de la France, notre chère patrie.

Visiblement saisi par la grandeur de l'idée qu'il incarne en sa personne et par le spectacle qu'il n'a fait qu'entrevoir, le cardinal lui répond quelques mots qui font vibrer les âmes comme un puissant coup d'archet, et il entre dans la tente splendide, préparée à côté des salles d'attente, tandis que la foule s'entasse aux alentours, impatiente de voir un Cardinal et de connaître la personne du Légat de Sa Sainteté.

Alors commence le défilé des autorités civiles, le maire de Jérusalem, le corps consulaire au complet, les supérieurs de tous les établissements français ou catholiques. Plusieurs évêques orientaux et soixante-quinze officiers de notre escadre, arrivés la veille, viennent prendre spontanément part à la fête et offrir au cardinal leurs plus respectueux hommages. Ce fut une surprise bien douce à nos cœurs français.

Son Eminence sort enfin de la tente ; aussitôt le Consul général, M. Ledoulx, s'approche et, selon l'usage antique, aide le Cardinal à monter à cheval. Le Légat est en selle, ses longs vêtements de soie écarlate retombent sur la croupe blanche du cheval. Les officiers turcs, l'épée nue à la main, donnent le signal du départ, le porte-croix se place devant le cheval du Légat, de toutes parts éclatent les cris mille fois répétés : Vive le Pape ! Vive le Légat ! Vive la France ! Vive le Sultan ! L'étonnement est grand. Le Cardinal, sur sa mule blanche, bénit ou salue tour à tour ; les trente cavas, tout étincelants sous leurs habits brodés, précèdent le Légat, frappant la terre en cadence de leurs grandes cannes d'argent. Les personnages de marque suivent dans des voitures découvertes ; les officiers de notre escadre, renforcés d'un certain nombre de pèlerins à cheval, ferment le cortège. C'est un spectacle inoubliable ! Depuis de longs siècles, la morne et silencieuse Jérusalem n'avait été témoin d'une fête pareille. C'est une journée historique qui restera célèbre dans les fastes de l'Eglise d'Orient. C'est Rome et Jérusalem s'unissant, s'embrassant...

Après vingt minutes de marche, on arrive à la porte de Jaffa, qui touche à la forteresse de David. Ici, tout est resserré, la porte est étroite comme dans les vieilles villes de guerre, les rues qui suivent sont étranglées, impossible d'y circuler à cheval ou en voiture. Le Légat met donc pied à terre, les cavaliers l'imitent. Il est entouré d'évêques et de consuls. Sa figure aimable et douce, qu'animent des yeux très vifs et très pénétrants, semble conquérir la sympathie du premier coup. Il se revêt des habits pontificaux. Le Patriarche latin, Mgr Louis Piavi, s'avance à sa rencontre, escorté de tout son clergé. Il lui fait baiser la croix, lui offre l'eau bénite et l'encens, et lui adresse, avec l'énergie de ton qui le caractérise, une chaude allocution dans laquelle il remercie le Pape d'avoir envoyé un Légat à l'Orient, et le félicite d'avoir été choisi pour remplir une si noble mission. Le Cardinal répond en quelques mots émus et embrasse affectueusement le patriarche. Un tonnerre d'applaudissements salue cette fraternelle étreinte qui unit l'Orient et l'Occident ; puis, les deux prélats se placent sous le dais, entourés du pacha de Jérusalem, grave et digne, de M. le comte Chandon de Briailles, gentilhomme pontifical, en grand uniforme de chevalier de Malte, de Mgr Doutreloux, évêque de Liège, président permanent des Congrès eucharistiques, venu à la rencontre du Cardinal à Jaffa, de Mgr Péchenard, vicaire-général de Reims, de M. l'abbé Landrieux, secrétaire de son Eminence, et du Très Révérend Père Abbé mîtré de la trappe d'Igny ; et la marche triomphale commence. Jamais, depuis Godefroy de Bouillon, jamais peut-être, depuis le jour des Rameaux, les vieux murs crénelés de Jérusalem n'ont contemplé cortège aussi solennel. Il n'est pas une fenêtre, une porte, une terrasse, un balcon, qui ne soit envahi par des grappes humaines. La foule est telle que pour éviter les accidents, on est obligé de fermer la porte de Jaffa derrière le Cardinal, laissant tout un peuple de Jérosolimitains et de pèlerins hors la ville.

Détail curieux : quelques officiers de notre escadre, s'étant trouvés repoussés en dehors, ont pu obtenir le privilège de sauter par la petite fenêtre de l'antique porte afin de pouvoir rejoindre le cortège.

Sur tout le parcours, la population paraît sympathique, et cependant il y a des gens de toute race et de toutes religions qui regardent avec une intense curiosité passer ce défilé d'Europe, plein d'enthousiasme et exécutant des chants d'église avec le plus vif entrain ; mais la bienveillance du Cardinal, la douceur de son sourire, son exquise politesse française, le tact de ses paroles ont fait le plus heureux effet sur ce peuple impressionnable. Tous répondent à son salut en portant la main au front et sur le cœur ; puis instantanément leurs visages s'épanouissent, et on voit que le Cardinal a fait leur conquête sans coup férir. Son Eminence vient vraiment en père, en ami, ayant compris à merveille la mission d'apaisement et d'union que caractérisait Léon XIII, lorsqu'il s'écriait : « *Oh ! combien me sont chères les églises d'Orient ! Combien nous admirons leurs antiques gloires ! Combien nous serions joyeux de les voir resplendir de leur premier éclat !* »

Et le Cardinal la résuma, cette grande pensée, en un adieu touchant au Souverain Pontife, le jour de son départ de Rome : « *Je serai le Légat de votre cœur, pour leur faire connaître votre amour !* »

Enfin nous parvenons au Saint-Sépulcre malgré l'encombrement.

Le Légat prend place sur le trône, et la cérémonie s'achève par le chant du *Te Deum* et par la prière pour le Souverain Pontife.

Grande journée pour l'Eglise et la France ! Triomphe moral qui prélude à d'autres triomphes !

La joie est indescriptible dans tout le pèlerinage. Nos yeux émerveillés ont été saisis à la vue de tant de magnificences inespérées sur une terre étrangère et chez un peuple infidèle.

Dimanche 14 mars. — Ce matin, à l'église Saint-Sauveur, ouverture solennelle du Congrès.

Cette église, qui appartient aux Franciscains, sert de paroisse aux catholiques de Jérusalem. L'intérieur est orné de marbres précieux et de magnifiques peintures.

La messe pontificale est chantée par Mgr l'évêque de Liège ; le Cardinal assiste au trône et tous les évêques, patriarches orientaux, abbés mitrés, etc... remplissent le chœur.

On estime le nombre des membres du Congrès à douze cents personnes, venues de toutes les parties du monde. L'élément laïque y est aussi fort bien représenté. M. de Pélerin, l'infatigable organisateur, M. le baron de Livois, M. le comte de Piellat, M. Thibaut, l'avocat du Canada et tant d'autres qui apportent au Congrès le précieux concours de leur nom et de leur pieuse activité.

A l'issue de la messe, Mgr l'évêque de Liège, directeur général du Congrès eucharistique, déclare le Congrès ouvert, et aussitôt le Cardinal, placé au milieu du chœur, sur une grande chaire dorée que couvre presque entièrement la pourpre cardinalice, se lève, promène son regard profond sur toute l'assemblée et fait entendre sa voix éloquente. Je ne puis reproduire ce remar-

JÉRUSALEM. — ÉGLISE DU SAINT-SAUVEUR
Une séance du Congrès eucharistique.

quable discours, ce serait trop long, mais il fut extrêmement applaudi. La joie rayonnait sur les visages bronzés des évêques d'Orient qui entendaient faire l'éloge de leurs antiques églises, des gloires de ce berceau de la sainte Église de Dieu, des docteurs, des théologiens qui l'ont illustrée.

Au Cardinal succède le Patriarche de Jérusalem, Sa Béatitude Mgr Louis Piavi, qui, d'une voix vibrante et énergique, rappelle que ce Congrès est avant tout une œuvre catholique, une œuvre d'union malgré la diversité des sentiments, des usages, des caractères.

« La cité sainte où nous sommes réunis, a-t-il dit,
« résume en elle l'histoire non seulement du christia-
« nisme, mais de l'humanité tout entière ; elle est
« aujourd'hui le théâtre d'un évènement qui fera
« époque dans l'histoire de l'Église, et qui s'annonce
« comme le prélude d'autres évènements non moins
« heureux, non moins glorieux. »

Vient ensuite le discours de Sa Béatitude Mgr Grégoire, Patriarche grec de Jérusalem, d'Antioche et de tout l'Orient, qui montre la foi profonde des Églises orientales en la sainte Eucharistie.

Tous ces discours, fortement pensés et énergiquement rendus, frappent très vivement les auditeurs ; mais entre tous, celui du Cardinal-Légat, qui apporte à l'Orient, au nom de Jésus-Christ et de son Vicaire, des paroles de paix et de charité, et qui convie toutes les âmes chrétiennes à se réunir aux pieds de leur commun Maître et Sauveur présent dans l'Eucharistie, produit l'impression la plus profonde et la plus délicieuse. Aussi, dès la première séance, la satisfaction est unanime et l'enthousiasme universel.

Lundi soir. — Nous avons eu, cette après-midi, de très belles conférences sur les liturgies coptes et bulgares, dans tous leurs rapports avec la sainte Eucharistie.

Cette belle assemblée présidée par le Cardinal est très imposante. Il y a là toute une série de vénérables figures de patriarches à longue barbe blanche, venus des confins de l'Orient. Les uns ont la tête couverte de la toque noire, semblable à celle de nos juges, mais plus haute encore ; d'autres ont un voile en soie noire ou violette qui retombe d'une manière antique sur leurs épaules. Parmi eux, je remarque Mgr Géraïgiry, l'évêque si zélé de Panéas, et Mgr Bahmani, archevêque de Bagdad, à la physionomie à la fois douce et ardente, aux yeux noirs très profonds. Il porte sur la tête un capuchon de soie noire ; au milieu du front une petite croix d'or brille et lance des feux. Il est venu au Congrès à cheval, à petites journées par le désert, et il lui en a fallu trente-trois pour faire le trajet de Bagdad à Jérusalem.

Mgr Cardi, archevêque du Hauran, paraît jeune parmi les vétérans de l'épiscopat, il n'a que trente-trois ans.

Le premier rapporteur est Mgr Paul Géraïgiry, évêque grec-uni de Panéas (Césarée de Philippe), connu en France où il est venu ces dernières années. Le prélat commence par faire, dans notre langue avec laquelle il est familiarisé, une touchante déclaration de ses sentiments de soumission et d'attachement filial au Saint-Siège. Puis, s'inspirant de ce texte du Roi-Prophète : *Laudate Dominum, omnes gentes*, il s'écrie d'une voix vibrante d'émotion : « Il était réservé à l'ère « évangélique de réaliser pleinement ce vœu du « chantre royal. Le concert de liturgies diverses, trans-« mises comme un héritage d'amour envers l'auguste « sacrement de nos autels, n'a jamais été aussi complet « que depuis que la Ville Sainte en a été le théâtre. »

Puis on entend la lecture de divers rapports faits par Mgr Randeleft, archevêque syrien de Tripoli, et Mgr Macain, pro-vicaire apostolique des Coptes, dont la résidence est au Caire.

Après la séance du Congrès, on organise une procession du Très Saint Sacrement dans les cours immenses du couvent des Pères Franciscains de Saint-Sauveur, qui sont richement pavoisées, et dans lesquelles ont été dressés de somptueux reposoirs. Mgr l'évêque de Liège porte l'ostensoir à travers les cloîtres du monastère, sous un dais en drap d'or. Une centaine de prêtres, revêtus d'ornements sacerdotaux dont quelques-uns remontent au temps des croisades, précèdent l'Hostie Sainte ; il y a plus de dix mille adorateurs pour escorter le Dieu de l'Eucharistie. Les chœurs latins alternent avec les chœurs arabes, et produisent un effet saisissant.

Une surprise attendait les pèlerins congressistes à la sortie ; l'extérieur de l'église Saint-Sauveur, la façade principale, le clocher, la flèche gothique étaient illuminés et dessinaient leurs lignes de feu au milieu de la nuit.

C'était comme un chant de reconnaissance, un hommage à Notre Seigneur, offert en ce premier beau jour du Congrès de Jérusalem ; hommage muet mais éloquent, qui allait se prolonger, sous cette forme et dans ce langage, jusqu'au matin.

# CHAPITRE XI

## LA MESSE DU RIT GREC A SAINTE-ANNE. — LA MOSQUÉE D'OMAR

L'ÉGLISE SAINTE-ANNE. — LES ORNEMENTS ÉPISCOPAUX DU RIT GREC. — LES PRÉPARATIFS. — LA MESSE DANS LA CRYPTE. — SOUVENIRS BIBLIQUES : SAINT JOACHIM ET SAINTE ANNE, LE PARALYTIQUE DE LA PISCINE PROBATIQUE. — LA MOSQUÉE D'OMAR. — LE ROCHER EL-SAHRAH. — LE PUITS DES AMES. — LA MOSQUÉE EL-AKSA. — LA CHAPELLE DE LA FLAGELLATION. — ASSEMBLÉE GÉNÉRALE DES CONGRESSISTES.

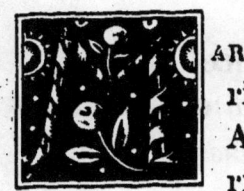ARDI 16 MAI. — Le rendez-vous des pèlerins est, ce matin, à l'église Sainte-Anne, où doit se célébrer la messe du rit grec. Ce sanctuaire a été donné en 1856 à la France par le Sultan, en reconnaissance du sang versé à Sébastopol. Le drapeau français flotte sur le haut du clocher et cette vue fait tressaillir nos cœurs. Il est si doux de retrouver la patrie sur le sol étranger ! L'église Sainte-Anne est devenue notre basilique nationale à Jérusalem.

En 1878, le cardinal Lavigerie établit dans ce bel établissement un séminaire destiné à la formation d'un clergé oriental ; il en confia la direction aux missionnaires d'Afrique, les Pères Blancs, dont les efforts tendent à ramener à l'unité les schismatiques de Russie et d'Orient, et à réformer les Grecs-unis.

Comme chaque jour du Congrès nous devons avoir un office dans un des rites orthodoxes, il était tout naturel que celui du rite Grec-Melchite fût célébré dans l'église Sainte-Anne, qui appartient à ce culte.

A la porte d'entrée, notre si sympathique Consul général de France vient souhaiter la bienvenue au Cardinal-Légat, lui parlant très heureusement du rôle de la France en Orient. Son Eminence a affirmé avec éloquence et effusion de cœur le *Gesta Dei per Francos*.

L'excellente musique des Pères Blancs jouait, pendant cette solennelle réception, les plus beaux morceaux de son répertoire.

Nous entrons, tout émus, dans cette vieille basilique ogivale, bâtie au XI° siècle par les croisés, et restaurée admirablement il y a quelques années.

La décoration, faite pour la circonstance, est magnifique. Au fond de l'abside, on lit l'inscription suivante : « *Ah ! combien me sont chères les églises d'Orient,* » *Léon XIII.*

A la hauteur des corniches, deux écussons portent, en français et en grec, ces deux mots : « *Un troupeau, un pasteur.* »

Je me place au premier rang, pour ne rien perdre de cette liturgie si nouvelle pour moi.

C'est Mgr Grégoire I^er, patriarche des Grecs-unis, qui officie, accompagné au même autel de quatre autres prélats grecs, Mgr Zoulhof, archevêque de Tyr, Mgr Hadjar, évêque de Saïda, Mgr Géraïgiry, évêque de Panéas et Mgr Cardi, le jeune archevêque de Hauran.

Le Patriarche et les Évêques se revêtent de l'aube, de l'étole, de la ceinture, des manipules, car ils ont le manipule à chaque bras. Cet ornement n'a pas la même forme que dans le rite latin. Puis ils prennent *l'hypognation*, qui est un carton en forme de losange entouré de broderies, avec une croix au milieu. Ils le suspendent à la ceinture par un ruban d'où il tombe du côté droit jusqu'au genou, c'est l'emblème du glaive dont est ceint le céleste Epoux.

Le Souverain Pontife, quand il célèbre solennellement, porte au côté gauche, attaché à la ceinture, le même ornement.

Le célébrant se revêt ensuite de la chasuble épiscopale appelée *saccon* ; c'est une sorte de tunique étroite avec des demi-manches qui rappellent le sac dont Notre Seigneur a été revêtu pendant sa Passion. Ce *saccon* porte, en guise de franges, de petites clochettes métalliques qui font entendre à chaque pas un bruissement argentin. L'origine de ces clochettes est d'une époque très reculée, car l'Ecriture Sainte mentionne les clochettes suspendues à la robe sacerdotale du grand prêtre Aaron et des pontifes de l'ancienne Loi.

Les prélats se rendent alors à la « *prothèse* » pour y préparer la matière du sacrifice. Le Patriarche prend de sa main gauche le pain levé dans lequel est dessinée l'hostie ; de sa droite, il la découpe avec la sainte *lance*, sorte de couteau dont le manche se termine par une croix, puis il pose l'hostie sur la patène, de manière que la croûte du pain soit en dessous. Ceci rappelle l'agneau pascal, tué, rôti et placé sur le dos au milieu de la table de la Pâque ; aussi, encensant l'hostie, l'officiant dit : « *Est encensé l'Agneau de Dieu, lui qui ôte les péchés du monde...* »

Le diacre, de son côté, verse du vin et de l'eau dans le calice, demandant au patriarche de les bénir, ce qu'il fait. Ensuite le célébrant encense l'*astérisque*. Ce mot veut dire : petite étoile. Ce sont deux tiges d'or ou d'argent doré, croisées à angle droit et recourbées à l'extrémité, de manière que le centre soit relevé. L'*astérisque* se pose sur la patène, afin que le voile qui la recouvrira ne touche pas la sainte hostie ni les parcelles rangées autour d'elle.

Après plusieurs autres encensements, les prélats quittent la *prothèse*, qui figure la crèche, se rendent à l'autel et la messe commence.

On fait immédiatement la prière appelée la grande collecte : puis vient le chant des Antiennes, l'*Antiphonon*, chant étrange, tout en notes élevées, sur un air toujours uniforme, avec une sorte de trémolo fréquent qui n'a pas de sons humains. Les évêques font ensuite trois génuflexions et vont en procession chercher le livre des Evangiles. Le diacre, qui l'a reçu des mains du patriarche, l'élève avec solennité en s'écriant : *Sofia, orthi. La sagesse, debout !* comme pour faire entendre à tous que le Fils de Dieu, la Sagesse divine, nous parle dans ce livre, et qu'il nous faut non seulement nous tenir debout pour l'entendre mais nous régler en tout sur ses enseignements, afin d'être des hommes droits. Revenant vers l'autel, il y pose le Saint Livre tandis que le chœur commence le chant sublime du *Trisagion*.

Alors le patriarche donne la triple bénédiction sur l'assistance, tenant d'une main le *Tricerium*, cierge à trois branches, représentant les trois personnes de la sainte Trinité, et de l'autre, le *Dicerium*, cierge à deux branches, symbolisant les deux natures de Notre Seigneur. Il les croise par trois fois sur sa poitrine, de manière que la main droite se porte du côté gauche et la main gauche du côté droit.

Le croisement de ces feux sur la poitrine du patriarche, la vue étincelante de ces symboliques lumières, la beauté et la richesse des vêtements sacerdotaux de couleurs douces et tendres, ornés de pierreries qui miroitent et qui brillent, font sur nous une très profonde impression. Le sentiment religieux se dégage de ce cérémonial oriental si imposant, j'en observe les moindres détails avec un vif intérêt.

Vient ensuite la lecture de l'Epître, suivie de celle de l'Evangile, qui se fait avec une grande solennité. C'est l'officiant, cette fois, qui se tourne vers le peuple et répète ces mots : « La Sagesse. Debout, Ecoutons le Saint Evangile, paix à tous. » Et de nouveau les chants recommencent. La messe grecque est un continuel dialogue entre le peuple et les prêtres, c'est un colloque spirituel où les uns et les autres s'excitent à la prière, et qui est extrêmement touchant.

Le patriarche, suivi des évêques, va à la *prothèse* chercher les dons. Il place sur l'épaule gauche du diacre le grand voile qui les recouvre et lui pose la patène sur la tête, tandis que le diacre la soutient d'une main !... Pour lui, il réserve le calice et vient processionnellement le déposer sur l'autel ; puis il prend la patène de dessus la tête du diacre et la pose sur l'autel en la recouvrant du voile. Toutes ces cérémonies symboliques ont trait à l'ensevelissement du Christ. On ferme ensuite les portes de l'autel — ce qui rappelle les sceaux placés par les Juifs pour qu'on n'enlevât pas le corps du Seigneur — et l'on fait des encensements en souvenir des parfums qu'apportèrent les saintes femmes, le jour du Samedi Saint.

Les évêques font trois génuflexions et baisent par trois fois le voile qui recouvre les dons précieux et, quand le symbole est chanté, un diacre monte à l'autel, prend en main une sorte d'éventail, le passe avec respect au-dessus des Saintes Espèces, tandis que le patriarche enlève le voile qui les recouvre et commence à chanter la Préface, qui s'achève tout bas ainsi que le Canon. Mais, au contraire, pour les paroles de la Consécration, semblables à celles des Latins, il élève la voix et les prononce très distinctement. Puis il continue à prier en silence. Les préludes de la Communion sont très longs. Il semble que le respect retienne les prêtres, qu'ils aient besoin d'appeler à leur secours les saints du Ciel et surtout la Vierge Marie, Mère de Dieu. Ils appliquent l'oblation sainte à toutes les nécessités de l'Église, aux vivants comme aux morts : sans cesse ils y reviennent comme s'ils craignaient d'oublier un seul être qui ne pût profiter du sang divin...

Mais le sacrifice s'achève ; les évêques font l'élévation de l'Hostie Sainte, puis ils la rompent en plusieurs parties sur la patène et en mettent une parcelle seulement dans le calice.

Après la fraction du pain, il y a une cérémonie qui appartient exclusivement à la liturgie grecque. Elle consiste à verser un peu d'eau chaude dans le calice. C'est un symbolisme mystique qui figure l'Esprit-Saint, et qui a son fondement dans l'Ecriture.

Les diacres s'approchent, le patriarche dépose une parcelle du pain consacré dans le creux de leur main, et ils vont se ranger derrière l'autel où ils récitent les prières préparatoires en même temps que les pontifes. Puis, quand l'heure de la communion est arrivée, ils se communient tous eux-mêmes. Ensuite ils reviennent devant l'autel, et le calice leur est donné comme Jésus-Christ le fit à ses apôtres le jour de la Cène.

Lorsqu'il y a des fidèles à communier, on fait tomber dans le calice les parcelles restées sur la patène et, au moyen d'une cuiller à long manche, on donne aux fidèles le pain consacré, trempé dans le précieux sang.

La messe finit très vite, après la communion. Il y a encore quelques chants, puis les cinq pontifes se tournent vers l'assistance, et, debout, majestueux, vénérables, ils donnent la bénédiction solennelle. Après quoi ils rentrent à la sacristie en récitant le *Nunc dimittis*.

Durant cette magnifique cérémonie, qui a duré deux heures, le patriarche du rit grec a ordonné deux diacres ; aussitôt après leur ordination, on les a conduits au trône du Légat qui les a bénits en plaçant sa main sur leurs têtes.

La tendance à l'union entre les deux Eglises est touchante, et le premier résultat du Congrès a été de prouver que, malgré les différences de rit et de discipline, la concordance du dogme s'est manifestée, et qu'il ne peut y avoir désunion quand le même sacrement d'amour les unit toutes les deux dans une seule croyance.

La glace qui existait entre l'Orient et l'Occident chrétien, vient de se rompre ; la fraternité sera désormais complète.

Après cette intéressante cérémonie, nous descendons dans la crypte vénérable qui fut autrefois l'habitation de Joachim et d'Anne. C'est là, dans la petite excavation méridionale, changée en chapelle, que s'accomplirent le mystère de l'Immaculée Conception et celui de la Nativité de Marie.

Une petite lampe brûle constamment devant l'autel qui marque la place où naquit l'Angélique Vierge. On est heureux de prier dans cette grotte qui entendit ses gazouillements d'enfant, et qui semble en répercuter l'écho malgré dix-huit siècles de silence. Nous baisons avec piété ce rocher, témoin de tant de merveilles, et allons visiter ensuite la piscine probatique qu'on appelle en hébreu *Béthseda* et que les Pères Blancs ont mise à découvert. Nous y descendons par un petit escalier assez obscur ; un rayon de soleil, qui s'infiltre à travers une fissure de la voûte, vient égayer d'une éclaircie la nappe d'eau sombre endormie, et nous faire mieux voir l'antique piscine, enfouie depuis des siècles. C'est sous ces arcades écroulées, dont il reste encore des débris, que gémissait autrefois une pitoyable collection d'infirmes, attendant que l'ange vînt agiter les eaux. Notre Seigneur y guérit le pauvre paralytique qui n'avait trouvé aucune main charitable pour le jeter dans les flots bouillonnants ; ce qui fit murmurer les Juifs, car c'était un jour de sabbat. Jésus fit tout un discours pour les confondre et affirmer sa divinité, leur prouvant qu'il ne peut y avoir d'ordonnance contre le bien. La sainteté et la bonté sont de tous les jours et de toutes les heures : il n'y a pas de sabbat pour elles, car elles priment tout.

Les Pères Blancs offrent gracieusement une tasse de café à tous les pèlerins. Cette attention leur permettra de suivre le Frère Liévin à la Mosquée d'Omar, et d'attendre, sans trop d'impatience, l'heure du dîner.

Nous n'avons qu'à franchir la rue en face de la maison de sainte Anne, pour être sur le mont Moriah où se trouve la fameuse Mosquée, bâtie sur l'emplacement du Temple de Salomon.

Toutes les issues sont soigneusement gardées par des sentinelles turques ; mais, grâce aux cavas du consul de France qui nous accompagnent, l'accès en est ouvert au pèlerinage.

Une esplanade immense et déserte se montre à nos yeux, c'est le *Haram-ech-Chérif* (l'enceinte sacrée).

Au milieu, et très loin de nous qui arrivons par un angle de cette place gigantesque, trône la merveilleuse mosquée de faïence aux reflets bleuâtres, entourée de ses mirhabs, de ses portiques de marbre blanc épars autour d'elle.

Quelle solitude grandiose et farouche les Arabes ont

su maintenir autour de leur splendide édifice !... pas un être humain n'apparaît dans cette enceinte, qui est comme le cœur de la Jérusalem antique. Le bruit seul de nos pas sur les dalles en trouble le majestueux silence.

Nous voulons entrer à la suite du Frère Liévin dans la mosquée mystérieuse, mais halte-là !... des cerbères musulmans nous arrêtent au passage et nous obligent à déposer nos chaussures sur le parvis sacré. Cette formalité remplie, nous pénétrons enfin.

Aux premiers instants, on ne perçoit que confusément une vague splendeur féerique, mais, peu à peu, s'habituant à la pénombre, l'œil découvre des richesses et des beautés qu'il ne pouvait soupçonner !... Le pavé est un miroir, l'or brille sur les mosaïques des frises ; des arabesques élégantes courent le long des chapiteaux des colonnes, les murailles sont ruisselantes de marbres polis ; des fleurs et des fruits s'enlacent autour de la grande coupole par des enroulements étranges et capricieux. Chose curieuse, le raisin y tient la première place et des tiges de blé pendent à des rinceaux fantastiques. Un jour doux et tamisé tombe de ces vitraux, célèbres dans tout l'Orient. On dirait que la lumière passe à travers des pierres précieuses montées à jour. Cette douceur, cette suavité de tons est obtenue par une combinaison savante de verres coloriés, sans que l'art du pinceau y entre pour rien, ce sont des fragments de vitres découpés dans des verres unicolores ; le soleil se joue au milieu de tout cela, et l'effet est plus saisissant que celui de nos verrières les plus habilement travaillées.

Au milieu de la Mosquée, sous la coupole centrale, est le rocher appelé *El-Sahrah*, qui passe pour avoir été le lieu même où Abraham avait placé le bûcher d'Isaac. Une grille de bois, artistement travaillée, puis une seconde en fer, finement ouvragée, entourent et préservent du contact des mains profanes cette célèbre roche. La voilà, surgissant de la montagne même, témoin grandiose des œuvres du Très-Haut. Tout un passé gigantesque s'évoque devant ce roc noirci qui s'abrite, depuis déjà treize siècles, sous ces murailles merveilleuses bâties pour lui seul.

N'est-ce point là en effet que fut le centre du Saint des Saints, et qu'a reposé l'Arche d'alliance pendant quatre cents ans ?...

Aussi se sent-on involontairement saisi de respect, quoique, en général, les sanctuaires musulmans ne causent jamais la même émotion que les sanctuaires chrétiens ; mais, outre les souvenirs de l'ancienne Loi que renferme cette mosquée, l'ensemble en est si harmonieux, le style si pur et si beau que sa vue élève l'âme et commande l'admiration.

C'est vraiment un des plus riches spécimens de l'art oriental. Sous le grand rocher noir, on descend, par des marches de marbre, dans une sorte de grotte obscure, infiniment sainte pour les musulmans. La voûte, très basse, est polie par le frottement des mains ou des têtes humaines. C'est le « puits des âmes », où, selon la légende musulmane, les âmes des croyants se réunissent chaque semaine pour adorer Dieu.

On y voit aussi le lieu de prière de Salomon et de David.

On conserve, comme reliques, deux poils de la barbe de Mahomet et une empreinte supposée d'un de ses pieds, puis les selles en marbre blanc d'*El-Borak*, la blanche jument qui faisait le service de la terre au ciel, avec Mahomet sur son dos, quand des affaires pressantes nécessitaient sa présence au Conseil d'Allah.

La fiction musulmane ne respecte rien ici, et accouple sottement de ridicules légendes avec les plus vénérables souvenirs.

Tout au fond de l'immense place, s'ouvre, parmi de vieux cyprès, une autre mosquée millénaire qui mérite d'être visitée. Elle se nomme *El-Aksa* (la mosquée éloignée). C'est l'ancienne église de la Présentation, bâtie par Justinien, au lieu où la très pure Vierge Marie vécut de treize à quatorze ans. Les dépendances ont servi de palais aux rois, successeurs de Godefroy de Bouillon, et de couvent aux Chevaliers du Temple.

Leur salle d'armes occupait une partie de la basilique, et le vaste souterrain, qui porte le nom d'Ecuries de Salomon, abritait leurs chevaux, qui succédaient sans doute à ceux du grand roi.

Pour y arriver, nous traversons le grand espace morne et désert de l'*Haram-ech-Chérif*, marchant sur l'herbe triste et sur les larges pierres blanches, au beau soleil de cette matinée de printemps ; par places, les dalles sont absentes, alors les pâquerettes, les coquelicots, les boutons d'or, poussent librement comme dans une prairie.

Nous voyons, au passage, la gracieuse fontaine qui reçoit l'eau de la « *source scellée* », la belle chaire en marbre sculpté, le *Mimbar*, où les cheiks, chaque vendredi du Ramadan, font la prédication ; l'édicule, aux formes si élégantes, avec ses frêles colonnettes, qu'ils appellent la « *coupole de la chaîne* », parce qu'un menteur qui oserait passer sous la chaîne suspendue à l'intérieur, serait immédiatement puni de sa malice : un anneau s'en détacherait et lui tomberait sur la tête...... il faut avoir la conscience nette pour passer là-dessous.

Nous voici devant la mosquée d'*El-Aksa*. Elle est précédée d'un portique du XIIIᵉ siècle, surmonté d'une coupole fort gracieuse.

L'intérieur présente les dispositions de la basilique chrétienne. Elle est composée de sept nefs, soutenues par des colonnes de marbres variés. La richesse du pavement, l'ampleur du vaisseau, les fines mosaïques de la coupole, la rendent déjà très intéressante, mais ce qui augmente cet intérêt, ce sont les souvenirs qu'elle rappelle. Vers l'extrémité de la grande nef, on place le lieu de l'habitation de la sainte Vierge chez la prophétesse Anne, quand elle se consacra au service du Temple ; c'est là aussi qu'elle offrit plus tard son divin enfant, selon la loi de Moïse. La tradition rapporte que le vieillard Siméon avait son habitation dans les dépendances d'*El-Aksa*. Plus loin, on nous montre un fragment de rocher portant l'empreinte du pied droit de Notre Seigneur, pris au Mont des Oliviers. L'empreinte du pied gauche est conservée dans la mosquée octogone de l'Ascension. Je remarque un *Mirhab* — lieu de prière — très beau, orné de colonnes et peint en mosaïque, puis, un *Mimbar* — chaire à prêcher — délicatement sculpté à Alep. Voilà les fameuses colonnes de l'Epreuve.

Elles sont tellement rapprochées l'une de l'autre, qu'un homme de grosseur ordinaire pourrait à peine passer entre elles. Eh bien, d'après les croyances musulmanes, heureux celui qui peut s'y faufiler ! car, après sa mort, il va tout droit au paradis, mais le malheureux trop obèse, où ira-t-il ?... Il a pourtant l'espoir que l'affluence des pèlerins qui viennent des quatre coins du monde essayer leur aptitude au bonheur éternel, élargissant de jour en jour l'ouverture, lui facilitera l'accès de l'éternelle félicité. On a vu de ces fidèles croyants vouloir tenter le passage malgré leur rotondité, s'acharner à l'épreuve et mourir sous l'effort, plutôt que de se déclarer vaincus.

En un point où l'esplanade domine à pic des ravins qu'on ne soupçonnait pas, il y a d'étroites fenêtres de siège, percées dans le mur d'enceinte. Je regarde par une de ces meurtrières. Oh ! sur quel sombre abîme elle donne !... Un abîme très spécial, mais que je reconnais cependant : la vallée de Josaphat !

Je la contemple sous mes pieds, avec un frisson... Tout en bas, dans ses derniers replis, le lit du Cédron desséché... Sur le versant d'en face, ces ruines, d'un aspect et d'une tristesse uniques au monde, et qui s'appellent les tombeaux d'Absalon et de Josaphat. Puis, dans un silence aussi morne que celui d'ici, dans une solitude qui continue celle de la sainte esplanade, tout le déploiement de la vallée des morts.

Nous sortons du *Haram-ech-Chérif*, du côté de la tour Antonia, la vieille forteresse qui reste encore debout près du palais de Pilate, passons sous l'arcade de l'*Ecce Homo*, marchant avec recueillement sur les pavés durs et irréguliers de la Voie douloureuse.

*Hic flagellatus est...* dit une plaque de marbre blanc, incrustée au-dessus d'une porte. C'est la chapelle de la flagellation du Christ. Nous y entrons et baisons sous l'autel la place où Notre divin Sauveur souffrit cet humiliant supplice pour expier nos péchés. Nous rentrons à Notre-Dame de France, par les rues étroites, assombries, voûtées, glissantes de cette voie où le Maître a passé en portant sa croix, et qui semblent garder l'empreinte du grand drame qui s'y est déroulé.

Mardi soir. — Le vaste sanctuaire de Sainte-Anne qui avait réuni le matin le plus grand nombre des pèlerins congressistes pour la messe du rit grec, les réunissait encore l'après midi, pour l'assemblée générale.

La séance s'ouvrit à 3 heures, présidée par Son Eminence le Cardinal-Légat, ayant à sa droite Sa Béatitude le Patriarche grec-uni et, à sa gauche, Mgr l'évêque de Liège. Un très grand nombre d'évêques, appartenant à divers rites, avaient pris place autour de l'éminentissime président.

On entendit divers rapports fort remarquables. Le plus goûté est celui de Mgr Ephrem Rhamani, archevêque de Bagdad, dont la parole chaude et entraînante nous subjugue tous. Certes, la vieille sève orientale bondit en son cœur d'apôtre, dans son éloquence primesautière, pleine d'un charme singulier, lorsqu'il compare la liturgie syrienne d'Antioche aux autres liturgies orientales. Il dit, avec une noble fierté, que c'est dans sa langue que Notre Seigneur, du haut de la croix, laissa échapper cette plainte divine : *Eloï, Eloï, lamma sabbactani !*... Son discours est entrecoupé d'applaudissements enthousiastes. Son geste ardent, son langage imagé, cet accent étranger qui souligne ses paroles, cette étoile d'or qui, comme l'étoile des Mages, scintille sur sa coiffure en soie noire, tout cela incarne en lui la race et la vie de cet antique Orient, qui semble prendre aujourd'hui un rajeunissement nouveau au contact de l'Occident.

Il a un mouvement de superbe éloquence lorsque, parlant de son amour pour l'Église romaine, de son attachement invincible pour le Pape, il désigne du geste et par leurs noms la plupart des prélats présents et s'écrie : « Tous, nous avons été élevés à l'ombre du Vatican ! »

Un tonnerre d'applaudissements salue ces vibrantes paroles. Le Cardinal-Légat laissait un libre cours à son émotion, et il a dû attendre d'être remis un peu pour dire à l'orateur : « Merci, vénérable frère, merci de nous
« avoir dit, avec votre cœur d'apôtre, la gloire de votre
« antique Orient et l'amour dont il brûle pour la sainte
« Eucharistie ! »

Quelqu'un pleurait aussi à chaudes larmes pendant ce triomphe oratoire : c'était la vieille mère de Mgr de Bagdad, qui l'a accompagné au congrès. La pauvre femme ne parle et ne comprend que l'arabe, mais elle comprenait très bien ce que signifiaient les applaudissements dont on couvrait la parole de son fils...

Cette précieuse soirée eut son complément par la procession du Saint-Sacrement qui se déroula majestueusement dans les cours et les jardins de Sainte-Anne. Elle se fit selon le rit grec. Le Patriarche Grégoire I$^{er}$, assisté de ses suffragants, a porté la sainte

Eucharistie sous les deux espèces, c'est-à-dire que l'hostie était du pain fermenté, trempé dans le précieux sang et placé dans la custode d'un ostensoir ordinaire. Cet ostensoir était couvert d'un voile transparent. Le Cardinal-Légat suivait Notre Seigneur derrière le dais; puis, une foule mêlée d'Orientaux et d'Occidentaux fusionnant ensemble. Voilà un spectacle sans pareil qui ne s'était jamais vu à Jérusalem, avec tant d'éclat et un caractère aussi cosmopolite et aussi universel.

# CHAPITRE XII

## LE CONGRÈS EUCHARISTIQUE

LA MESSE DU RIT SYRIAQUE A SAINT-ÉTIENNE. — TROISIÈME ASSEMBLÉE GÉNÉRALE A NOTRE-DAME-DE-FRANCE. — VISITE AU CONSULAT DE FRANCE. — LA MESSE DU RIT ARMÉNIEN. — QUATRIÈME ASSEMBLÉE GÉNÉRALE. — UNE PROCESSION DU SAINT-SACREMENT. — LA VIE A NOTRE-DAME-DE-FRANCE. — LA MESSE DU RIT SLAVE A L'ECCE HOMO. — CHEZ LES RELIGIEUSES DE NOTRE-DAME DE SION.

ERCREDI 17 MAI. — La messe du rit oriental doit être célébrée ce matin en syriaque, par le sympathique archevêque de Bagdad, à Saint-Etienne.

C'est le nom de la vaste propriété que les Pères Dominicains ont acquise à Jérusalem, au lieu même où le diacre saint Etienne fut lapidé. Pour s'y rendre, on suit les remparts crénelés de la Ville Sainte jusqu'à la porte de Damas.

C'est la plus farouche et la plus exquise des portes sarrasines ; elle découpe son ogive dans la grande muraille morne ; elle est flanquée de deux sombres tours ; elle est toute couronnée et hérissée de pointes de pierres aiguës comme des fers de lance, haute et mystérieuse. En avant, des tentes bédouines se groupent, noirâtres, très basses à ses pieds. Et derrière, un coin de l'antique Jérusalem apparaît, se terminant par le désert de pierres, qui est la campagne palestinienne. L'aspect général est triste, abandonné et mort. Quand je passe là, je ne puis résister au désir de m'arrêter, pour contempler, admirer, méditer.

Laissant la route qui conduit à Gethsémani, je tourne à gauche et j'arrive en quelques minutes au couvent de Saint-Etienne.

Les bons Pères Dominicains nous reçoivent avec cette sérénité détachée, cette exquise urbanité qui leur est particulière.

Dans leur jardin, ils ont fait des fouilles profondes et découvert de précieuses ruines. Ce sont celles de l'église que l'Impératrice Eudoxie fit construire sur l'emplacement où le saint Diacre fut martyrisé. En creusant à cet endroit, on a retrouvé les restes de l'ancienne basilique, son beau pavé de mosaïque encore intact et les socles de ses colonnes, toutes brisées à un pied du sol. Ces débris glorieux nous apparaissent au milieu de récents déblais, mêlés encore à cette terre qui, pendant des siècles, les a gardés religieusement.

Tandis que nous examinons ces intéressantes ruines, un étrange bruissement de grelots se fait entendre : c'est Mgr Rhamani, le Roi-Mage, comme nous l'appelons, revêtu des ornements épiscopaux, qui, entouré de son clergé, porte le Saint-Sacrement, sous la tente dressée dans le jardin où va se dire la messe. Le bruit singulier qui nous étonne, vient des *flabelles* que l'ancien usage a conservées, et qu'on agite incessamment devant les saintes Espèces en signe de respect.

Le Cardinal-Légat assiste à la cérémonie sur le trône qui lui a été dressé en face de l'autel. Est également présent le personnel de notre consulat.

Le rit syriaque remonte directement à la liturgie syro-chaldéenne, connue sous le nom de Liturgie de Saint Jacques.

La messe syriaque, malgré sa grande ressemblance avec la messe grecque, a quelques particularités qui lui sont propres. Une des plus remarquables est de commencer l'office sans revêtir les vêtements sacerdotaux ; l'oblation même se fait sans les ornements sacrés. Les lectures sont toutes laissées aux diacres, tandis que le prêtre se réserve toujours le chant du saint Évangile.

Au moment de la consécration, deux diacres, aux deux côtés de l'autel et dans la position de deux anges adorateurs, agitent chacun, au bout d'une longue hampe, une sorte de soleil d'argent dont les rayons se terminent par de petits grelots du même métal. Ce frétillement argentin, au sein du plus profond silence, a quelque chose de solennel.

Ces deux instruments sont encore les *flabelles* qui rappellent assez les *flabelli* de plumes d'autruches que les *Sediari* agitent quand le Saint Père est porté sur la *Sedia gestatoria*, aux grands jours de cérémonie au Vatican.

Mais, ce en quoi ce rit diffère le plus des autres, c'est la manière de faire la fraction de l'Hostie et de distribuer la sainte Communion. Ce pain doit être préparé le jour même, il est fermenté et, comme chez les Grecs, mélangé d'un peu de sel. La fraction de l'Hostie se fait avant le *Pater*. Le prêtre rompt la Sainte Hostie en plusieurs morceaux, met une des parties dans le calice, puis, touchant le Précieux Sang avec une autre fraction, il la passe sur les fragments déposés sur la patène, en récitant une prière assez longue.

Au lieu de se servir de la cuiller pour distribuer la sainte Eucharistie au peuple, le prêtre prend directement avec les doigts, dans le calice, les parcelles de pain consacré qui y ont été précédemment déposées et imbibées du Précieux Sang, et les donne ainsi à chaque communiant : l'usage de la cuiller est réservé aux clercs majeurs et aux moines.

Je note aussi, comme particularité de ce rit, le triple signe de croix que le célébrant fait sur le peuple lorsqu'il le bénit.

MERCREDI SOIR 17 MAI. — La séance du Congrès s'est tenue à Notre-Dame-de-France. La grande tente à cent portes, amenée de France pour réunir les congressistes et les pèlerins, n'a pu rester élevée, elle a craqué au moment où on croyait l'opération réussie. Le Père Bailly, en apprenant la nouvelle, s'est écrié avec le calme confiant qui ne le quitte jamais : Ça va mal, donc ça ira bien. Alors, la salle encore inachevée, où nous prenons nos repas, ouverte à tous les vents, n'ayant pour tapis que la terre humide, est devenue la salle du Congrès. On a enlevé les tables et les bancs et une large estrade a été dressée pour les dignitaires de l'assemblée. Des faisceaux de drapeaux, de bannières et d'oriflammes ont magnifiquement transformé le grand réfectoire comme d'un coup de baguette. A trois heures, la troisième assemblée fait son entrée dans cette majestueuse salle, aux applaudissements de tous les congressistes.

Le Consul est présent. Le Cardinal préside l'assemblée. Autour de lui, les trente évêques et les cinq ou six abbés mitrés.

Mgr Joseph Debs, archevêque maronite de Beyrouth, prend d'abord la parole. Ce vénéré prélat donne lecture d'un savant travail sur la perpétuité du dogme de la présence réelle dans les églises syriaques, en s'appuyant principalement sur les documents réunis par Assemani et conservés à la bibliothèque vaticane.

Après lui, Mgr Nicolas Cadi, archevêque grec Melchite de Bostra et de Hauran, traite le même sujet par rapport aux églises du rit grec. Il expose que l'Eglise grecque catholique, au milieu de l'entraînement universel, est restée fidèle à l'Eglise romaine, mère et maîtresse de toutes les autres, et que, au prix de tous les sacrifices, elle a gardé intact le dépôt de la foi.

Mgr Terzian, évêque arménien catholique d'Adana, lit ensuite une note sur la liturgie de l'Eglise arménienne.

Tous ces discours sont vivement applaudis.

Ce soir, Madame et Mademoiselle de Goncourt, Madame et Mademoiselle de Pérignon, Marguerite de Roquefeuil et moi, allons faire une visite à Madame Ledoulx, la gracieuse femme de notre Consul général de France.

Le consulat est situé au Nord-Ouest de la ville, en dehors des fortifications et à deux portées de fusil de Notre-Dame-de-France.

L'habitation consulaire est entourée d'un jardin spacieux qui nous rappelle ceux de la patrie. On nous fait traverser une vaste antichambre ornée de panoplies, d'armes étrangères excessivement curieuses ; puis, nous sommes introduites dans un vaste salon meublé à l'orientale, avec un goût exquis.

Madame Ledoulx reçoit d'une manière aimablement française. Près d'elle est sa fille aînée en qui déjà on retrouve la distinction et l'amabilité maternelles ; puis deux pèlerines de notre connaissance, Madame et Mademoiselle de Vanssay et le comte Chandon de Briailles, chevalier de Malte, qui accompagne Son Eminence le Cardinal-Légat, dans son voyage en Terre-Sainte.

A peine sommes-nous assises qu'un domestique apporte devant chaque personne une petite table incrustée de nacre, sur laquelle il dépose un verre de sirop de roses, usage très apprécié des visiteurs altérés par la chaleur du pays. Bientôt la conversation s'engage : elle devient si gaie, si pétillante d'esprit que c'est à se croire transporté dans un salon parisien du noble faubourg.

Quelques instants après, entre le Consul général, cordial et empressé. Il serre la main à tous, en exprimant sa joie de nous voir. Cette famille est une véritable providence, un rayon de soleil de la patrie pour chaque génération de pèlerins. Aussi est-elle aimée et considérée non seulement des Français, mais aussi des Orientaux et étrangers de toute nation.

La plus jeune des filles de Monsieur et Madame Ledoulx, Marie-Christine, a eu le bonheur de naître à Jérusalem, et d'être baptisée à Bethléem.

Elle accompagne ses parents à toutes nos cérémonies, et j'ai admiré sa tenue sérieuse et digne, étonnante pour une enfant de sept ans. On voit qu'elle comprend la haute position de son père, et que déjà elle en est fière, car notre Consul a droit, dans ces occasions-là, comme représentant de la France, à certains honneurs qui datent des anciens temps.

Le prêtre vient le recevoir à la porte de l'Eglise, on l'encense pendant l'office et on lui apporte l'Evangile à baiser. C'est très solennel.

Mercredi soir. — La procession du Très Saint Sacrement a lieu à Saint-Pierre, dans le vaste et bel enclos des Pères de Sion. Il est situé à deux kilomètres au nord de Jérusalem. C'est là que le Révérend Père Marie Ratisbonne a voulu recueillir principalement les orphelins israélites, pour y être formés aux arts et métiers. J'ai suivi la procession dans les splendides allées du jardin, le Révérend Père Bailly portait le Saint Sacrement, et la musique des élèves de l'établissement rehaussait la pompe de cette grande manifestation de foi et d'amour.

Il était presque nuit quand nous avons quitté Saint-Pierre, déjà tout illuminé de mille feux. De cette belle journée, je garderai douce souvenance.

**Jeudi 18 mai.** — Les évêques arméniens ont officié à 4 heures et demie dans l'église du Spasme, qui appartient aux Arméniens catholiques. Cette église a été bâtie sur l'emplacement du lieu où Jésus, portant sa croix, rencontra sa très sainte Mère : c'est la quatrième station de la Voie Douloureuse. Au-dessus de l'église primitive, qui a la forme d'une crypte dans laquelle on vénère l'empreinte du pied de la Mère des Douleurs, on a commencé la construction d'une nouvelle église, aux élégantes proportions. C'est là que les saints mystères ont été célébrés, selon le rit arménien, sur un autel improvisé, au milieu d'une nombreuse assistance. Les cérémonies extérieures, toujours belles et imposantes, n'offrent que de légères variantes avec la liturgie grecque, mais, en certains points, elles semblent se rapprocher de la liturgie latine. Ainsi, les Arméniens consacrent avec du pain azyme. La récitation du *Credo* se fait après l'Evangile, seulement le symbole y est paraphrasé, et, à la fin de la messe, on récite le commencement de l'Evangile de saint Jean. A part ces quelques différences, tout rappelle ici la messe du rit grec. Il y a les mêmes litanies, les mêmes chants et beaucoup de prières identiques. La sainte Communion, cependant, se donne de la même manière que dans le rit latin, il y a un *Confiteor* semblable, et la mitre des évêques est pareille à celle de nos prélats.

En même temps que la messe arménienne, on célébrait, à la petite chapelle de la maison de sainte Véronique, la messe copte, en langue égyptienne. Ce rit a beaucoup d'analogie avec le rit syriaque.

Jeudi soir. — La quatrième assemblée du Congrès se tient, comme hier, dans l'immense réfectoire de Notre-Dame-de-France, formant une salle orientale, supérieure à toutes les autres comme ornementation. Plusieurs discours remarquables sont prononcés par des évêques orientaux, en un français pur et correct qui nous étonne.

Apparaît ensuite sur la chaire le R. P. Cré, des Pères Blancs d'Alger, avec une découverte eucharistique que le savant archéologue a faite récemment près de Bethléem, à *En-Tuba*. Il nous présente, dans son savant rapport, un vase en terre cuite, en forme de colombe, au centre duquel se trouve une custode vitrée qui semble avoir servi à garder la sainte Eucharistie. S. E. le Cardinal et les prélats qui l'entourent examinent l'intéressante petite merveille. Après tant de prélats et d'ecclésiastiques, on voit monter à la tribune, un laïque. M. le baron de Livois, vice-président de l'œuvre de l'Adoration nocturne de Paris. Nous écoutons avec infiniment de charme le beau rapport qu'il lit sur les œuvres eucharistiques d'Occident, et il recueille mille félicitations bien méritées. Une courte allocution du Cardinal-Légat termine l'imposante séance. Son Eminence subjugue tout l'auditoire par la délicatesse exquise et l'amour incomparable avec lesquels Elle parle du Vicaire de Jésus-Christ, on sent que Mgr Langénieux nous a vraiment apporté avec son cœur le cœur du Pape !

Puis, tout se transforme : Une procession solennelle s'organise dans le spacieux enclos de Notre-Dame-de-France. L'ostensoir est porté par Mgr d'Adana, évêque arménien, le Cardinal suit le dais avec cinq cents prêtres. Reposoirs ravissants, originaux, tiare à l'électricité qui fait naturellement penser à la qualification prophétique donnée à Léon XIII, *Lumen in cœlo*, et invite à prier pour que Dieu conserve longtemps encore cet astre brillant au firmament de son Eglise.

On voit une nombreuse affluence d'Arabes sur tous les points de l'immense enceinte. Pour la première fois, ils sont les témoins des émouvantes solennités eucharistiques de notre Eglise d'Occident, et ils en paraissent surpris et charmés.

Plusieurs évêques, entre autres, celui de Bagdad, logent dans notre chère hôtellerie. Rien n'est plus joyeux que nos fraternelles agapes, à la brillante lumière des lampes électriques récemment installées à Notre-Dame-de-France. Avec quel plaisir, chaque soir, nous nous retrouvons, avec quel entrain nous nous communiquons l'objet de nos visites, de nos découvertes, de nos remarques ! Tout se met en commun : les impressions de la journée, les joies, les désirs, les projets du lendemain.

Que d'heures charmantes, de causeries, de gaieté, d'intimité, nous passons ainsi. Le souvenir m'en restera comme une de ces rares consolations qui font époque dans la vie.

Chaque table forme un groupe à part. Le nôtre se compose de Mme et Mlle de Pérignon, de Mme et Mlle de Goncourt, de Mme de la Marlière, de M. l'abbé Maury, de M. Manuel de Arredondo, mexicain fervent, du bon Père Mérab, sous-directeur de l'école française de Saint-Joseph, à Constantinople, auquel le Sultan vient d'accorder, ces jours-ci, la décoration du Medjidié. Il a, près de lui, deux prêtres coptes dont les cheveux se déroulent en cascade, chaque fois qu'ils ôtent leur haute toque noire ; ils les ramènent ensuite quand ils veulent la mettre de nouveau sur leur tête. Ce spectacle égyptien a le don de m'amuser singulièrement !...

Nous sommes servis à table par les petits frères de l'Assomption, nombreux comme une volée de ramiers. Ils arrivent ensemble, portant chacun un plat à la main et courent vers les tables qui leur sont assignées, avec une adresse et une dextérité étonnantes.

Au dessert, on baisse la lumière des lampes et tout-à-coup, dans le fond de la salle enténébrée, surgit une magnifique croix aux trois couleurs françaises. Cette croix électrique, aussi brillante que celle qui éblouit les yeux de Constantin, nous la saluons chaque fois par le : *O Crux, ave, spes unica.*

Puis, le Père Bailly monte à la tribune pour donner ses avis, toujours assaisonnés de réparties fines, et souvent il partage la distribution de ces condiments avec le Père Germer, M. de Pèlerin ou M. Victor Tréca qui nous dit ses très jolis vers. Il a célébré cette petite légion d'anges, aux grandes ailes noires, qui nous servent si bien, en strophes humoristiques que nous applaudissons de grand cœur ; on ne saurait trop les louer, car ils mettent dans leurs fonctions, tant de bonne grâce et d'enjouement, sans le moindre signe d'impatience, qu'ils ont conquis toutes les sympathies des pèlerins.

VENDREDI 19 MAI. — Elles ont une place privilégiée à Jérusalem, les Filles de Sion !...

L'arc romain de l'*Ecce-Homo*, qui traverse la Voie Douloureuse en face de leur couvent, se continue chez elles par un second arc à peu près semblable, qu'elles ont laissé intact, avec ses vieilles pierres frustes et rougeâtres, et qui impressionne étrangement : débris probable du Prétoire de Pilate, debout au milieu de leur chapelle toute blanche, décorée, d'ailleurs, avec un goût sobre d'une distinction suprême.

La tradition fait de l'arc de l'*Ecce-Homo* l'un des témoins contemporains de la condamnation de Notre Seigneur. En faut-il davantage pour imprimer à cet arc un caractère à jamais sacré ?

C'est dans ce sanctuaire que la messe du rit slave est célébrée ce matin par Mgr Petkow, vicaire apostolique en résidence à Andrinople (Thrace).

Après l'élévation, les jeunes filles israélites élevées par les religieuses, chantent, pour la conversion des Juifs, la prière de Notre Seigneur sur la croix : *Pater, dimitte illis, non enim sciunt quid faciunt* ! qu'elles répètent jusqu'à trois fois avec un ton de pénétrante supplication qui émeut. Leurs voix douces et sonores nous ravissent délicieusement.

Le saint Sacrifice terminé, les Dames de Sion nous font visiter, dans le sous-sol de la maison, de vieux dallages, vestiges de la place de *Lithostrotos*, qui indiquent l'ancien niveau des rues. Nous les baisons avec piété, car ils ont reçu l'empreinte des pieds du Sauveur pendant sa passion douloureuse. Les rues d'à présent passent bien aux mêmes endroits où a marché Jésus portant sa croix, mais le niveau des rues a été exhaussé par l'entassement des décombres de la ville, incendiée depuis cette époque.

Nous montons ensuite sur la haute terrasse du couvent. De là, on plane sur toute l'étendue de la Ville Sainte.

Les ruines, les églises et les monastères, l'innombrable assemblage de petites coupoles grises, les grands murs sombres et les espaces déserts, les milliers de dômes pareils, d'aspect séculaire, avec quelques minarets, tout cela se déroule sous nos yeux, en un immense tableau plein d'abandon et de mélancolie.

Près de nous, l'enceinte sacrée où brille la mosquée bleue, ce chef-d'œuvre de l'art arabe dont la coupole, revêtue de plomb, s'argente sous les rayons du soleil. Au-dessus de ses murailles de forteresse, Gethsémani, le mont des Oliviers, et plus haut encore que tout cela, dans un presque irréel lointain, s'esquissent en bleuâtre les montagnes du pays de Moab!... Cette vue est unique : quelle image européenne, si riante, si poétique qu'elle soit, pourrait remplacer cette nature d'Orient, si grande dans sa tristesse, si imposante encore dans son aridité!...

Puis il y a là tant de précieux souvenirs et de traditions touchantes, qu'à chaque pas que l'on fait le cœur et l'esprit s'ouvrent à de nouvelles émotions.

# CHAPITRE XIII

## SAINT-JEAN DE LA MONTAGNE

DÉPART DE JÉRUSALEM. — ASPECT DE LA RÉGION. — LES FEMMES A LA FONTAINE DE SAINT-JEAN. — CHAPELLE DE LA VISITATION. — LA MAISON DE ZACHARIE. — LA GROTTE DE LA NATIVITÉ DE SAINT JEAN. — AU PENSIONNAT DES DAMES DE SION. — SOUVENIRS DU PÈRE MARIE RATISBONNE. — ADIEUX A AIN-KARIM.

Après la messe, le 19 mai 1893, nous partons pour l'excursion d'Aïn-Karim ou Saint-Jean de la Montagne, Mesdames de Goncourt, de Pérignon, Marguerite de Roquefeuil et moi. M. l'abbé Maury veut bien nous accompagner pour offrir à nos intentions le saint sacrifice de la messe, là, où l'hymne admirable du *Magnificat* retentit pour la première fois. J'avais engagé la veille mon aimable compatriote, Madame de Mairesse, de passage à Jérusalem, à partager les douces joies que nous promettait ce pieux pèlerinage. Elle avait accepté avec plaisir. A l'heure dite, elle se trouvait devant Notre-Dame-de-France où la voiture attendait. Nous sortons de Jérusalem par la porte de Jaffa, laissant à droite les établissements russes, pour passer devant la piscine supérieure, vaste réservoir où le prophète Isaïe prononça la célèbre prophétie *Ecce Virgo concipiet*.

Un peu plus loin, le chemin se bifurque et devient réellement affreux, c'est un désert de pierres qui sert d'avenue à une ville de pierres. Nous apercevons à gauche le couvent grec de Sainte-Croix, dont l'église occupe le lieu où fut coupé l'arbre de la Croix. La route serpente toujours à travers des collines sans nombre. Tout à coup la chaîne de montagnes se déchire devant nous ; au fond d'une large coupure s'épanouit un frais et gai village, bâti sur un gracieux mamelon, entouré de vignes, de figuiers et d'oliviers. La vue de cette oasis est bien en harmonie avec les souvenirs qu'elle rappelle.

Nous sommes en face de Saint-Jean de la Montagne. Cette petite bourgade renferme environ sept cents habitants, dont cent seulement sont catholiques. J'aperçois sur la hauteur la maison de campagne d'Elisabeth et de Zacharie, lieu de la Visitation, *Mar Zachario*. Nous descendons de voiture et montons à pied la côte qui y conduit, réfléchissant sur le grand mystère qui s'est opéré là, d'une manière si auguste et si gracieuse.

Nous laissons à droite une fontaine d'une forme antique, très originale, où la sainte Vierge allait puiser de l'eau pendant le séjour qu'elle fit chez sa cousine Elisabeth. Plusieurs femmes d'Aïn-Karim s'y trouvaient lorsque nous passâmes, et j'ai été frappée de leur beauté, de leur noblesse et de leur grâce ; elles sont vêtues comme celles de Bethléem, on les dirait toutes issues de la race royale de Juda. Elles se rassemblent en général autour de la fontaine de la Vierge et y remplissent leurs urnes en causant joyeusement.

Je cueille sur les rochers qui avoisinent la fontaine de délicates petites fougères comme souvenir de ce lieu béni. Bientôt nous arrivons à la chapelle de la Visitation, bâtie sur l'emplacement de la maison de sainte Elisabeth. C'est la chapelle du *Magnificat*. A l'entrée, je remarque à droite, dans une niche, l'empreinte du corps du petit saint Jean sur le rocher ; un grillage le défend contre les pieuses rapacités des pèlerins.

Lorsque les soldats d'Hérode cherchaient les enfants pour les massacrer, sainte Elisabeth s'enfuit dans les montagnes pour cacher le précurseur ; au contact de l'enfant, le rocher s'amollit comme la cire et garda son empreinte. Le rocher miraculeux, détaché de la montagne, a été placé là par les premiers constructeurs de la chapelle. Quelques lignes, gravées en latin sur cette pierre, en indiquent la provenance.

Sous l'autel, consacré à saint Zacharie, on nous montre une niche qui marque le lieu où saint Jean fut circoncis. Au fond d'une voûte est l'autel du *Magnificat*, placé à l'endroit même où fut composé ce beau cantique. Derrière l'autel sont deux statues de grandeur naturelle représentant la sainte Vierge embrassant sa cousine sainte Elisabeth. A côté de l'autel est une petite source où l'on puise difficilement de l'eau. Elle contenait probablement l'eau nécessaire à la sainte famille. Impossible de décrire le bonheur avec lequel nous entendîmes la sainte messe que célébra le digne abbé Maury, dans cette chapelle qui fut témoin de si grandes choses. Ce sont des émotions et des consolations inconnues ailleurs que dans cette terre privilégiée, qui porte, empreintes en elle, toutes les pages des deux Testaments, et qui montre à chaque pas la réalisation à côté des promesses. Oui, là, toutes les pierres parlent, et elles parlent un langage devant l'éloquence duquel tout langage humain doit se taire et s'avouer impuissant !

Pour notre action de grâce, nous chantâmes le *Magnificat* à l'endroit même où il s'exhala des lèvres de notre Mère Immaculée. Ravissant cantique qui vibre encore dans l'âme émue, qui fit tressaillir de joie le fils qu'Elisabeth portait dans son sein, et, après lui, réjouira l'Église tout entière jusqu'à la fin des siècles ! La Vierge l'a dit elle-même : « Toutes les générations m'appelleront bienheureuse. » Je cherchais à m'inspirer de ses sentiments en les offrant à Dieu pour suppléer aux miens ; mon âme se sentait dilatée par la pensée que son action de grâce montait plus directement vers l'Auteur de tout don.

*Magnificat !* Chant céleste que nous ne nous lassions pas de répéter, car notre ferveur était activée par l'immense besoin de remercier pour les faveurs dont nous étions inondées en ce moment.

Nous quittâmes, non sans regret, le sanctuaire béni de la Visitation pour descendre ensuite à la maison de Zacharie. Nous traversons le village, qui ne brille pas par la propreté, et nous dirigeons vers l'église, bâtie sur l'emplacement de la maison paternelle du saint

Précurseur. Elle est richement décorée et divisée en trois nefs. Le pavé est en beau marbre et les parois sont ornées de faïences peintes. A l'extrémité de la nef, on descend, par un escalier de sept degrés, larges et longs, dans la grotte de la Nativité de saint Jean-Baptiste, entièrement creusée dans le roc ; l'autel marque le lieu de la Naissance du Précurseur. Nous nous agenouillons et baisons avec respect et dévotion la place où le saint enfant est venu au monde.

Des médaillons en marbre blanc représentent les principaux faits de sa vie. On est saisi par le recueillement qui se dégage de cette grotte silencieuse ; elle ne reçoit de lumière que par six lampes continuellement allumées qui y répandent une douce clarté. Tout, ici, est mystérieux comme la naissance de celui dont il est écrit : « Et toi, petit enfant, tu seras appelé Prophète « du Très-Haut, car tu marcheras devant la face du « Seigneur, pour lui préparer les voies. »

Nous laissons ce pieux sanctuaire pour monter, à travers un dédale de rues étroites et boueuses, au magnifique pensionnat des Dames de Sion. Cet établissement est placé, non pas comme un nid d'aigles, mais comme un nid de colombes, sur un plateau qui domine la vallée du Térébinthe, à 200 mètres à peu près du village de Saint-Jean. Rien de plus séduisant et de plus enchanteur que le paysage qui s'offre à nos yeux !... Sur le flanc de la montagne, s'étagent de superbes jardins en terrasses où lauriers-roses, grenadiers, orangers, oliviers, se marient délicieusement aux amandiers, aux pêchers et aux vignes.

C'est là, au milieu de cette nature silencieuse et admi-

rablement belle, que les religieuses, groupées par le
R. P. Marie Ratisbonne, leur fondateur, abritent et
réchauffent sous le manteau de leur charité, une
soixantaine de jeunes orphelines juives, musulmanes,
protestantes ou catholiques. Il semble qu'ici, comme à
Nazareth, Marie, en foulant de son pied virginal ces
sommets bénis, a laissé quelque reflet de sa beauté,
quelque rayonnement de son cœur. Les Dames de
Sion nous reçoivent avec une si parfaite amabilité,
qu'on ne peut s'empêcher de rêver à l'accueil réciproque
et à la bienheureuse rencontre de Marie et d'Elisabeth
en ces mêmes lieux.

Nous visitons leur couvent, leur jolie chapelle et la
petite cellule de leur regretté Père. Tout y respire
encore le parfum de sa vie et la sainteté de ses derniers
moments. Rien n'y a été changé et l'on dirait qu'il
vient de quitter cette table, de laisser ce livre ouvert,
qu'il va rentrer et reprendre la méditation interrompue... On nous montre ses vêtements, son lit de paille,
son fauteuil, son encrier... Sa dépouille mortelle
repose à deux pas de sa chambre, à l'ombre des sycomores et des tamaris, sous l'œil de ses enfants, sous la
garde de leur amour et de leurs prières. Nous nous
agenouillons et rendons grâces à Dieu des faveurs
accordées à l'illustre juif converti.

Après avoir satisfait notre dévotion, nous retournons
chez les bons Pères Franciscains. Dans leur maison
toujours hospitalière, un accueil amical attend le
voyageur. Ils nous offrent le café, que nous acceptons
avec plaisir, étant partis de Jérusalem à jeun ; puis, ils
nous font parcourir le monastère qui est très spacieux.

Une terrasse élevée le domine ; j'y monte afin de jouir de la vue d'Aïn-Karim dans son ensemble. J'en suis ravie ! Ces belles montagnes qui ondulent comme des vagues autour de la petite éminence sur laquelle est posée gracieusement la cité natale de saint Jean, ces fouillis de verdure, au travers desquels on aperçoit le beau couvent des Dames de Sion, la blanche chapelle de la Visitation de la sainte Vierge, contrastant avec l'aspect sévère et grandiose des cimes élevées qui conduisent au désert où vécut le Précurseur de Jésus, me jettent dans une rêverie pleine de charmes. En Orient, tout prend une teinte mélancolique et l'âme s'imprègne d'une paisible sérénité !... Que je regrette de ne pouvoir visiter ce désert que j'entrevois au-delà de ces monts escarpés qui m'environnent, ni pénétrer dans cette grotte sauvage qui fut témoin des austérités effrayantes du plus grand des enfants des hommes !... mais l'obéissance nous rappelle à Jérusalem pour le dîner de midi ; le R. P. Bailly aime l'exactitude.

Adieu donc, cher petit nid de colombes caché dans la montagne, adieu Aïn-Karim, je te quitte avec peine, mais tu resteras dans mon âme comme une délicieuse apparition que j'aimerai à évoquer souvent, elle me rappellera de si douces jouissances !...

# CHAPITRE XIV

## LE CHEMIN DE LA CROIX

LE CORTÈGE. — LES STATIONS : LE PRÉTOIRE, LA SCALA SANTA, L'ECCE-HOMO, NOTRE-DAME-DU-SPASME, LA MAISON DE VÉRONIQUE, LA PORTE JUDICIAIRE, LA COLONNE RENVERSÉE, LE SAINT-SÉPULCRE, L'AUTEL DU STABAT, LE MUR DES PLEURS.

ENDREDI SOIR 19 MAI, 3 HEURES. — Voici le jour et l'heure des hommages à la Croix, l'heure de notre imposante manifestation de foi, l'heure aussi de l'expiation que nos cœurs attendaient. Nous allons vénérer les traces ensanglantées du Sauveur, puisque nous allons suivre ses pas sur la Voie Douloureuse.

Le cortège se forme à la chapelle de la Flagellation, située, comme celle de l'*Ecce-Homo*, sur les ruines du palais de Pilate.

Les deux grandes croix françaises de la *Ville de Brest* sont posées sur les épaules, l'une, des pèlerins laïques, l'autre, de NN. SS. les évêques. Douze d'entre eux tiennent à honneur de la porter. Quatre cavas du Consulat de France, aux costumes soutachés de galons d'or et armés de cannes à larges pommes d'argent dont ils frappent le sol en cadence, ouvrent la marche.

Nous défilons à la suite, recueillis, silencieux, au chant du *Parce Domine* et de *Vive Jésus, vive sa croix.*

Cet hommage public rendu au Sauveur, impressionne visiblement les habitants de Jérusalem qui, formant une double haie le long du parcours, témoignent leur respect et leur surprise en voyant notre amour et notre dévotion pour ces lieux vénérés.

Notre chemin de la Croix est un grand événement à Jérusalem. C'est le seul acte public de religion que les Latins puissent accomplir dans les rues de la cité musulmane. Le Sultan Abdul-Hamid veut bien accorder chaque année cette faveur au pèlerinage français.

1re *Station*. — Nous nous dirigeons vers la première Station, qui se trouve dans la caserne turque, située sur l'emplacement même du prétoire. Nous entrons dans la cour où l'on entendit jadis les vociférations de la foule : Crucifiez-le ! crucifiez-le. A genoux dans la poussière, nous récitons la strophe : *Sancta Mater, istud agas,* etc... Le R. P. Jérôme, vicaire custodial des Franciscains, commente la station et nous nous relevons au chant du cantique : *Vive Jésus, vive sa croix.*

2e *Station*. — Vis-à-vis l'escalier qui monte à la caserne (ancien palais de Pilate), nous nous arrêtons à l'endroit où Jésus fut chargé de sa croix. Il est difficile de préciser ce point ; mais on remarque dans le mur la trace encore visible de l'escalier transporté à Rome, la *Scala Santa,* et l'on pense que c'est à cette place qu'on chargea Jésus de son fardeau. Les pèlerins n'ont eu que la tradition pour leur servir de guide ; mais avec ce flambeau des siècles à la main, ils ne craignent pas de se tromper.

3ᵉ *Station*. — Nous descendons la ruelle qui conduit à la rue de Damas, en passant sous l'arcade de l'*Ecce Homo* ; à l'angle de ces deux rues, le Sauveur tomba pour la première fois.

4ᵉ *Station*. — C'est à quelques pas de ce lieu, qu'il rencontra la sainte Vierge. On se figure cette douloureuse rencontre, ces regards rapides, pleins de larmes, échangés entre la Mère et le Fils. Pauvre Mère ! quand elle vit Jésus déchiré, ensanglanté, presque mourant, elle tomba inanimée entre les bras des saintes femmes. Une chapelle, appelée Notre-Dame du Spasme, s'élève à cet endroit ; on y voit distinctement sur la pierre l'empreinte du pied de la Reine des martyrs.

Nous passons dans une rue étroite et assombrie, entre deux rangées de murailles antiques, sans fenêtres, sans ouvertures d'aucune espèce, voûtées presque entièrement de lourds arceaux ; parfois, des maisons sarrasines la traversent comme des ponts sinistres jetés au-dessus, puis, elle monte à droite, sur la colline d'Acra. C'est la Voie Douloureuse qui s'enfonce dans le cœur de la ville. Sous les yeux des musulmans étonnés, des juifs haineux et défiants, nous nous agenouillons, baisons la terre et prions à chaque station.

5ᵉ *Station*. — Elle est marquée par une petite excavation pratiquée dans le mur de la première maison à gauche.

C'est là que les juifs contraignirent Simon, Cyrénéen d'origine et Juif de religion, d'aider le Sauveur à porter sa croix.

6ᵉ *Station*. — On voit un peu plus loin les vieux murs, encore debout, de la petite maison de Véronique, d'où cette femme s'élança pour essuyer la face du Seigneur, avec ce linge qui garde l'empreinte des traits divins et que l'on vénère à Rome.

Plus on monte, plus le chemin devient pénible, le pavé glissant. Nous entrons sous les voûtes sombres et infectes de la rue : voici les restes de la Porte Judiciaire où la sentence de mort fut clouée, et qui formait à cette époque la première enceinte de la ville.

7ᵉ *Station*. — C'est en passant par cette porte, avant de monter au Calvaire, que Jésus tomba pour la seconde fois. Ici finissait la ville, au temps de Notre Seigneur. Le Golgotha commence à cet endroit, c'était la place des exécutions. C'est aujourd'hui une partie de la cité et l'un des lieux les plus vénérables de la terre.

8ᵉ *Station*. — Pour continuer la Voie Douloureuse, nous laissons la Porte Judiciaire à droite ; et, à quelque distance, par une pente toujours plus rapide, on voit à gauche contre un mur un bout de colonne renversé et presque recouvert de terre : c'est le lieu de la huitième station qui était la première hors de la ville. Le divin Maître rencontre là les filles de Jérusalem tout éplorées et leur dit : « Ne pleurez pas sur moi, mais sur vous et « sur vos enfants ». C'était l'annonce des terribles fléaux qui bientôt allaient fondre sur l'ingrate ville.

Le Sauveur commença dès lors à gravir le Golgotha ;

mais cette colline, en ce temps, était isolée, et non point habitée, comme elle l'est aujourd'hui.

*9ᵉ Station*. — La neuvième station nécessite un long détour entre des murs de l'âge des croisades, abritant quelques échoppes de marchands aux produits d'une fraîcheur douteuse, puis on monte un escalier après lequel nous nous engageons dans une longue impasse qui conduit en face de l'évêché copte schismatique.

A gauche de cette porte, un fût de colonne dans un angle indique le lieu où Jésus tomba pour la troisième fois.

De la neuvième station, nous nous rendons à la basilique du Saint-Sépulcre en revenant sur nos pas, prenant une rue à droite qui nous amène en peu de temps sur le parvis.

Au Saint-Sépulcre, les portes s'ouvrent larges et les croix, qui ne peuvent affronter les escaliers tournants du Calvaire, sont déposées au pied du Tombeau.

Nous montons faire la *dixième station* devant la rosace en mosaïque, incrustée dans le pavé, là où Jésus fut dépouillé de ses vêtements.

La *onzième station* devant l'autel du Crucifiement, où Jésus fut cloué à la croix.

La *douzième station* devant l'autel de la Plantation de la Croix, à gauche de l'autel du Crucifiement, à l'endroit même où Notre Seigneur consomma son sacrifice.

La *treizième station* vers l'autel du *Stabat Mater* ou de la Compassion, placé entre les autels du Crucifiement et de la Plantation de la Croix, où Jésus fut détaché de l'instrument de son supplice et remis entre les bras de sa mère.

De la *treizième station* pour aller à la *quatorzième*, nous descendons les dix-neuf marches de l'escalier du Calvaire. On reprend les deux grandes croix avec lesquelles nous faisons trois fois la procession autour du saint Tombeau, entonnant un chant de triomphe auquel l'orgue vient prêter ses mélodieux accents, car si le mystère du Calvaire est un mystère de douleur, celui qui s'opéra au Sépulcre est un mystère plein de ravissement et de joie.

C'est ici que l'ange dit aux saintes femmes : Ne craignez pas. Vous cherchez Jésus de Nazareth qu'on a crucifié ; il est ressuscité ; il n'est point ici ; voici le lieu où on l'avait déposé. *Alleluia !*

*Le mur des Pleurs.* — Pour compléter cette soirée, toute aux pensées graves et mélancoliques, nous allons à travers le Ghetto, visiter le célèbre mur des Pleurs. Mais, pour s'y rendre, quelles ruelles immondes, flanquées de bouges plus immondes encore, quels escaliers visqueux, quels passages resserrés, garnis de petites boutiques d'où débordent mille marchandises disparates, quels sombres dédales pour gagner cette ruine du Vieux Temple !

Enfin, au fond d'un carrefour imprégné d'odeurs malsaines où s'engagent, silencieux et pressés, femmes, enfants, vieillards à la physionomie assombrie, aux vêtements sordides, nous apercevons le pan de muraille, débris de l'enceinte extérieure qui environnait le parvis des Gentils. Ce sont des blocs salomoniens de deux ou trois mètres de longueur, contre lesquels hommes et femmes appuient la tête en psalmodiant d'un ton plaintif une sorte de mélopée tremblotante, avec ce balancement rythmique de la prière orientale. Et les vieilles mains caressent les pierres, et les vieux fronts cognent les murs en les couvrant de baisers et de larmes. Et en cadence se secouent les bonnets à poils et les vieilles papillottes qui descendent le long des tempes, au milieu d'un bourdonnement confus, semblable à celui d'un essaim d'abeilles.

Cela est unique, touchant, sublime ! Pour peu, on pleurerait avec eux, si ce n'étaient des Juifs, et si on ne se sentait le cœur étrangement glacé par leurs abjectes figures ; car le temps, qui change tout, n'a pu effacer leur type distinctif et les signes de la colère céleste qui les a frappés.

Nous quittons ce lieu, émus, impressionnés, gémissant sur l'illusion d'un peuple qui n'a plus de sa patrie que quelques pierres humiliées, et qui rêve quand même son Messie et attend des jours glorieux pour Jérusalem.

# CHAPITRE XV

## LE DERNIER JOUR DU CONGRÈS

LA MESSE DU RIT MARONITE. — LE CARDINAL LANGÉNIEUX CHEZ LES LÉPREUX. — LA SÉANCE DE CLOTURE. — LES ACCLAMATIONS LITURGIQUES.

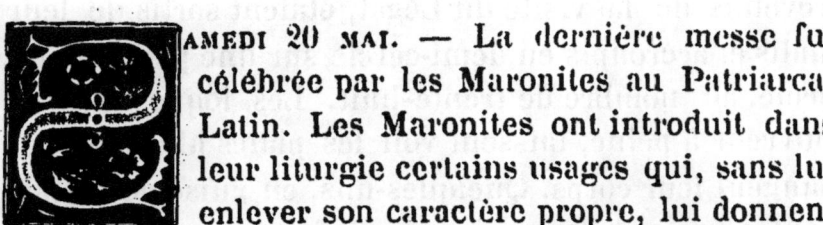

AMEDI 20 MAI. — La dernière messe fut célébrée par les Maronites au Patriarcat Latin. Les Maronites ont introduit dans leur liturgie certains usages qui, sans lui enlever son caractère propre, lui donnent plus de ressemblance avec celle de l'Eglise romaine. Ainsi le pain du sacrifice doit être azyme, la communion se fait sous une seule espèce et l'usage de la cuiller y est réprouvé ; ils adoptent aussi en grande partie les ornements sacerdotaux latins.

Samedi matin. — Le Cardinal-Légat, tout entier à l'accomplissement de sa mission, n'a fait visite à personne depuis son arrivée. Il ne s'est occupé que de la gloire et des intérêts de son Maître et n'a visité que Lui dans le Sacrement de son amour. Aujourd'hui, il veut voir les amis de Jésus, les pauvres, les rebutés, les misérables, les Lépreux, en un mot. Pour les puissants du monde, ils attendront la fin du Congrès, mais les Lépreux auront les honneurs et seront visités sans retard.

Il est 10 heures, le temps est lourd, le soleil brûlant, la course de trois kilomètres... Rien n'arrête la charité du Cardinal. Vêtue de la *cappa magna*, Son Eminence monte à cheval et part pour la vallée du Cédron, escortée d'une centaine de pèlerins honorés de lui faire cortège.

Arrivé à la léproserie, le Cardinal s'arrête au milieu de huttes ouvertes qui n'ont ni lits, ni meubles, seulement quelques nattes humides et pourries. Une odeur infecte s'exhale de ces réduits affreux. Les malheureux, prévenus de la visite du Légat, étaient sortis de leur taudis et accroupis en demi-cercle sur une petite plate-forme, au nombre de trente-huit. Les loques qui les couvrent à peine, laissent voir les plaies hideuses qui mangent leur corps. Quelques-uns, en guise de mains, n'ont plus que des moignons informes qu'ils lèvent tristement pour implorer la pitié; d'autres ont les pieds recourbés, le visage couvert d'une moisissure blanchâtre qui s'écaille. On ressent malgré soi, en approchant d'eux, un sentiment de répulsion qu'on a peine à surmonter.

Le Cardinal descend de cheval, s'avance vers ces infortunés, leur adresse avec son cœur des paroles de consolation, qu'une sœur de charité traduit en arabe, et, du doigt, il leur montre le ciel. A la joie qui brille dans leurs yeux, nous devinons combien ils sont heureux et reconnaissants d'être l'objet d'une si noble visite.

Deux tables sont dressées à quelques mètres de là, l'une, chargée de pain, de viande et de petites douceurs, l'autre, de linge et de vêtements neufs.

Ah ! quels regards de convoitise jettent de ce côté-là les pauvres lépreux !

Le Cardinal ne veut pas retarder leur bonheur. Il s'est ceint d'un tablier et, comme le divin Maître, il lave les pieds de plusieurs d'entre eux, puis, avec son costume de prince de l'Eglise, il leur présente chaque plat en fléchissant le genou.

Cet acte admirable produit un enthousiasme aussi profond que sincère. Un enfant des écoles dit avoir entendu un Juif s'écrier : « Vraiment, ce Cardinal doit être Jésus lui-même ! »

Ce mot est touchant, parce qu'il est plein de vérité : les armes du Cardinal Langénieux sont celles de la Terre-Sainte, et sa devise est : *Vivat in me Christus;* or, l'Esprit du Christ en lui se manifeste par une ineffable douceur qu'il répand, avec ses dons, sur les deshérités de ce monde.

Soudain, un gracieux enfant s'approche : c'est l'ambassadeur des pauvres lépreux. Orphelin, adopté par les Filles de la Charité, il traduit, en un langage plein de cœur, la reconnaissance de ces infortunés, et, en leur nom, offre un joli bouquet de fleurs à Son Eminence.

Le Cardinal remonte à cheval et rentre à Jérusalem, par la vallée de la Géhenne, escorté de tous les pèlerins que l'émotion rend presque silencieux.

Ce tableau était digne de frapper l'imagination d'un

poète. Aussi M. Tréca tira-t-il de sa lyre des accents émouvants pour rendre immortelle la charitable action du pieux Légat. Lorsqu'il lut le soir, au dessert, ces vers touchants, le réfectoire de Notre-Dame-de-France retentit des plus chaleureux applaudissements et bien des yeux se mouillèrent de larmes.

Samedi soir. — La séance de clôture du Congrès a dépassé toutes les autres. Elle s'est tenue dans l'église de Saint-Sauveur.

Le Cardinal-Légat, le Patriarche grec, tous les évêques, plus de cinq cents prêtres et des laïques en très grand nombre se trouvaient présents. L'éloquent archevêque syrien de Bagdad, Mgr Rhamani, a littéralement enlevé son auditoire quand il a remercié ses frères d'Occident du grand spectacle qu'ils venaient d'offrir aux Eglises d'Orient. La science, la piété, l'éloquence débordaient de ses lèvres. *Ignis lucens et ardens*, de la lumière et du feu.

Pouvait-on ne pas applaudir lorsqu'il a dit avec véhémence : « Pierre lui-même est *ici* dans la per-
« sonne de l'illustre Légat de Léon XIII. L'Orient et
« l'Occident, unis dans la même foi, courbés sous
« l'autorité du Souverain Pontife, suprême Pasteur
« des brebis et des agneaux, répètent ensemble ce
« chant qui part de tous les cœurs : *Quam bonum et*
« *quam jucundum habitare fratres in unum !*... Jéru-
« salem est la ville de la paix ; Rome est la cité de
« l'amour qui n'existe que dans l'union... »

Mgr Rhamani a été, sans contredit, l'orateur du Congrès ; sa parole vibrante, sa simplicité, et surtout l'expression de son dévouement au Saint-Siège ont profondément remué la nombreuse assistance.

Puis Monseigneur de Liège, en quelques paroles suavement paternelles, exprime ses remerciements aux représentants de ces nationalités si diverses, qui se sont trouvés réunis à Jérusalem pour rendre hommage à Notre Seigneur dans le sacrement de son amour.

Le Cardinal-Légat fait ensuite un magnifique appel à l'union et à l'unité, dans un rapprochement saisissant entre le Congrès Eucharistique et la fête de la Pentecôte du lendemain.

Il ouvre de larges horizons à l'Eglise d'Orient, il fait entendre que si la séparation actuelle avec les schismatiques a lieu sur les doctrines, il reste l'espoir d'une entente sur un point indiscuté : l'*Eucharistie*.

Son Eminence termine par ce souhait qui est l'Adieu final, l'*Amen* de ce magnifique Congrès : « Puisses-tu
« retrouver, ô Terre d'Orient, ton antique splendeur,
« ta merveilleuse fécondité ! Mais surtout, reçois la
« bénédiction que je t'apporte et que m'a confiée pour
« *Toi*, au nom de Dieu qui dispense tous les biens,
« son Pontife, le représentant de Sa Paternité, l'Im-
« mortel Léon XIII !... »

Un tonnerre d'applaudissements, mêlés aux acclamations plusieurs fois répétées de : Vive Léon XIII ! Vive le Cardinal-Légat ! répond à ce discours qui couronne si majestueusement et si pieusement tous ceux qui, depuis Lundi, se sont succédé pour la gloire de l'Eucharistie et l'édification des congressistes.

Les derniers instants du Congrès, après la bénédiction pontificale donnée par le Légat, ont été consacrés à entendre les acclamations au Saint-Père et à toutes les autorités religieuses présentes à l'assemblée.

Ces acclamations, dont l'usage a commencé à Nicée et s'est perpétué à la clôture des Conciles œcuméniques, sont d'un effet grandiose et impressionnant.

Composées par le Révérend Père Edmond, de l'Assomption, elles ont débuté par le triple cri de nos pères, aux beaux temps des *Gesta Dei per Francos* :

*Christus vincit ! Christus regnat ! Christus imperat !* appliqué ainsi à l'Eucharistie et finissant par cette invocation :

*Agnus vincit !* à laquelle nous répondons : *Suaviter.* — *Agnus regnat ! Feliciter.* — *Agnus imperat ! Perenniter.*

Les acclamations au Saint-Père, à son Légat, à tous les Prélats, ont été fort touchantes ; mais il y en avait une d'un caractère si magistral à l'adresse de notre digne Consul général, M. Ledoulx, qu'elle a soulevé un enthousiasme frénétique. La pensée qui l'avait inspirée était d'une délicatesse exquise. Nos glorieux patrons de la France ont été aussi invoqués et, parmi eux, à ma grande joie, se trouvait Jeanne d'Arc. Cette mémorable journée s'est terminée par une superbe procession dans le vaste enclos des RR. PP. Dominicains, à Saint-Etienne.

Deux reposoirs très pittoresques, en pierres brutes, avaient été dressés au fond de l'immense jardin. Cinquante prêtres en chasuble précédaient le Très Saint-Sacrement porté par Mgr Montès de Oca, évêque de

Saint-Louis (Mexique), suivi de quatre Prélats et de notre Consul général accompagné de sa famille.

Des jeunes filles arabes, enveloppées de leurs grands voiles blancs, jetaient des notes claires au milieu des ruines, tandis que les fanfares des Pères Blancs et de Dom Belloni envoyaient aux échos de Jérusalem leurs dernières symphonies.

Ainsi furent closes les solennelles assises du Congrès Eucharistique de 1893.

# CHAPITRE XVI

## LE MONT SION. — LE CÉNACLE

LE MONT SION. — SOUVENIRS DE DAVID. — DÉSOLATION ACTUELLE. — CÉLÉBRATION DES OFFICES. — LA MÉDAILLE DÉPOSÉE AU CÉNACLE. — SOUVENIRS DE LA CÈNE ET DE LA PENTECOTE. — PRÉTENDU TOMBEAU DE DAVID. — MAISON DE LA SAINTE VIERGE. — L'EMPLACEMENT DE LA MAISON DE CAIPHE. — LE LIEU DES IMPROPÈRES. — L'ÉGLISE DE SAINT-JACQUES-LE-MAJEUR. — MESSE A L'ÉGLISE PATRIARCALE PAR LE CARDINAL-LÉGAT. — BÉNÉDICTION ET POSE DE LA PREMIÈRE PIERRE DE LA CHAPELLE DE NOTRE-DAME-DE-FRANCE. — LE BANQUET. — LES TOASTS.

IMANCHE 21 MAI. — C'est vers le mont Sion qu'on nous dirige aujourd'hui. Sion, Sion ! c'est le lieu des inspirations du Roi-Prophète, c'est un lieu sanctifié par la présence du Sauveur, c'est la sainte montagne qui possède le Cénacle, où fut instituée la divine Eucharistie.

Quelle joie de s'y rendre au matin de la Pentecôte ! Avec quel empressement nous nous mettons en route dès le lever du soleil, pour aller recevoir les dons de l'Esprit-Saint. Laissant à droite la Tour de David, couronnée de créneaux et de machicoulis, qui domine fièrement non seulement la citadelle, mais encore la ville et les collines environnantes, nous gravissons la célèbre montagne qui fut le berceau de la Ville Sainte.

Comme ici les souvenirs s'éveillent en foule... comme l'émotion gagne vite le cœur !... David avait bien choisi le lieu qui convenait pour composer ces magnifiques cantiques qui font encore aujourd'hui l'admiration des esprits droits et le bonheur des cœurs purs. Jamais la fibre humaine n'a résonné d'accords si intimes, si pénétrants, si graves. Jamais l'âme ne s'est répandue devant l'homme et devant Dieu en expressions et en sentiments si tendres, si sympathiques, si déchirants. Tous les gémissements du cœur humain ont trouvé leurs voix et leurs notes sur les lèvres et sur la harpe de ce chantre divin. C'est le premier des poètes du sentiment ; c'est le roi des lyriques. Aussi avait-il fixé là sa demeure, et y avait-il fait apporter avec grande pompe l'arche d'alliance. Les lévites avec leurs harpes d'or y chantaient les louanges du Seigneur et bénissaient son nom. Un peuple immense répondait par ses acclamations à la voix de son roi et de ses prêtres qui lui criaient : « Louez le Seigneur, parce qu'il est plein de bonté, parce que sa miséricorde est éternelle !... » Ce beau temps est passé ; maintenant Sion est aride et sans vie. Comme une veuve désolée, elle pleure sur ses ruines.

En arrivant au sommet, je crois revoir le Mont Aventin à Rome ; c'est le même aspect, ce sont les mêmes ruines antiques.

Là, s'élevait jadis le palais de David ; à présent, une mosquée recouvre son tombeau et tout autour se groupent quelques maisons turques. Autrefois, le Mont Sion était renfermé dans l'enceinte de la ville ; les vastes maisons des pontifes, les somptueuses demeures des princes s'étalaient à l'ombre des orgueilleux palais des rois ; mais il ne reste plus rien de ces beaux monuments qui couvraient les flancs de la montagne, tout a disparu. Sion n'appartient même plus à Jérusalem. Saladin au XIII siècle, en bâtissant la nouvelle enceinte de murailles, l'a laissé en dehors des remparts, pour enfermer le Calvaire à sa place. Sion est aujourd'hui sans gloire et sans beauté. Nous ne voyons sur cette colline que deux anciens bâtiments, derrière lesquels, pour assombrir davantage ce désert, s'étendent au loin les cimetières des chrétiens. Ces deux édifices qui restent debout au milieu de si vastes ruines, sont la maison de Caïphe et le saint Cénacle.

Une profonde tristesse s'empare de nous, quand nous voyons entre les mains des Turcs, en la possession des infidèles, la première église qui ait renfermé le Saint Sacrement, le sanctuaire vénérable où Jésus a consommé le prodige de son amour envers les hommes.

Comme ces mécréants ne permettent jamais qu'on y célèbre la messe, les Pères de l'Assomption ont pu acquérir un vaste terrain qui aboutit presque aux murs du Cénacle et s'étend aussi loin que les propriétés chrétiennes peuvent aller. Là, une tente de la largeur d'une église de dimension moyenne, a été dressée, abritant un maître-autel et une vingtaine d'autels portatifs.

La veille, des onze heures du soir, Matines et Laudes

LE MONT SION. — LE CÉNACLE. — CIMETIÈRE CHRÉTIEN.

avaient été solennellement chantées : plusieurs évêques, des prêtres et des fidèles nombreux y assistaient. A minuit, les messes ont commencé et ont continué à être célébrées à tous les autels à la fois, jusqu'à neuf heures du matin.

Il est six heures, quand nous entrons sous la tente, pour entendre la grand'messe du pèlerinage célébrée par M. l'abbé Guillibert, vicaire-général et délégué de l'archevêque d'Aix. Que de prières, que de communions ferventes se font en ce moment, pour obtenir que ce lieu auguste redevienne un jour la propriété des chrétiens ! J'étais chargée par une pieuse communauté de France, toute dévouée au Cénacle, d'y déposer une médaille dans le même but. Je me demandais comment je le pourrais faire sans être remarquée. Aussi, lorsque, après la messe, on nous conduisit dans la grande salle où Jésus institua la sainte Eucharistie, je cherchai un endroit où l'œil investigateur du farouche Musulman, qui nous surveillait, ne pût m'atteindre, et, cachée dans un groupe de pèlerins, je glissai furtivement sous terre la médaille. Y est-elle encore ?... Dieu seul le sait et peut-être opèrera-t-elle le grand prodige que tous nos cœurs demandent : la délivrance du Cénacle !

Nous sommes donc au lieu de la dernière Cène ; là où, pour la première fois, Jésus parut comme Prêtre et comme Victime aux yeux de ses apôtres émerveillés, là où ils entendirent sortir de ses lèvres cette étonnante parole : Ceci est mon corps, ceci est mon sang !... là, où ils firent leur première communion.

Emus, pénétrés de ce grand souvenir, nous nous

agenouillons et prions en silence, car les derviches ne permettent pas aux chrétiens d'y chanter, ni d'y prier à haute voix.

Que de pensées envahissent notre esprit ! il nous semble sentir ce souffle étrange qui passa sur les disciples le jour de la Pentecôte et les transforma en héros. Aurons-nous le même bonheur ?...

Dans cette grande salle gothique du Cénacle, rien du passé, hélas ! n'a été conservé. Elle est dénuée d'ornements, quelques colonnes soutiennent sa voûte en ogive, aux murs blanchis. Trois fenêtres laissent glisser un jour triste à travers les grillages. Un assez gracieux *Mirhab* — lieu de prière — est pratiqué dans le mur.

A l'extrémité de la salle, un petit escalier conduit au Cénotaphe de David, mais comme ce prétendu tombeau n'est qu'une supercherie imaginée seulement pour rapporter *bakchiche* à celui qui l'exploite, je m'en dispense, et reste à prier dans le Cénacle.

On m'appelle pour aller voir l'emplacement qu'occupait la maison de la sainte Vierge ; de cette maison qui est tout proche du Cénacle, il n'existe plus que deux pierres marquées chacune d'une croix.

C'est là que cette Vierge bénie vécut vingt-quatre ans près de saint Jean et qu'elle mourut en l'an 58 dans sa soixante-douzième année. Certains docteurs croient qu'elle mourut à Éphèse, en Asie-Mineure, quoique bien des preuves portent à penser le contraire.

Tout proche de la Porte de Sion, par laquelle nous rentrons dans la ville, on aperçoit un couvent arménien construit sur l'emplacement de la maison de Caïphe.

C'est dans la cour de cette maison que Pierre intimidé renia son Maître, et que Jésus fut interrogé par le grand-prêtre comme un criminel.

Nous visitons la prison où Notre Seigneur passa la nuit du Jeudi au Vendredi-Saint, et où cette douce victime fut livrée aux outrages des valets. Elle se trouve dans le sanctuaire des Arméniens schismatiques sous le nom de : « Lieu des Impropères ».

La maison du grand-prêtre Anne est à cent soixante-quinze mètres de la maison de Caïphe. Nous y entrons !... Quel triste souvenir elle rappelle. Pendant l'interrogatoire de ce juif rusé et sournois, un soldat brutal donna un soufflet au Sauveur. L'endroit de cette sacrilège injure est marqué par un petit autel que nous avons vénéré dans la chapelle bâtie à l'emplacement de cette maison qui est maintenant un couvent de religieuses arméniennes. Un peu plus loin se trouve l'église de saint Jacques le Majeur, c'est la cathédrale des Arméniens non-unis. Nous y voyons le lieu où le premier évêque de Jérusalem, apôtre des Espagnes, fut décapité par Hérode Agrippa, en l'an 44. Après la mort de saint Jacques, son corps fut porté à Compostelle, célèbre lieu de pèlerinage depuis.

J'ai beaucoup admiré cette église, qui est une des plus riches qui existent en Orient avec ses pavés en mosaïques, ses magnifiques tapis, ses superbes dorures et les portes de ses chapelles avec leurs incrustations de bronze et d'écaille. Quel dommage que tout cela soit aux schismatiques !

Nous revenons assez à temps à Jérusalem pour

assister à la messe solennelle qui se célèbre à l'église patriarcale.

Je n'oublierai jamais la beauté du spectacle que j'ai eu sous les yeux.

Le Cardinal-Légat pontifiait, entouré de vingt-quatre évêques de différents rites.

Le représentant de Léon XIII pouvait voir, de son trône, les évêques maronites en chape et en mitre, les évêques grecs revêtus de l'*omophorion* et la tête couverte d'un voile tombant sur les épaules, et les évêques des rites syrien, slave, chaldéen, arménien, assis à côté de ceux du rit latin, tous dans leurs habits pontificaux. Sur des sièges inférieurs, étaient rangés les chanoines de divers diocèses, et, après eux, des prêtres coptes, abyssins, grecs et latins. Peu de Légats ont présidé une telle assemblée ; il serait plus exact de dire que jamais, à l'exception d'un Concile œcuménique, les représentants du Pape n'ont vu toutes les branches de l'Église réunies et inclinées sous leur bénédiction comme elles l'étaient ce matin, sous la main du Cardinal Langénieux.

Le soir de ce beau jour, fut chanté, au Saint-Sépulcre, au milieu d'une pompe éclatante, le *Te Deum* d'actions de grâces.

Le Légat avait, autour de son trône, vingt-quatre évêques et quatre abbés mitrés ; les prêtres dépassaient cinq cents ; la foule dans la basilique et sur le parvis a été évaluée à deux mille. Rien ne saurait donner une idée de ce *Te Deum* chanté par toutes ces voix. L'effet de la prière *Oremus pro Pontifice nostro Leone*, répétée trois fois autour du Saint-Sépulcre en élevant le ton à chaque reprise et terminée par le *Tu es Petrus*, partant de tant de poitrines, a été grandiose. *Et erit sepulchrum ejus gloriosum !*

La bénédiction du Très Saint Sacrement, donnée par Son Eminence, termina cette succession de grandes solennités eucharistiques qui, par une heureuse coïncidence, prit fin le jour de la Pentecôte.

Lundi 22 mai. — Ce matin, le Cardinal-Légat appose le dernier sceau à ces fêtes incomparables par une messe d'action de grâces sur l'autel même du Tombeau sacré. Ce sont aussi des adieux qui s'échangent entre tous ces fervents de l'Eucharistie que le lendemain doit disperser.

A dix heures et demie du matin, Son Eminence vint poser la première pierre de Notre-Dame-de-France et bénir l'hôtellerie.

Les Patriarches, archevêques, évêques, le Consul de France, les Supérieurs des communautés, les personnes notables de Jérusalem étaient invités. Tous sont fidèles à ce rendez-vous général.

Après la cérémonie religieuse qui fut émouvante, nous allons baiser pieusement la première pierre.

A la porte de Notre-Dame-de-France, le Consul salue le Cardinal qui répond en quelques mots pleins de patriotisme et de sympathie pour l'œuvre.

Mais quand le moment du banquet est arrivé, et quand le Légat paraît, accompagné du Consul et suivi de tous les évêques qui prennent place avec Son Eminence à la table élevée au fond de l'immense réfectoire, un enthousiasme indescriptible éclate de tous les points de cette immense salle où se trouvent réunies près de mille personnes représentant tous les pays, toute la hiérarchie ecclésiastique, tous les Ordres religieux, tous les rangs de la société. Jamais peut-être pareil banquet ne s'est offert nulle part.

La croix lumineuse, éclairée à l'électricité, brillait de ses mille feux au fond de la salle, en face du Légat. Cinquante-cinq religieux de l'Assomption servaient les tables qui se déroulaient devant celles du Légat et des évêques, en cinq ou six rangées, d'une longueur telle que, au dessert, on dut se rendre à la tribune, disposée à droite au milieu de la salle, pour être entendu de tous.

Ces agapes, accomplies au lendemain du Congrès, dans un réfectoire improvisé, entouré de toiles auxquelles étaient suspendues mille oriflammes, bannières ou drapeaux de divers pays, avaient tout ensemble un grand air de distinction et un aspect de simplicité qui rappelaient les plus belles fêtes et les plus brillantes réunions du moyen-âge.

Mgr Doutreloux, président du Congrès, annonce, vers la fin, que le Saint-Père a répondu au télégramme envoyé au début des réunions, par une dépêche que l'on vient de recevoir. Il la lit. Elle dit les effusions de bonté et les bénédictions du Saint-Père pour le Légat, les évêques, et tous les congressistes. L'assemblée se lève aussitôt et acclame longuement Léon XIII.

Au dessert, le R. P. Bailly, directeur du pèlerinage, dont la verve intarissable et soudaine revêt dans ces occasions je ne sais quoi de puissant et d'original, qui défie toute tentative de rivalité, porte, au nom des pèlerins et de la congrégation des Augustins de l'Assomption, un toast des plus délicats et des plus éloquents au Cardinal-Légat. Ce toast est salué par une explosion d'enthousiasme.

Monseigneur de Liège monte à son tour à la tribune. Il remercie les membres des diverses nations accourus au Congrès, constatant qu'elles étaient toutes représentées. Il parle de l'union de la France et de la Belgique en des termes touchants. Il est vivement acclamé.

M. de Pèlerin lui succède, porte un toast aux évêques orientaux, à Monseigneur de Liège, aux Pères de l'Assomption et à leur Général, le T. R. P. Picard, initiateur des pèlerinages populaires de pénitence à Jérusalem et hélice cachée qui a donné à ce grand mouvement du Congrès une impulsion décisive.

Mgr l'archevêque de Balbeck, du rite syrien, vote des remerciements aux évêques et aux pèlerins venus d'Occident, et a pour la France des accents de gratitude qui émeuvent tous les cœurs quand il rappelle la nécessité et les bienfaits de son protectorat. Le R. P. Bailly propose d'avoir un souvenir et de former des vœux bienveillants pour nos frères séparés. Il est très applaudi.

Un jeune Syrien de douze ans apporte sa note joyeuse au banquet, en chantant une poésie arabe composée par un évêque maronite, et qui est traduite par un autre évêque, à la satisfaction de toute l'assemblée.

Jamais on ne vit cordialité plus franche et plus aimable gaieté régner à cette table de prélats entourés de la foule fidèle et enthousiaste des pèlerins. On s'en souviendra longtemps. Enfin, le Cardinal se lève et, en des termes d'une distinction parfaite, où le cœur et l'éloquence éclatent à chaque mot, remercie ceux qui l'avaient loué, à l'excès, dit-il. Puis, après avoir rendu hommage à Sa Majesté le Sultan, il remercie en particulier le Consul général de France ; il annonce, qu'en vertu des facultés que lui avait données le Saint-Siège, il lui décerne la décoration exceptionnelle de Grand' Croix de Saint-Grégoire, et Mgr Peschenard lit aussitôt le diplôme qui lui confère cette distinction.

Une explosion d'acclamations retentit sur tous les points. Le Consul répond en quelques mots très heureux et très applaudis. Les cris de : « Vive Léon XIII ! — Vive le Consul ! — Vive la France ! » éclatent de toutes parts.

On ne peut exprimer la dilatation, la joie, les sympathies mutuelles qui se sont manifestées, sous l'action de la grâce, en ces agapes fraternelles.

Lorsque le Légat, donnant le bras au Consul de France, sort du réfectoire, nous nous groupons sur son passage, afin de baiser son anneau et d'échanger avec notre aimable Consul, une chaleureuse poignée de main comme dernier souvenir de cette belle matinée.

Au souper, Monseigneur de Bagdad nous a encore charmés. Nous ne nous attendions pas à ce brio, à cette explosion de saillies d'un pittoresque tout oriental, avec quelque chose de la gaieté gauloise.

Le sujet le comportait bien, à la vérité. Le voici :

« Messieurs, Monseigneur de Liège a dit que la Bel-
« gique était la petite sœur de la France ; eh bien !
« moi, je suis Français, parce que la Syrie est la France
« de l'Orient.

« A ma consécration épiscopale, on m'a donné le

« nom d'Ephrem ; mais, à mon baptême, ma mère, qui
« est ici, m'avait imposé celui de saint Louis, roi de
« France... Je suis donc Français par mon baptême !

« Je suis Français, parce que je parle votre langue
« depuis mon enfance, sauf à l'écorcher parfois...

« Je suis Français, parce que je veux aller visiter
« *notre* France, c'est pourquoi je ne vous dis pas adieu,
« mais au revoir. »

Jamais thème plus brillant n'a été développé avec plus de finesse de langage, plus d'humour, plus de feu, plus de spontanéité.

Le soir, la croix lumineuse, élevée jusqu'à la hauteur du toit, disait à toute la Ville Sainte la joie et la gratitude de Notre-Dame-de-France, si honorée et si comblée de bénédictions en ce jour mémorable pour elle et la Palestine.

Voilà comment a été clos ce Congrès Eucharistique de Jérusalem, qui a soulevé tout l'univers et qui restera un des actes importants de notre siècle.

TROISIÈME PARTIE
—

# L'ÉGYPTE & LA PROVENCE

# CHAPITRE PREMIER

## ALEXANDRIE

DÉPART DE JÉRUSALEM. — IMPRESSIONS. — JAFFA LA BELLE. — LE BAZAR. — LE PORT. — PRISES D'ASSAUT. — EN BARQUE. — A BORD DE LA *Ville de Brest*. — M. DE MAUDUIT. — M. RÉCAMIER. — EN VUE DE L'ÉGYPTE. — L'ILE DE PHAROS. — ALEXANDRIE. — LA COLONNE DE POMPÉE. — LA PLACE DES CONSULS. — LA CATHÉDRALE. — LE COLLÈGE DES PÈRES JÉSUITES. — CHEZ LES SŒURS DE CHARITÉ. — LES SEPT. — ADIEUX A ALEXANDRIE.

E matin, 23 mai, il faut quitter Jérusalem. Quitter Jérusalem ! que de tristesse dans ces mots.

Nous allons, au lever du jour, nous prosterner une dernière fois au Calvaire, entendre une dernière messe au Saint-Sépulcre, coller une dernière fois nos lèvres sur ce marbre sacré, nous enivrant par ce long baiser de toute la vertu qui s'en émane, résumant, en une brûlante action de grâces, toute notre reconnaissance pour les bienfaits reçus de Dieu durant notre séjour en la Ville Sainte.

Des voitures attendent devant Notre-Dame-de-France pour conduire les pèlerins à la gare.

Nous partons, en tournant constamment la tête pour voir encore ces murailles grises, derrière lesquelles nous avons ressenti tant de puissantes émotions.

Quand on s'éloigne d'un lieu aimé, le cœur s'y attache avec une nouvelle ardeur ; c'est une impression chérie qui va nous abandonner et que l'on voudrait retenir ; c'est une phase de l'existence qui va se perdre dans le gouffre du temps, et que l'on voudrait arrêter sur sa pente au moment où elle s'échappe. On s'efforce de saisir, de fixer dans son esprit cette image qui va disparaître : on la recueille au moins dans son souvenir. Le souvenir, n'est-ce pas une seconde vie, plus calme, plus épurée que la vie réelle, un des meilleurs dons du Ciel, un des plus doux attributs de la nature humaine ?

Que d'heures pénibles ici-bas où, pour échapper à l'anxiété qui nous oppresse, on n'a d'autre refuge que le sanctuaire du passé, source vivifiante où l'on se retrempe, arsenal où l'on prend de nouvelles armes pour reparaître dans la lice. Heureux donc ceux qui savent se souvenir !...

Le sifflet de la locomotive interrompt le cours de mes pensées. Il faut s'empiler dans les wagons, y déjeuner, y étouffer et enfin arriver, en plein midi, à Jaffa la belle.

Belle de loin, car ce qui est charmant à Jaffa, c'est cette nature si colorée et si chaude ; c'est cette campagne couverte de figuiers, d'orangers, de limoniers, de dattiers, de nopals gigantesques et cette mer étincelante. Chaque rameau d'arbre est éclairé, chaque fleur est comme une étoile ; chaque flot qui vient, avec un doux murmure, mourir sur la plage, semble y jeter, avec son écume, un cordon de perles ou une dentelle d'argent.

A tout instant, les teintes de ce beau paysage changent selon les lueurs qui le colorent et les nuages qui flottent dans l'air. Rien ne vaut la poésie de la nature. Quand on se laisse ravir par ce spectacle émouvant de la création, un hymne de louange et d'amour s'élève de l'âme vers Celui qui en est l'auteur.

L'intérieur de la ville n'est pas aussi poétique. De la gare on nous fait aller directement au port en traversant les bazars. Nous ne pouvons qu'y jeter en passant un rapide coup d'œil, mais cela suffit pour en donner une idée. Il n'y a là ni devantures de marbre, ni arabesques dorées, ni enseignes fastueuses. Chaque magasin est ouvert aux regards comme une échoppe, et les marchandises étalées n'ont pas besoin d'enseignes. D'un regard on les voit à peu près toutes, et, sans entrer dans la boutique, on fait son emplette.

Nous passons par dessus des piles d'oranges et de citrons monstrueux, des pyramides de concombres, de bananes, de pastèques, au milieu des métiers les plus étranges, des costumes les plus singuliers, nous heurtant à chaque pas à un encombrement de bêtes et de gens, dont rien ne peut donner l'idée.

Enfin nous voici au port. Le *Poitou* et la *Ville-de-Brest* se couronnent déjà d'un noir panache de fumée. Ils se balancent sur leurs ancres, nous attendant au large, car l'approche de Jaffa est encore plus périlleuse que celle de Caïffa.

Comme il y avait foule et bousculade pour descendre dans les barques, je dis à ma jeune amie : « Rien ne nous presse ; en attendant que notre tour arrive, assistons aux scènes curieuses qui se déroulent sous nos yeux, elles sont si amusantes !... » En effet, de malheureux pèlerins sont heurtés, poussés dans les barques où ils cherchent leur équilibre, l'un a laissé son chapeau sur la rive, l'autre sa sacoche aux mains d'un Arabe ; ils crient, ils gesticulent, ils réclament, c'est peine perdue... Les bateliers sont insensibles et rament encore plus vigoureusement. Tout à coup je me sens élevée en l'air et transportée, malgré ma résistance, dans une chaloupe qui, étant aux prises avec la vague, faisait des bonds désordonnés. Ma compagne avait disparu de la même manière que moi.

Profitant de notre distraction, deux bateliers rivaux, des premiers, placés dans l'eau jusqu'à la ceinture, s'étaient ainsi emparés de nos personnes, sans que nous ayons eu le temps de nous y opposer. Mais où était Marguerite de Roquefeuil, dans quelle barque l'avait-on déposée ?... Je l'ignorais, et j'étais terriblement inquiète. Je l'appelais, mais le mugissement de la mer, toujours furieuse à cet endroit, couvrait ma faible voix.

Il fallut donc me résigner et tout abandonner à la Providence. Nos barques s'enfoncent, se relèvent, luttent avec le flot, bondissent au-dessus, c'est une danse infernale. Il semble que nous n'atteindrons jamais cette petite échelle que nous voyons là-bas, suspendue

aux flancs du navire. On y arrive cependant, mais à
quelle gymnastique il faut se livrer pour mettre le
pied sur le premier degré ! Grâce à l'obligeance du capitaine qui nous tend une main secourable on arrive à
faire heureusement le saut périlleux et à en être quitte
pour quelques émotions. Sur le pont, je retrouve enfin
ma compagne qui vient de passer par les mêmes
anxiétés que moi.

Une fois l'embarquement terminé on retire les
ancres, l'hélice commence à trépider, la machine
lance un tourbillon de fumée, nous naviguons à toute
vapeur vers Alexandrie.

La Terre-Sainte est encore sous nos yeux. nous ne
pouvons les en détacher !... Notre âme reste comme
rivée à la douce vision qui fuit !...

La mer est devenue si calme qu'on dirait un beau
lac; sur nos têtes, un ciel constellé dont les feux semblent se mirer dans l'onde ; puis, peu à peu, les côtes
de Jaffa disparaissent. L'obscurité s'étend comme un
voile sur cette terre aimée et regrettée. On lui adresse
un triste et mélancolique adieu avec un joyeux : Au
Revoir ! s'il plaît à Dieu !

Mercredi 24 mai. — Les exercices religieux reprennent à la chapelle, avec la même ardeur ; mais ils sont
attristés par l'annonce du décès de M. de Mauduit du
Plessis, qui nous est parvenue hier au moment de
l'embarquement. Cet excellent chrétien, malgré ses
soixante-dix-neuf ans, avait tenu à faire une troisième
fois le pèlerinage entier de Terre-Sainte ; il avait
succombé quelques heures après notre départ de

Jérusalem, entouré des soins de son neveu, M. l'abbé de Kergos, prêtre du pèlerinage, resté près de lui. M. de Mauduit, homme de bien et de grande vertu, surnommé dans son pays le saint de la Bretagne, laisse un de ses fils, M. Raoul de Mauduit, prêtre du Saint-Sacrement.

Je suis fort inquiète de M. Récamier qui est resté très malade à Jérusalem, sous la garde de sa femme et de sa fille. La selle de son cheval l'a si fortement blessé qu'il en est résulté des plaies qui peuvent devenir mortelles sous un climat si dangereux. Ces dames avaient eu tant de bonheur à faire ce voyage en famille !... On ne peut se réjouir de rien ici-bas, le bonheur n'y est jamais sans mélange.

Dans l'après-midi, agréable surprise ; nous commençons à apercevoir la terre d'Egypte. Toutes les lorgnettes sont braquées sur cette côte qui insensiblement se dégage à l'horizon, toute plate, toute jaune, égayée seulement par quelques moulins à vent et quelques maigres palmiers poussés, comme à regret, sur cette plage de sable.

A l'entrée du port, l'île de Pharos, terre natale des phares, et qui leur donna son nom, a vu les feux électriques remplacer la tour lumineuse élevée jadis sur ces roches par Ptolémée Philadelphe.

Le navire n'approche pas du rivage ; les personnes qui veulent aller faire une fuite en Egypte, descendent dans une des petites barques qui accostent la *Ville de Brest*. Elles amènent à bord des Frères des Ecoles chrétiennes et des Sœurs de Saint-Vincent-de-Paul qui ont hâte de nous souhaiter la bienvenue.

Marguerite de Roquefeuil et moi nous joignons à un groupe de pèlerins pour aller visiter la fameuse cité dont Alexandre jeta les fondements, trois siècles avant Jésus-Christ. Mais de l'ancienne ville, si somptueuse et si puissante, il ne reste rien, si ce n'est la colonne dite « de Pompée » élevée vraisemblablement en l'honneur de Dioclétien, qui fit là tant de martyrs.

Elle occupe, au sud-est de la ville, près du cimetière musulman, un point assez élevé pour la mettre en évidence. On dit qu'elle sert de guide aux caravanes et aux navires. L'énorme fût de granit rouge, parfaitement poli et d'un excellent style, repose sur un gigantesque piédestal... Il est couronné par un chapiteau corinthien et porte le nom d'un préfet d'Egypte appelé Pompée.

C'est Méhémet-Ali qui a relevé la vieille cité d'Alexandrie, ou plutôt qui a créé une autre Alexandrie.

Aussi, monté sur son cheval de bronze, fait-il le plus bel ornement de la grande place des Consuls, et il semble montrer fièrement la ville qu'il a rendue florissante.

Avec ses rues pavées, ses boulevards et ses grands hôtels d'allure parisienne, Alexandrie n'a nul cachet oriental. C'est une cité cosmopolite, formée d'étrangers de toutes les races et principalement de nègres de toutes les nuances : nous coudoyons une foule bariolée, composée d'hommes coiffés de diverses sortes de turbans, vêtus de robes aux couleurs voyantes, de femmes strictement voilées de noir, portant aux chevilles des anneaux d'argent.

Nous nous rendons à la cathédrale catholique de

Sainte-Catherine, qui touche à l'établissement des Frères, et dont la façade donne sur un square ombragé de poivriers, au délicat feuillage et aux jolies grappes de corail. Elle est vaste et bien ornée, elle conserve la chaire de saint Marc, le premier apôtre d'Alexandrie.

De là, nous allons à l'église grecque, bâtie à l'emplacement de la décollation de sainte Catherine. Déjà, au XVe siècle, les pèlerins venus en Egypte ont vénéré, comme on le fait encore aujourd'hui, la pierre qui servit au supplice de la vaillante vierge. Puis nous nous rendons à la mosquée que les musulmans ont installée sur le lieu du martyre de saint Athanase et enfin à l'église copte qui croit posséder le tombeau de ce grand saint.

Nous visitons le magnifique collège des RR. PP. Jésuites, qui a des élèves de toutes les nationalités et de toutes les religions. La chapelle est splendide, le jardin délicieux.

Chez les Sœurs de Charité, une réfection nous est offerte : bananes, oranges, vin de Smyrne, toutes les richesses du Nil nous sont apportées. Quelles prévenances, quelle délicatesse en ces agapes, où celles qui sont pauvres ont trouvé le moyen de traiter royalement les pèlerines venues de France.

Nous parcourons leur vaste établissement. Que tout cela est beau en sa simplicité, et bien tenu ! On les appelle *les sept* parce qu'elles sont venues sept, il y a 48 ans, et elles sont toujours les sept, quoiqu'elles soient maintenant au nombre de soixante-dix. J'ai été frappée de l'expression de sérénité, de contentement, répandue sur leur visage. Elles reçoivent dès cette vie la récom-

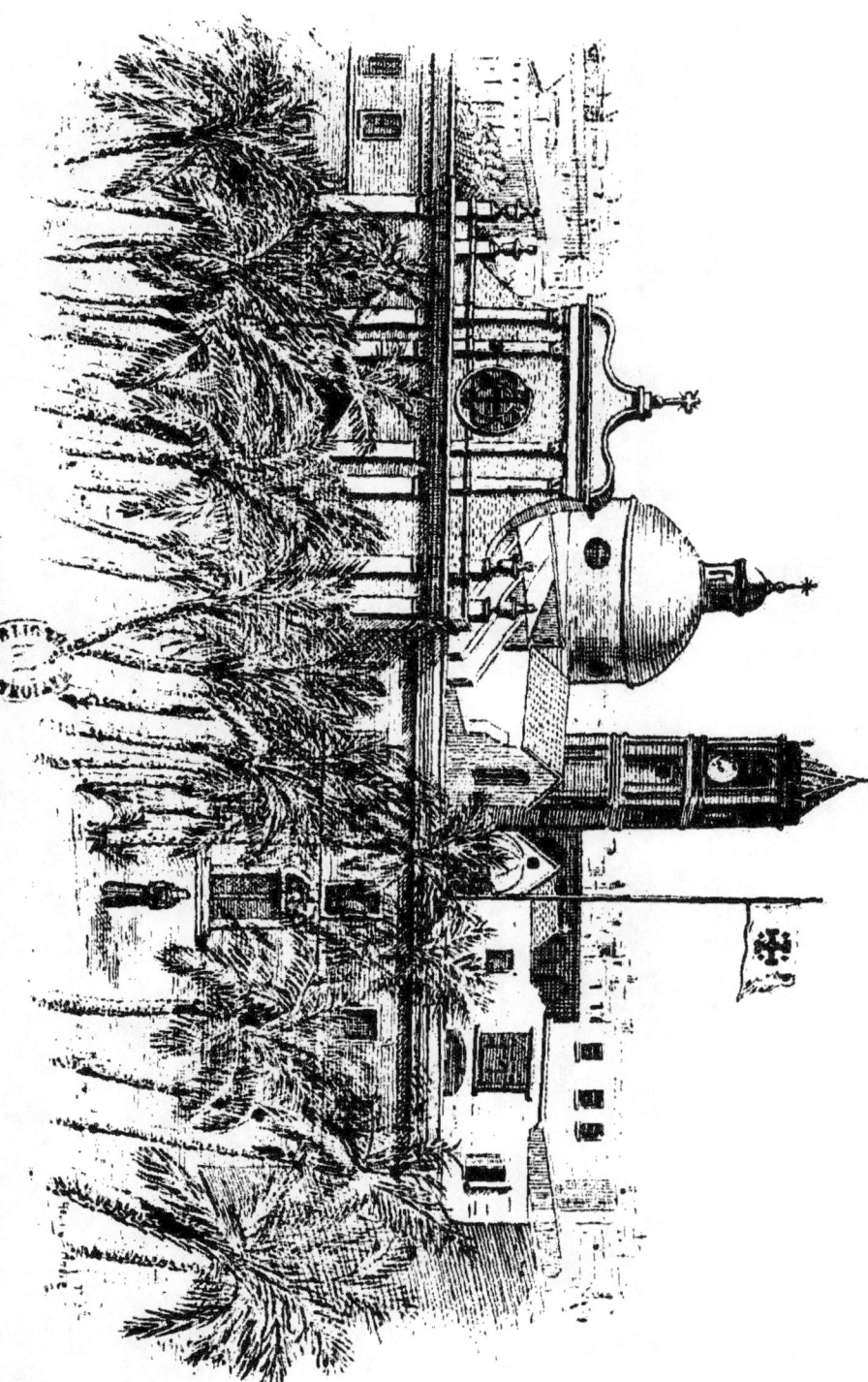

ÉGYPTE. — ALEXANDRIE
Église, Couvent et place Sainte-Catherine.

pense de leurs bonnes œuvres. Le bien qu'elles font réjouit leur cœur et l'espoir d'en faire plus encore anime leur esprit, augmente leur courage. Aussi faut-il voir de quelle considération sont entourées ces maisons catholiques, et avec quel respect on regarde passer dans les rues les Lazaristes, les Jésuites, les Frères, et les Sœurs de saint Vincent-de-Paul. La France leur doit de la reconnaissance, car ils honorent et font bénir au loin le nom de la France !...

Nous quittons avec peine ces chères compatriotes, qui nous ont entourées de tant de prévenances et de soins, pour aller faire une petite excursion au Caire.

Nous te disons adieu, ville d'Alexandrie,
Boulevard de l'Afrique et rempart de l'Asie,
Qu'illustrèrent jadis Pharaons et Césars,
Et qui fus si longtemps le trône des beaux-arts.
Mais là, de ta cité, n'est pas toute la gloire.
Elle a sa place à part aux fastes de l'histoire,
Sa couronne de saints, semblable aux astres d'or
D'une éternelle gloire illumine ton bord !
Saint Marc ! Saint Athanase et Sainte Catherine !
Héros de ce pays, devant vous je m'incline
J'ai couvert de baisers vos autels, vos tombeaux,
De tout chef-d'œuvre humain, ils sont bien les plus beaux.
Pour eux sont mes vivats !... J'oublie à ce langage
Le féerique aspect de ta splendide plage,
De cette mer immense au superbe horizon
Qu'entourent des vaisseaux au radieux sillon !
Je te quitte à regret, cité hospitalière,
Émergeant des flots bleus comme un riant parterre,
Oh ! vive Alexandrie où, comme en traits de feu,
Tout, aux yeux de la foi, trace le nom de Dieu !...

# CHAPITRE II

## LE CAIRE. — HÉLIOPOLIS. — LES PYRAMIDES

EN ROUTE. — LE LAC MARÉOTIS. — LE DELTA. — GOURBIS DE FELLAHS. — LE LONG DU NIL. — ASPECT GÉNÉRAL DU CAIRE. — A L'HOTEL KHÉDIVIAL. — LA PLACE DE L'ESBEIKIEH. — LE VIEUX CAIRE OU BOULAQ. — L'ÉGLISE DE LA SAINTE VIERGE. — LA MOSQUÉE DES MILLE COLONNES. — MATARIEH. — L'ARBRE DE LA VIERGE. — HÉLIOPOLIS. — SOUVENIRS DE LA SAINTE FAMILLE. — LES BAZARS DU CAIRE. — LES RUES. — AUX PYRAMIDES — LE SPHINX. — LE TOMBEAU DE MARIETTE-BEY. LE MUSÉE. — RETOUR AU CAIRE ET A ALEXANDRIE. — A BORD DE LA *Ville de Brest*.

A vapeur nous emporte comme en un songe à travers un pays qui n'a aucun rapport avec le nôtre, et qui nous captive vivement par le spectacle qui se déroule devant nos yeux.

Le décor, quoique peu varié, nous enchante par sa nouveauté. On côtoie d'abord le lac Maréotis, petite mer intérieure où s'ébattent en grand nombre les flamants roses, les hérons et quelques rares ibis ; puis la ligne ferrée entre dans la vaste plaine du Delta qui étale, avec complaisance, sa prodigieuse fertilité.

De loin en loin apparaissent, agglomérés et formant village, les gourbis des fellahs (1). Ce ne sont que de misérables huttes de terre — car au lieu de pierres on emploie le limon durci — qui sont basses et sans fenêtres. On les prendrait de loin pour des ruches énormes, lourdement taillées ; les animaux de nos fermes sont mieux logés que ces hommes dans leurs affreuses cahutes ; c'est une tristesse de le constater.

Çà et là, un palmier balance son gracieux panache au-dessus d'une haie de cactus ou de roseaux : un champ de blé s'incline sous la brise ; chaque parcelle de terrain a sa verdure, son puits ou sa *noria* ; le soleil y jette ses couleurs vives et ses tons chauds et fait tout resplendir, tout miroiter comme dans une féerie.

Durant ce trajet de trois longues heures, nous brûlons successivement Damanhour, Tantah, ville de 80,000 habitants, terrible autrefois par ses marchés aux esclaves et qu'évangélisent maintenant les prêtres des Missions Africaines.

Le fleuve sacré du Nil paraît enfin !... Ce bienfaiteur, toujours constant, féconde tout ce sol même en cette saison. Que de canaux, que de *sakyehs* (2). Il y a, outre les canaux de l'inondation, ceux du Nil bas qui coulent en tout temps ; le fellah y puise avec une balançoire

---

(1) Paysans de l'Egypte.
(2) Roues à eaux.

qui enlève l'eau chaque fois qu'elle y plonge, ou avec le sakyeh que tant de buffles font tourner.

Voici des champs immenses de petites plantes alignées géométriquement et arrosées en tout sens ; on me dit que chaque plante représente un bonnet de coton, car c'est du coton, le meilleur coton du monde. L'Egypte en exporte un million par jour, c'est la grande industrie de ce pays.

J'aperçois les trains de chameaux portant sur leurs bosses des charges d'environ mille livres ; ils marchent en longues files, sans bruit, d'un pas doctoral, d'un air fier et stupide à la fois. De jolis petits ânes gris et blancs trottinent sur le chemin. Nous venons de traverser les deux branches du Nil, celle de Rosette, puis celle de Damiette couverte de bateaux, et arrivons enfin sur le bord de la terre de Gessen, au Caire.

Le Caire offre de loin un aspect admirable à cause de la multiplicité de ses mosquées et de la beauté singulière du ciel azuré, vers lequel les nombreux minarets de ses édifices religieux semblent monter ou plutôt s'élever de toutes parts.

Au delà de la ville se déroulent ses mélancoliques et silencieuses nécropoles ; puis on aperçoit Boulaq et le Vieux-Caire, le Nil qui coule majestueusement dans son large lit ; à l'horizon, les grandes Pyramides de Ghizeh qui se dressent comme des collines dans le désert.

Nous descendons dans le quartier franc, *Haret-el-Frandj*, à l'hôtel khédivial (1), ce qui explique l'élé-

---

(1) Ancien palais du Khédive.

gance de sa construction. Le péristyle est orné de fleurs, un double escalier ajouré conduit aux appartements du premier étage. Là se trouvent d'élégants salons meublés à l'orientale, et ouvrant sur des terrasses ornées d'orangers et de plantes grimpantes.

Cette plante, que j'avais déjà remarquée à Alexandrie, enguirlande presque tous les balcons et les vérandahs du Caire. Ses larges pétales violet rose font un effet ravissant parmi les touffes verdoyantes de son feuillage. Comme botaniste, j'ai voulu en connaître le nom. Elle s'appelle Le *Bougainvilla*, ayant été découverte et apportée en Egypte par Bougainville.

Les balcons de l'hôtel khédivial donnent sur la magnifique place de l'Esbeikieh. Bordée de grands hôtels, elle a été convertie en un vaste square où de vertes pelouses, que traversent de jolies allées plantées d'arbres de toute essence, reposent agréablement la vue. Une petite rivière artificielle y serpente et y répand la fraîcheur; l'eau jaillit en cascade d'une grotte factice que surmonte une plate-forme ombragée, d'où l'on jouit d'un superbe coup d'œil; c'est un charmant voisinage, dont nous profiterons le plus possible.

Il nous tarde de visiter cette ville extraordinaire qui exerce un véritable prestige sur l'étranger. Mais avant d'admirer les curiosités et monuments qu'elle renferme, nous voulons chercher les traces de la Sainte Famille qui vécut sur cette terre d'Egypte et l'a sanctifiée par sa présence.

Nous partons donc de suite pour le Vieux Caire, ainsi désigné parce qu'il fut, durant trois cents ans, la vraie capitale de l'Egypte. Il n'est plus maintenant qu'un faubourg de la capitale moderne qu'on appelle Boulaq.

Côtoyant le Nil vers l'île plantureuse de Rhodah, où fut exposé, dit-on, Moïse dans sa corbeille d'osier, nous arrivons à une succession de ruelles enchevêtrées comme à plaisir, plus tortueuses et plus sales les unes que les autres, vrai cloaque où vit une petite bourgade schismatique copte. Ces coptes sont les vrais descendants de la race égyptienne ; ils en ont gardé la langue... mais hélas ! qu'ils sont dégénérés.

Ce cloaque renferme pourtant un trésor : c'est l'église copte de Madame Marie : *Sitti Mariam*. La tradition veut, en effet, que la Sainte Famille ait habité là, quelque temps, après son court passage à Matarieh.

La vieille église copte dédiée à saint Serge est toute délabrée et misérable, elle possède cependant de vieux tableaux sur bois très artistiques, surtout un tableau byzantin de la « Fuite en Egypte » qui a une réelle valeur. Des grillages en bois, très joliment travaillés et incrustés d'ivoire, entourent le chœur et le ferment presque entièrement aux regards. Le plafond, tout en poutrelles de bois, tombe en poussière.

Nous descendons ensuite dans la crypte obscure qui aurait été jadis la *Santa Casa* ; on nous montre trois sièges où l'Enfant Jésus, la sainte Vierge et saint Joseph se seraient assis.

En quittant la maison de Madame Marie, nous entrons dans la mosquée des Mille Colonnes, une des plus anciennes de la religion musulmane en Egypte.

C'est une autre vieillerie qui tombe en ruines, mais regardée cependant comme très sainte; le Khédive lui-même est absolument forcé d'y venir une fois chaque année. Elle est fort grande, mais d'une nudité absolue. Nous nous hâtons ensuite d'aller prendre à Boulaq le chemin de fer qui conduit à Matarieh afin d'aller faire notre pèlerinage à l'arbre célèbre de la sainte Vierge.

De la portière du wagon nous voyons de loin les tombeaux des Califes. Ces tombeaux forment une ville, aux dômes, aux minarets les plus élégants et les plus fantastiques, ville entourée de cimetières, ville sans bruit et presque sans habitants : c'est la cité des morts. On l'appelle : *Tourab Kaït-Bey*.

Les neuf kilomètres qui nous séparent de Matarieh sont vite franchis. Nous descendons du train et longeons un petit bois de citronniers et de grenadiers, tous en fleurs, qui m'émerveille. A l'extrémité du bosquet, se trouve l'entrée du jardin de l'Arbre de la Vierge, nommé le Balsam ou Jardin de Baume, bien que les baumiers aient depuis longtemps disparu.

Le milieu du parterre est arrosé par une source dont une *noria* soulève l'onde en cascade écumeuse. C'est la source miraculeuse. D'anciens livres coptes et la tradition rapportent que Joseph, fuyant en Egypte sur l'ordre de l'Ange, vint en ce lieu avec l'Enfant Jésus et Marie sa mère. Pressé par la soif, il parcourut les maisons de Matarieh, demandant partout un peu d'eau ; mais personne ne lui en donna. La Vierge fatiguée s'assit avec le Divin Enfant, et tout à coup une source vive jaillit à côté d'elle et les désaltéra.

Nous buvons avec joie de cette eau qui est excessivement fraîche et bonne.

A cinquante pas plus loin, vers le fond du jardin, s'élève le sycomore vénérable, énorme, tout contourné et branchu, dont les rameaux centenaires s'appuient sur des soutiens. Il est le rejeton véritable de celui qui prêta son ombrage aux divins Exilés. On aime à les voir par la pensée se reposer sous cette ramure, jouir enfin d'un instant de repos, et l'adorable Jésus s'y endormir sur les genoux de sa mère. La légende ajoute que le sycomore, en signe de respect, se serait incliné devant l'Enfant Divin.

Cet arbre magnifique est encore plein de verdeur, malgré la vétusté du tronc, qui mesure sept mètres de circonférence, et de son écorce toute fendillée.

Pour le préserver de la main des indiscrets, on l'a entouré d'une grille en bois, autour de laquelle s'enroulent les jasmins et les roses. J'en cueille comme souvenir ainsi que des feuilles de l'arbre vénéré, que je conserve précieusement.

Quand l'Impératrice Eugénie vint en Egypte pour l'inauguration du canal de Suez (1869), le vice-roi Ismaïl acheta le jardin de Matarich et offrit l'arbre de la Vierge à la pieuse Impératrice des Français.

Par une belle avenue d'acacias, nous allons à quelques cents mètres plus loin visiter les ruines d'Héliopolis. Elles sont situées sur la limite du désert. Cette ville autrefois si célèbre, où les savants du monde entier venaient puiser la science qui devait les illustrer, est actuellement détruite de fond en comble. Il ne reste plus du temple du soleil que l'un des obélisques qui en précédaient l'entrée.

C'est un beau monolithe de granit de vingt mètres soixante-quinze de hauteur au-dessus de son piédestal de grès, maintenant enfoui dans le sol. Il porte sur chacune de ses faces une seule colonne d'hiéroglyphes et les légendes y sont presque identiques. Elles nous apprennent que cet obélisque fut érigé par le roi Ousortésen, au commencement de la fête d'une panégyrie pour consacrer le nom de ce prince à l'immortalité. Il est le plus ancien de tous les obélisques connus et remonte à 2700 ans avant Jésus-Christ.

Où sont les antiques splendeurs de la ville du soleil ? et son temple, l'une des merveilles de l'Egypte, et la grande avenue de sphinx, qui précédait l'entrée ? Tout cela est anéanti, enfoui profondément sous le sable et les décombres !

C'est dans le temple d'Héliopolis que, au dire des Egyptiens, le phénix expirant venait se consumer sur l'autel pour renaître de ses cendres le troisième jour.

Les Pères de l'Eglise ont voulu voir dans cette fable une allégorie prophétique de la résurrection de Notre Seigneur.

On pense qu'Héliopolis attira le Sauveur par certaines corrélations mystérieuses qui devaient entrer dans le plan divin.

Joseph, fils de Jacob, épousa Aseneth, fille du grand prêtre du soleil, et leurs enfants, Ephraïm et Manassé, devinrent les pères de deux tribus d'Israël.

Enfin cette ville fixa le choix de la Sainte Famille,

quand à son arrivée en Egypte, elle se demanda en quel lieu elle ferait son séjour habituel pour le temps de l'exil.

Un évangile apocryphe de saint Mathieu rapporte que, lorsque les augustes voyageurs entrèrent dans le temple d'Héliopolis, les trois cent cinquante idoles s'écroulèrent à leur vue.

Le gouverneur Aphrodisius, apprenant cette nouvelle, vint au temple, et, voyant toutes les statues la face contre terre et brisées, s'approcha de Marie et adora l'Enfant qu'elle portait dans ses bras en s'écriant : « Si cet enfant n'était pas un Dieu, nos dieux ne seraient pas tombés devant lui et ne se seraient pas prosternés, le reconnaissant pour leur Seigneur ! » Aphrodisius, suivant la tradition, se convertit plus tard à l'Evangile et fut ordonné évêque de Béziers, après la mort du Christ. (1)

Héliopolis n'est pas moins cher à notre patriotisme. C'est là que Kléber, le 20 mars 1800, avec une poignée de héros, mit en déroute 80,000 Ottomans.

Après la victoire, Kléber vint à l'arbre de la Vierge, et grava son nom sur une branche avec la pointe de son épée.

De retour au Caire, nous prenons un drogman pour nous guider dans l'inextricable labyrinthe des rues de cette grande cité, qui compte 50 quartiers. Quelle foule énorme se presse, se heurte et s'agite en tout sens dans ces ruelles, ces impasses, ces carrefours pleins d'ombre, aux passages étroits, percés de droite

---

(1) Voir l'*Arbre de la Vierge à Matarieh*, par le P. Julien.

et de gauche, de magasins, d'officines, d'échoppes qu'on appelle les bazars ! C'est un immense réseau de galeries tortueuses qui s'enlacent les unes les autres, dont on ne peut suivre seul les nombreuses sinuosités sans risquer de s'égarer.

Les diverses industries sont groupées par quartiers, et l'on se croirait en plein moyen-âge, au milieu de nos anciennes corporations de métiers.

Voici d'abord le bazar des cuivres, où l'ouvrier travaille au marteau, en pleine rue, cisèle, burine, bosselle le métal qui brille, avec une sûreté de main étonnante et un goût artistique très heureux ; le riche bazar des étoffes, des cachemires, des draperies aux couleurs éclatantes, des dentelles, des gazes brochées d'or et d'argent. A côté s'empilent les tapis d'Orient, les ivoires, les coraux, toutes les productions de l'Inde et de l'Afrique. Ailleurs ce sont les huiles, les essences, les parfums de toute provenance, dont on fait tomber quelques gouttes sur les mains de l'acheteur pour lui en faire apprécier l'odeur exquise ; plus loin, les comestibles, dattes, bananes, noix de coco ; des montagnes de citrons et d'oranges, des fruits confits à foison. Par ici sont les orfèvres et les joailliers qui laissent sans défiance, à portée de la main, les diamants, bijoux et bibelots de grand prix. En un mot, c'est une confusion, un tourbillon de couleurs et d'objets, un fouillis de marchandises de toutes sortes, de richesses, d'oripeaux, d'œuvres d'art qui vous éblouissent et vous ahurissent. C'est très curieux et très intéressant, mais fatigant.

Nous revenons par la belle avenue de Shoubrah, les

Champs-Elysées du Caire. La forte chaleur du jour est un peu tombée, et une foule d'élégantes voitures défilent, se croisent sans cesse, précédées des coureurs ou *saïs* qui font place devant l'équipage de leurs maîtres.

Les grands personnages se font toujours précéder de saïs. Ceux-ci portent une veste courte en drap rouge ou bleu, brodée d'or, avec de larges manches bouffantes qui s'envolent à la course comme d'immenses ailes de papillon. Rien n'est plus gracieux que ces coureurs armés d'une longue canne, et qui filent aussi vite que les chevaux les plus fringants.

Nous rencontrons beaucoup de femmes égyptiennes. Les grandes dames, qui ne se montrent là qu'en voiture, ont une mantille de soie noire sur la tête, et, sur la face, jetée en travers, une gaze blanche transparente qui estompe seulement les traits du visage, jusqu'aux yeux laissés à découvert. Quant aux femmes du peuple, leur visage disparaît sous un voile noir, retenu par une bobine de roseau d'un effet assez drôle, qui ne permet de voir que leurs yeux.

Cette bobine, qu'on appelle ici *Bourou*, partage le front ; elle est parfois d'ivoire selon le rang ou la fortune de la dame qui porte cet étrange ornement, apanage des femmes mariées.

Quelle animation dans les rues du Caire ! quelles clameurs presque continues en vingt langues différentes ! Tous les idiomes de l'Occident et de l'Orient ont leur caravansérail dans la capitale de l'Egypte. Quels accoutrements et costumes extraordinaires ! que de visages bruns et basanés ou d'un noir d'ébène ; au milieu de tout cela, des milliers de cavaliers montés sur des chevaux, sur des mulets, sur des ânes ; d'interminables files de chameaux passant parmi les vagues tumultueuses de cette masse d'hommes et d'enfants, voilà ce que nous rencontrons à chaque pas et qui imprime au Caire un cachet éminemment oriental.

Demain, dès l'aube, nous irons visiter les fameuses Pyramides, ces mausolées millénaires des vieilles momies de rois.

Nous montons en voiture ce matin à cinq heures, pour faire l'excursion des Pyramides.

Le temps est superbe, il est même un peu frais. On s'enveloppe, on franchit Fostat, le faubourg habité par les coptes, et on passe le Nil près des îles fleuries de Rhodat. Nous suivons longtemps ensuite une superbe route ombragée par de beaux arbres ; tout à coup la verdure cesse brusquement et le sable commence. La terre cultivée fait place au désert. A mesure que nous approchons, les trois mystérieuses Pyramides de Chéops, de Chéphrem, et de Mycérinus grandissent hors des sables, comme de colossaux champignons de pierre, qui pousseraient visiblement aux ardeurs du soleil. Vastes dans leurs bases, gigantesques dans leur hauteur, elles s'étagent rappelant chacune ses vingt années de construction et ses cent mille hommes employés à l'ouvrage. Tout cela pour cacher au vandalisme des hommes et préserver de la morsure des vers une momie de cinq pieds. Hélas ! la poussière royale de Chéops n'en vole pas moins depuis longtemps dispersée à tous les vents d'Egypte, tandis que les Bédouins demi-nus vivent comme de la vermine sur la célébrité de sa Pyramide.

A notre vue ils accourent, puis s'élancent vers la Pyramide à laquelle quelques pèlerins livrent l'assaut, grâce à leurs bras ; d'autres glissent dans les chambres, en font éclairer le marbre blanc, et nous nous confirmons dans la pensée que ce monument a été destiné à garder un secret.

Nous allons au Sphinx qui regarde l'Orient où doit naître Jésus. Je reste stupéfaite, presque effrayée, en apercevant ce monstre de granit rouge émerger des sables rosés et envahissants, dans lesquels sombrent insensiblement, avec l'éternité des siècles, ses pattes, son dos et sa croupe. C'est un lion assis, avec une tête humaine, mais d'une dimension colossale. Le Père de l'Epouvante, comme le nomment les Arabes, est tourné du côté du fleuve et boude au désert, ayant des Bédouins couchés à son ombre et des vautours juchés sur sa tête. Un vent tiède soufflait du désert, comme une caresse ardente et mystérieuse.

Au sud, les palmiers de l'ancienne Memphis lèvent leur éventail vert, comme pour éventer la vieille cité évanouie dans ses ruines. A l'ouest, le désert lybique se perd à l'horizon, mamelonné de monticules de sable que déplace le vent. C'est étrange et beau !...

Notre visite aux tombeaux orgueilleux des puissants Pharaons étant terminée, nous remontons en landau, et bientôt, par une chaleur torride, nous arrivons à l'entrée du musée de Ghizeh et pénétrons dans les jardins.

Un monument funéraire frappe d'abord nos regards, c'est celui de Mariette-Bey, le grand égyptologue de notre patrie qui repose de l'éternel sommeil auprès du vaste musée qu'il a créé. Devant le mausolée, quatre sphinx déterrés par lui à Sakkarah semblent monter la garde. Nous nous agenouillons un instant sur la tombe de ce savant, mort en chrétien, et nous entrons dans l'enceinte du magnifique jardin qui entoure le Musée. Nous sommes ravies de cette végétation orientale, si luxuriante et si belle. Des allées ombragées, des grottes charmantes, des collines artificielles, des lacs en miniature sur lesquels des cygnes blancs comme la neige prennent leurs ébats, d'élégants ponts suspendus font de ce parc une des plus délicieuses promenades que l'on puisse voir.

Nous nous dirigeons ensuite vers le palais qui renferme tant de trésors archéologiques et d'antiquités égyptiennes.

Nous traversons des salles somptueuses richement décorées, et arrivons à la salle des momies royales. La plus remarquable est celle de Ramsès II, le Sésostris de l'histoire, le Pharaon de la Bible, dont la fille recueillit Moïse sur les eaux du Nil. Je contemple longtemps la figure rigide du grand Roi, l'un des plus célèbres des nombreuses dynasties égyptiennes.

Ce visage de roi a gardé un air de puissance incomparable, l'empreinte d'une majesté surprenante, figée par la mort. Quelques cheveux blancs tiennent encore à ses tempes et à sa nuque.

Il y a dans ce musée d'immenses vitrines où s'étalent les différentes parures des princesses du temps passé, des multitudes de scarabées taillés en pierreries de toutes couleurs, d'anciens diadèmes et bracelets égyptiens en or massif, des statuettes antiques et rares et mille choses curieuses qu'il serait trop long d'énumérer.

Rentrées au Caire, nous partons de suite pour la Citadelle, située sur une éminence rocheuse, au sommet de laquelle se trouve la mosquée de Méhémet-Ali, la plus belle de toutes celles de l'Égypte.

De la terrasse où le drogman nous conduit, la vue est incomparable. L'œil plane sur la ville entière : quel ensemble imposant de dômes, de coupoles qui resplendissent aux rayons du soleil, quelle forêt de clochetons, d'aiguilles, de minarets d'où le muezzin appelle cinq fois par jour les fidèles à la prière ! Rien n'est plus étrange que la vision de ces hommes modulant leur cantilène mystique, perdus dans ces hauteurs : *La illah, il Allah !...*

Nous entrons ensuite dans l'intérieur de la mosquée et nous sommes éblouis. Les murs sont couverts de lambris d'onyx de différentes couleurs ; quatre énormes piliers carrés soutiennent l'immense coupole toute zébrée d'arabesques d'or sur fond pourpre, des vitraux aux riches couleurs, des tapis à grands ramages, des lustres, des lampes, tout l'attirail de merveilleux, la féerie, le bric-à-brac étrange et séducteur de l'Orient.

Dans un coin se trouve le tombeau de Méhémet-Ali, le fondateur de cet édifice.

Les yeux fixés sur toutes ces splendeurs de la mosquée, nous sentons cependant qu'il y manque quelque chose : c'est ce cachet d'ancienneté, ce reflet du passé et ce je ne sais quoi d'auguste, d'imposant, de touchant que possèdent nos vieilles églises ou nos antiques

ÉGYPTE. — LE CAIRE
La Citadelle et Mosquée de Méhémet-Ali.

monuments d'Europe, et que l'on ne rencontre pas ici !...

En revenant à l'hôtel, nous examinons les rues si curieuses du Caire avec leurs vieilles maisons dont l'ensemble permet d'observer l'architecture mauresque avec ses ogives gracieuses, ses grilles ouvragées et ses balcons à jalousie en forme de guérite. Ces observatoires, appelés *Moucharabyeh,* sont le boudoir favori des pauvres femmes de l'Islam, qui, vouées à la réclusion domestique, peuvent ainsi tromper l'ennui des longues heures par les puériles occupations de la curiosité.

J'aurais encore à dire bien des choses sur cette intéressante ville, mais il faut me borner.

Le temps passe vite au Caire ; nous n'avons pu tout voir et néanmoins il faut partir, aller rejoindre la *Ville de Brest* qui nous attend dans la rade d'Alexandrie.

Adieu beau pays d'Egypte, les merveilles que nous nous étions promises de ta visite n'ont pas été un mirage trompeur ; ta renommée poétique n'est pas une fiction exagérée ; nous emportons de tes charmes un souvenir ineffaçable !

A midi, nous avions rejoint sur le navire nos chers compagnons de voyage. La joie du retour et les émotions des jours passés à Jérusalem donnent une gaieté et une animation communicatives à bord. Chacun apporte son récit, sa pensée, sa petite fleur, dont nous formons comme un beau bouquet qui embaumera notre vie, car ces fleurs là sont immortelles !...

Les récréations amusantes, poétiques et comiques

reprennent avec un nouvel élan chaque soir... Nous avons des boute-en-train qui ont un succès énorme. L'excellent M. Vermeulen, de Loos-en-Lille, a tellement de verve et débite des choses si drôles avec tant de sérieux, qu'on lui a donné le nom de M. Craque-en-Gros.

Il crée des scènes pittoresques, en retraçant certains épisodes de notre voyage saisis sur le fait. Son *Ibrahim* lui a valu un succès indescriptible. Tous les acteurs qu'il fait défiler sous nos yeux ont été croqués de main de maître.

Le Bœuf-Apis, grand sujet de circonstance, nous a prouvé une fois de plus son incontestable talent.

De nouveaux artistes ont apparu sur la scène. On a le cœur si content et si rempli de saintes joies, qu'il faut à tout prix qu'il se dilate. Voici un prêtre breton, M. l'abbé Buléon, chapelain de la basilique de Sainte-Anne d'Auray, qui nous chante les noëls naïfs et touchants de la vieille Armorique. Le rythme en est si doux, si balancé, qu'on rêve en l'écoutant aux grèves et aux bruyères du pays d'Arvor. Jésus, le petit Poupon, nous a surtout charmés.

Le R. P. Durand, de la Congrégation du Saint-Sacrement, l'apôtre zélé de l'enfance, vient dans une improvisation toute pétillante d'esprit faire ressortir l'action que les enfants de tout pays ont exercée sur le Congrès Eucharistique. Il nous informe qu'il a lancé, aux quatre points du monde catholique, une lettre encyclique destinée aux petits enfants afin d'obtenir, par leurs prières et leurs sacrifices, le succès de cette entreprise. Pour édifier et égayer l'auditoire, le bon

Père nous donne lecture de quelques-unes de ces réponses enfantines parmi lesquels il y en a qui sont touchantes jusqu'aux larmes. Le P. Durand conclut en affirmant que le succès du Congrès est dû en partie aux prières des petits enfants.

Son Malborough, chanté en chœurs paraphrasés, lui a valu de nouvelles ovations. Il sait admirablement unir le plaisant au sérieux.

Jusqu'à présent le calme des flots favorise le calme de l'âme, et nous pouvons jouir du beau spectacle que nous présente la mer.

Ce soir, assise à l'avant du navire, j'assiste à un des couchers de soleil les plus splendides que j'aie jamais vus. En même temps qu'à l'occident le disque empourpré de l'astre du jour descend lentement sur les vagues dont il teint la surface de ses feux mourants, à l'orient la lune se lève radieuse, et sa lumière argentée répand partout un éclat doux et mystérieux qui recueille et fait rêver !...

# CHAPITRE III

## RETOUR EN FRANCE

LES MÉFAITS DE LA MER IONIENNE. — UN REPOSOIR A BORD — DANS LE DÉTROIT DE MESSINE. — CHARYBDE ET SCYLLA. — LA PROCESSION DU SAINT-SACREMENT. — UNE DERNIÈRE BÉNÉDICTION. — LA TEMPÊTE. — FRANCE ! — PORQUEROLLES. — LE CHATEAU D'IF. — DÉBARQUEMENT.

SAMEDI 27 MAI. — Au réveil, aucune terre n'est en vue. La voûte bleue pèse avec une régularité monotone sur l'immense disque bleu des eaux.

Les exercices de piété, entremêlés d'utiles conférences, occupent nos loisirs comme dans la première traversée. On a repris les heures d'adoration devant le Saint Sacrement et la récitation perpétuelle du Rosaire.

La Mer Ionienne ne saurait renoncer totalement à l'occasion de signaler son voisinage. Nous commençons à sentir son approche. Aussitôt nos estomacs se cabrent et se mettent en grève. Adieu les rires, adieu la joie !... Le maître d'hôtel seul paraît satisfait, car ce mal terrible lui apporte de belles économies. Presque personne n'échappe à son atteinte ; le désordre est à son comble ; on trouve partout des gens bouleversés, défaillants, blémissant sous la souffrance, se couchant sur le pont, s'appuyant aux bastingages. Oh quel tableau !... Que ne peut-on le peindre ?...

La cloche a beau sonner pour appeler au chemin de la Croix, on ne l'écoute pas ; il n'y a que quelques rares vaillants qui se rendent à son appel. Ne sommes-nous pas sur la Croix en ce moment néfaste, où la tête tourne, où le cœur s'en va et semble descendre dans la profondeur des abîmes !... Oui, c'est bien un vrai chemin de Croix que nous faisons là !..

Dimanche 28 mai. — Au lever de l'aurore, des bandes de pourpre se déroulent comme les plis d'un manteau royal dans l'immensité du ciel ; la mer éblouissante comme une lame d'or est redevenue calme et clémente. Tout présage une belle journée... La gaieté renaît parmi les pèlerins de pénitence ; ils savent retrouver le chemin de la chapelle et celui de la salle à manger. C'est très heureux, car aujourd'hui une grande fête se prépare ; nous devons avoir dans l'après-midi une procession du Très Saint Sacrement à bord.

Après la messe solennelle à laquelle tout l'équipage assiste, chacun se fait un bonheur d'aider à l'organisation du reposoir. Passagers et matelots sont à l'œuvre. Les riches souvenirs apportés d'Orient, les tapisseries, les étoffes brochées d'or, des plantes en fleur, des faisceaux d'armes viennent orner le trône de gloire sur lequel viendra se reposer le Dieu de l'Eucharistie.

De belles palmes de Jéricho forment d'élégants bouquets de verdure, tandis que la toile qui sert de voûte et d'abri au reposoir est tapissée de drapeaux français. L'ensemble présente un caractère aussi nouveau que distingué.

Nous entrons dans le détroit de Messine... Quel cadre admirable pour entourer notre manifestation d'amour au Très Saint Sacrement !...

Les côtes de Calabre et de Sicile, rapprochées presque à portée de la voix, ont en ce jour une fraîcheur de printemps qui s'harmonise à ravir avec les grâces poétiques du détroit.

Nous pouvons admirer en pleine lumière ce magnifique panorama que nous n'avions vu, à l'aller, qu'au clair de lune.

La petite ville de Mélito, en Calabre, assise sur les flancs de son pic dentelé semble se pencher vers les navigateurs qui arrivent, pour les saluer gracieusement. Reggio s'étale, nonchalante, sur la grève, dans un nid de verdure caressé par le flot.

Une ligne ferrée contourne le littoral ; nous voyons les trains qui marchent sur la ligne italienne. Les coteaux sont couverts de forêts ou de rochers gigantesques. La colline, qui forme la pointe de la semelle de la grande botte péninsulaire, est toute bordée de blanches cités coquettes. Baignées par les flots, elles se détachent sur le fond verdoyant de la chaîne des monts Calabrais, dont la déclivité vient mourir au pied de Reggio.

Du côté de la Sicile, l'art et la nature sont plus enchanteurs encore. Des montagnes bleues comme le ciel, bleues comme la mer, ferment les horizons. Des chapelles gracieuses et de charmantes villas se profilent au-dessus du golfe. La verdure du pampre estompe les collines et Messine montre avec orgueil ses vieilles tours, les dômes de ses églises et les maisons de ses 70.000 habitants, qui ne peuvent dissimuler la vaste enceinte de son port militaire et commerçant, un des plus sûrs de la Méditerranée.

Le détroit se rétrécit de plus en plus et devient comme un entonnoir de moins de trois kilomètres de largeur, où s'engouffre un vent impétueux.

Le moment est solennel ! — Le gouffre de Charybde touchant le village de Faro tourbillonne sous nos pieds ; et le grand rocher de Scylla, petite ville sur le rivage italien s'avance comme pour nous briser au passage. Mais il n'en est rien, ces deux écueils n'effrayent plus les nautonniers modernes, et nous passons fièrement en les narguant avec dédain.

Une petite pluie vient un instant assombrir notre beau paysage, mais elle n'empêchera pas notre procession.

Après les Vêpres, le défilé s'ébranle aux chants des cantiques ; d'abord les dames ouvrent la marche, puis les hommes et enfin le long défilé des prêtres parés des ornements sacerdotaux. Mgr l'évêque de Bâle porte le Saint Sacrement ; M. le baron d'Alcochète, M. le baron de Livois, ainsi que le commandant et le capitaine tiennent les quatre cordons du dais.

Que peut-on voir de plus beau que cette procession sur les eaux profondes, que cette marche victorieuse de Jésus-Christ, sur ces planches qui nous séparent de l'abîme ; puis ces chants liturgiques exécutés avec entrain, ce canon qui tonne de quart d'heure en quart d'heure ; tout cela forme une scène émouvante qui ouvre nos âmes à la sensation de l'infinie douceur et de l'infinie majesté qui réside dans les choses de Dieu.

Au moment où l'Hostie Sainte, suspendue entre le ciel et l'onde, nous bénit du haut du reposoir, les canons de la *Ville de Brest* lancent une double salve au Dieu de l'Eucharistie et un *Te Deum* enthousiaste, que les vagues accompagnent en mugissant, termine cette splendide et incomparable cérémonie.

Quand nous rentrons à la chapelle, la voix sonore et harmonieuse du Père Eugène nous fait entendre les grandes acclamations qui ont retenti à Jérusalem. *Christus vincit, Christus regnat, Christus imperat !* et le chœur répond après chacune d'elles : *suaviter, feliciter, perenniter*. Un solo de flûte du Père artiste ajoute sa note mélancolique à l'impression religieuse de cette fête.

Lundi 29 mai. — Le commandant du navire annonce que, si le beau temps continue, nous serons le lendemain à Marseille. Cette nouvelle ressuscite les plus malades ; déjà on boucle les valises, on va, on vient d'un air affairé, toutes les physionomies sont riantes, on ne sent plus le mal de mer ou du moins on tache de l'oublier. La joie du retour envahit de plus en plus les cœurs. Etrange mobilité de notre nature ! Il y a un mois et demi, nous quittions la France avec plaisir, aujourd'hui c'est un besoin de la revoir, cette pensée domine tout !...

Une dernière cérémonie nous réunit ce soir au pied du Tabernacle ; c'est la dernière bénédiction donnée sur le navire, ce sont les derniers avis du Père Alfred, notre pieux directeur, qui nous adresse aussi ses félicitations et ses adieux dans des termes qui remuent profondément nos cœurs.

M. l'abbé Guillibert veut bien se faire l'interprète des sentiments de vive gratitude de tous les pèlerins envers la direction du pèlerinage et surtout envers le Père Alfred, le vaillant chef de notre pieuse croisade.

Alors se passe une scène émouvante : l'Hostie Sainte exposée sur l'autel reçoit nos promesses solennelles : Après chaque verset du magnifique psaume *Super flumina Babylonis*, tous nous levons la main droite vers l'autel en signe de serment en répétant : « Si je « t'oublie, Jérusalem, que ma langue se dessèche et « que ma droite soit livrée à l'oubli. »

Ce serment, renouvelé à chaque strophe, donne une solennité étrange à ce chant qui nous pénètre jusqu'au fond de l'âme.

30 MAI. — Il y a eu une tempête cette nuit... tout a dégringolé dans la cabine !... J'ai cru un instant que nous ne reverrions plus la France et que la mer serait notre tombeau. Il aurait été triste d'échouer au moment d'arriver au port. Mes compagnes avaient le bonheur de dormir, elles n'ont pas trouvé comme moi la nuit rude et les heures bien longues.

J'entendais la vague gronder, s'enfler, s'irriter et

battre les flancs du navire, le vent se déchaîner avec une terrible violence, puis des bruits plus doux mais lugubres comme des plaintes, comme des sanglots étouffés, qui semblaient glisser au ras de l'eau tout le long du bord ; au-dessus de ma tête les pas précipités du commandant et de ses officiers allant d'un bout du pont à l'autre, les ordres donnés à voix basse, le cliquetis de la vaisselle de la salle à manger, qui se brisait avec fracas, tout cela m'impressionnait singulièrement. Je me remis entre les mains de Dieu, et peu à peu m'abandonnant à ce vacarme et bercée par le rythme mystérieux de la grande voix de la tempête, je tombai dans un bienfaisant sommeil qui me fit oublier mes terreurs.

Ce matin la mer s'apaise, on court à la chapelle remercier Dieu de nous avoir protégés de tous périls durant la tempête. Le commandant ne nous cache pas qu'il a eu un moment de crainte sérieuse, la mer étant terriblement agitée ; mais l'hôte aimé du Tabernacle gardait ceux qui reposaient sous sa protection, et comme sur le lac de Tibériade sa voix puissante a dit aux flots irrités : Calmez-vous !...

Et sous le commandement divin, les vagues ont baissé la tête !...

Voici les côtes de France !... Quel bonheur !... La plus grande des îles d'Hyères, l'île de Porquerolles, se montre bientôt à nos yeux charmés ; on entonne le *Magnificat* dans un élan de joie et de gratitude, car l'éloignement de la patrie augmente, pour ainsi dire, l'affection qu'on a pour elle.

Tous installés sur l'avant du navire, nous suivons du

regard la chaîne des montagnes qui borde la mer et qui nous présente les sites ravissants de notre chère patrie.

Au loin, l'œil distingue la roche abrupte de la Sainte-Baume où nous comptons aller demain.

La Sainte-Baume nous sera un doux ressouvenir de Jérusalem !...

De petites hirondelles des rivages de France viennent voltiger autour du navire. Leur vue nous réjouit. Ne sont-elles pas les messagères de la bonne nouvelle de notre retour ?...

Un souffle embaumé nous arrive des orangers de la Provence et nous pénètre de son parfum.

Tout nous sourit, tout nous enchante !...

Durant ce temps, des montagnes de bagages surgissent des entrailles du navire, le pont en est encombré. Les vêtements orientaux, koufliehs, tarbouchs, fez, manteaux blancs, disparaissent prestement et font place aux costumes Européens.

C'est la fin d'un beau rêve, car tout finit en ce monde. C'est aussi le moment des adieux !... Les mains tendues se pressent dans une chaleureuse étreinte, les « au revoir » émus, mélancoliques, se répètent, s'accentuent. Se réaliseront-ils ?... Dieu seul le sait... peut-être ne se retrouvera-t-on plus qu'au seuil de la Jérusalem céleste. Néanmoins, on se donne encore rendez-vous dans la Jérusalem terrestre !... En tout cas, un lien indissoluble nous unit désormais, il sera pour notre vie une force et une consolation, car les joies et les dangers communs, l'ont rendu fraternel à jamais.

4 HEURES DU SOIR. — Enfin Notre-Dame de la Garde apparaît sur sa haute plate-forme. Elle tend les bras à

ses enfants au seuil de la terre natale. Ils s'étaient mis sous sa protection en la quittant, maintenant qu'elle les a protégés et ramenés au port, elle les accueille avec amour. Merci, douce Étoile de la mer, reçois notre prière reconnaissante !

Et l'*Ave Maris Stella* est chanté avec entrain par nos voix émues, tandis que tous les yeux se mouillent de larmes.

Notre *Ville de Brest* passe au milieu des îlots dont la mer est parsemée, à côté du célèbre château d'If, qui ressort tout blanc sur les flots d'azur. Elle entre majestueusement dans le port, sillonné de vaisseaux aux mâtures élégantes, où elle se fraye lentement un passage pour atteindre le quai.

Nous débarquons à 5 heures sur le sol aimé de la patrie. Nos frères du *Poitou* arrivés avant nous sont là pour nous souhaiter la bienvenue et nous dire adieu, peut-être pour toujours !...

Ils nous apportent la douloureuse nouvelle de la mort de M. Etienne Récamier, que nous avions laissé si malade à Jérusalem. C'est à Notre-Dame de France que ce saint pèlerin a rendu sa belle âme à Dieu dans d'admirables sentiments de foi et de résignation. Sa pieuse compagne et sa fille bien-aimée l'assistaient à ce moment suprême et ont reçu son dernier soupir. Il avait 59 ans.

Cette mort attriste notre retour à Marseille et produit un saisissement général, car M. Récamier était estimé de tous.

Ensuite chaque pèlerin se disperse, court à la douane, à ses bagages, à son hôtel ou à la gare.

Notre beau voyage est terminé, l'Orient est loin, il ne nous reste que le souvenir et les fruits merveilleux qui en découlent.

O Jérusalem ! j'ai fini d'écrire, mais je n'ai pas fini de parler de toi, je n'ai pas fini de penser à toi, de prier pour toi et de t'aimer !...

Puisse Dieu, qui m'a fait la grâce de savoir t'apprécier et te goûter, m'accorder celle de retourner encore

## EN PÈLERINAGE !

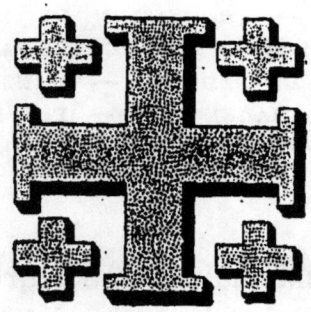

# CHAPITRE IV

## LA SAINTE-BAUME ET SAINT-MAXIMIN

DE MARSEILLE A AUBAGNE. — AURIOL. — SAINT-ZACHARIE. — LE SAN-SABBATO. — LE DÉSERT. — LA SAINTE-BAUME. — L'HOTELLERIE DE BÉTHANIE. — A TRAVERS LA FORÊT. — LA GROTTE DE SAINTE MADELEINE. — LA FONTAINE DE LA PÉNITENCE. — LE SAINT-PILON. — MONSEIGNEUR DUPANLOUP ET LA SAINTE-BAUME. — PROCESSION DE LA FÊTE-DIEU. — ÉGARÉES DANS LA FORÊT. — RETROUVÉES PAR L'INTERCESSION DE SAINT ANTOINE DE PADOUE. — SAINT-MAXIMIN. — LES RELIQUES DE SAINTE MADELEINE. — FIN DE PÈLERINAGE A L'ABBAYE DE SAINT-VICTOR.

E lendemain, à une heure et demie, nous prenons le train d'Aubagne, avec un groupe de pèlerins de notre connaissance, heureux de voir cette Provence à laquelle Dieu a réservé une part unique dans cette distribution des grâces divines attachées au sol, et comme la dernière empreinte de la vie de Jésus-Christ parmi nous.

Le chemin de fer, en quittant Marseille, se dirige vers

les Alpes-Maritimes, il entre dans une vallée qui longe la mer sans qu'on la puisse voir, parce que de hautes montagnes en cachent les flots.

Cette vallée est fertile ; de fraîches et vertes prairies, de magnifiques vergers attirent les regards et excitent notre admiration.

En sortant des sables arides de l'Egypte et du sol nu et pierreux de la Palestine, nous éprouvons une jouissance indicible en retrouvant la luxuriante végétation de la patrie bien-aimée.

Arrivés à Aubagne, nous laissons la ligne de Toulon pour prendre celle qui conduit à Auriol.

Là, une mauvaise diligence nous reçoit dans ses flancs jusqu'à Saint-Zacharie, charmante petite ville qui possède une précieuse relique : le *San-Sabbato* ou soulier de la Vierge Marie. Nous nous empressons d'aller la vénérer. L'Eglise qui la renferme est très jolie, propre et ornée avec goût.

Sur l'autel de la chapelle de la Bienheureuse Vierge se trouve le reliquaire en cristal qui recouvre le *San-Sabbato*. Nous considérons ce soulier avec respect et piété. Il est en étoffe noire et très petit, ce qui prouve que la Reine du Ciel avait un joli pied, en harmonie avec la beauté de sa personne.

Après avoir prié devant ce vestige de notre Mère bien-aimée, nous sommes allés louer un break découvert, pour monter à la Sainte-Baume et pouvoir admirer à notre aise les sites de ce pittoresque pays.

Nous traversons la grande rue de Saint-Zacharie, très alignée, ombragée de beaux arbres et agrémentée de fontaines dont l'eau limpide et claire tombe avec un doux clapotement dans des bassins de pierre, entourés de mousses et de fougères sauvages.

La route s'élève ensuite peu à peu ; elle est pierreuse et difficile, les montagnes succèdent aux montagnes. Au pied de ces côtes abruptes, couvertes de thym en fleur, dont le parfum nous embaume, gronde un torrent qui ressemble au Guiers-Mors de la Grande Chartreuse. Plus nous montons, plus l'air devient pur et la nature sévère, c'est le désert qui commence.

Nous étions, il y a quelques heures, au sein d'une ville riche et ardente, l'une des reines de la Méditerranée.

On entendait le bruit des vagues et le bruit des hommes ; on voyait arriver de tous les points de l'horizon des vaisseaux nombreux et superbes ; maintenant tout est calme en même temps que tout est pauvre, et, à la paix comme à la nudité de ce désert, on se croirait transporté par des routes mystérieuses aux inaccessibles retraites de l'antique Thébaïde.

Quelques murailles tombées s'aperçoivent de loin en loin ; quelques maisonnettes debout à l'extrémité de la plaine ; mais ces vestiges de vie ne diminuent pas la solennelle réalité du lieu. Le cœur pressent qu'il est dans une solitude où Dieu n'est pas étranger !...

Au centre de roches hautes et alignées qui ressemblent à un rideau de pierres, notre œil impatient découvre enfin une habitation qui y est comme suspendue, et à ses pieds une forêt dont la nouveauté le saisit.

Ce n'est plus le pin maigre et odorant de la Provence, ni le chêne-vert, ni rien des ombrages que nous avons rencontrés sur notre route ; on dirait que, par un prodige inexplicable, le Nord a jeté là toute la magnificence de sa végétation. C'est le sol et le ciel du Midi avec les futaies de l'Angleterre. La poétique singularité de ce site nous ravit et il ajoute au saisissement du regard celui de la pensée. Qui donc a passé là ?... Qui a marqué ce coin de terre d'une empreinte si puissante ?... Quel est ce rocher ?... Quelle est cette forêt ?... Quel est enfin ce lieu où tout nous semble plus grand que nous ? a dit le Père Lacordaire.

« O Marseille !... tu vis venir l'hôte qui habita le pre-
« mier cette montagne. Tu vis descendre d'une barque
« la frêle créature qui t'apportait la seconde visite de
« l'Orient. La première t'avait donné ton port, tes
« murailles, ton nom, ton existence même ; la seconde
« te donna mieux encore, elle te confia les reliques
« vivantes de la vie de Jésus-Christ, l'âme qu'il avait
« le plus tendrement aimée sur la terre.

« Dieu qui a tout créé en vue de l'avenir, et qui n'a
« pas dessiné un rivage, élevé une montagne, arrosé
« une vallée et creusé une mer sans savoir pour quel
« peuple ou quelles âmes il travaillait, Dieu, dans la
« création, avait pensé à Marie-Madeleine, et lui avait
« fait en ce coin de terre un asile, où elle passerait
« les dernières années de sa vie dans les ravissements
« de la prière et les austérités de la pénitence. C'est
« la Sainte-Baume. Une grâce y attira Marie-Made-
« leine. Elle y vint comme elle était allée à Jésus-
« Christ, par la même lumière et le même mouvement.
« Elle apporta sur la hauteur sacrée de la Sainte-

« Baume une vertu qui n'a point eu d'égale pour y
« laisser une mémoire qui n'a point eu de tom-
« beau (1). »

Aussi avec quel bonheur nous arrivons en présence du lieu béni consacré par tant de prodiges !

Nous le contemplons de loin avec émotion car il est trop tard pour traverser la forêt et monter à la grotte. Il faut descendre à l'hôtellerie, tenue par les Fils de saint Dominique, pour y souper et y passer la nuit. Ce couvent, bâti au pied de la forêt, en vue de la grotte de Sainte-Madeleine, est édifié dans de belles proportions et se nomme *Béthanie*.

Nul site ne convenait mieux que celui-ci à une destination semblable...

Le bon Père, qui garde l'hôtellerie, n'ayant pas été prévenu de notre arrivée, est très en peine pour nous loger tous, ayant déjà reçu beaucoup d'étrangers venus pour assister à la procession du lendemain ; car la Fête-Dieu est une des plus grandes solennités de la Sainte-Baume.

Il y met tant de bonne volonté que, avant la nuit, nous sommes casés plus ou moins bien, mais les pèlerins de pénitence ne sont pas difficiles et le gîte nous paraît excellent et bien meilleur que la tente de la Galilée ou la cabine du navire.

Ce matin, dès l'aurore, nous nous engageons dans la forêt, dont l'entrée est proche du Couvent.

Les premiers rayons du soleil commencent à filtrer

---

(1) *Vie de sainte Madeleine*, par le Père LACORDAIRE.

à travers la voûte sombre sous laquelle nous marchons, et nous aident à découvrir les mystérieuses beautés de cette solitude incomparable. Aucun bruit humain ne vient en troubler encore le majestueux silence ; le solennel murmure des arbres s'élève seul, par intervalle, comme la grande voix de la mer, ou comme un vague gémissement.

J'admire la profondeur de cette superbe forêt, son étonnante végétation, ce splendide fouillis de verdure où la nature semble avoir épuisé toute sa magnificence.

L'imagination s'exalte en face d'un spectacle aussi grandiose, l'âme s'émeut dans sa sublime contemplation, et la pensée franchissant notre étroite sphère, prend son essor vers les horizons infinis.

Nous montons, nous montons toujours parmi de verts sentiers, émaillés de fleurs charmantes, où de blancs lys étalent leurs bouquets parfumés, où les lierres, les clématites, les chèvrefeuilles s'enroulent de toutes parts, et arrivons enfin près d'un rocher énorme qu'on dirait taillé à pic. Il domine la forêt que nous venons de traverser et produit l'effet le plus pittoresque.

C'est aux flancs de cette gigantesque roche que se trouve la grotte de Sainte-Madeleine ; elle est précédée d'une terrasse spacieuse d'où l'œil découvre une immense étendue.

La grotte est très remarquable : on y monte par plusieurs degrés. Vaste et bien éclairée, sa largeur moyenne est de 24 mètres et sa longueur d'environ 26, sur 8 de hauteur.

Vers le milieu de la grotte se trouve l'autel principal. Il est en pierre, de style roman et conforme à la sévère harmonie du lieu.

Sur cet autel, j'admire le groupe sculpté en pierre du Christ en croix et de la sainte pénitente agenouillée à ses pieds dans l'attitude de la plus vive douleur.

Cette statue est colorée en carnation, mais d'un coloris fort brun... Madeleine est couverte de ses longs cheveux et d'un tissu de natte par dessous, rompu en quelques endroits. On lit sur son beau visage, tout baigné de larmes, une si forte expression de douleur qu'on ne peut la voir sans compatir à son affliction.

Un prêtre pèlerin célèbre à cet endroit privilégié le Saint-Sacrifice, auquel nous assistons émus et recueillis.

Une fanfare des environs, venue pour assister à la procession de la Fête-Dieu, fait entendre les plus beaux morceaux de son répertoire.

Après la célébration de la messe, nous visitons la grotte en tous sens. Elle offre dans une de ses parties une excavation profonde, où l'on descend par un double escalier. Un filet d'eau d'une extrême fraîcheur découle goutte à goutte des fentes du rocher ; c'est la Fontaine de la pénitence. Elle ne tarit point dans les années des plus grandes sécheresses, et son bassin naturel ne déborde jamais pendant les hivers pluvieux. La piété populaire attribue à cette eau, symbole des larmes de Madeleine, des vertus miraculeuses ; et le bruit mystérieux de sa chute vient seul interrompre, avec un charme mélancolique, le silence de cet antre vénéré.

Derrière l'autel se trouve la partie la plus élevée et la moins humide de la grotte, connue sous le nom de lieu de la pénitence. L'aspect produit une vive impression sur l'esprit de quiconque reporte sa pensée à l'histoire de Marie-Madeleine. Cet endroit est en effet le théâtre de ses célestes communications et de ses mystiques élans ; là, se sont passés les faits les plus inouïs de son existence surnaturelle. C'est en cet endroit que les Anges la visitaient chaque jour, et que le Christ venait fréquemment, par sa présence visible, charmer sa solitude et adoucir les rigueurs de sa pénitence ; c'est de là qu'elle était élevée, à travers les régions supérieures de l'espace, dans les horizons infinis du Ciel.

Rien de plus immatériel, de plus idéal que la vie de Madeleine dans ce lieu privilégié ; et cet anéantissement complet de la vie des sens, cette suprême abnégation de la chair, ces extatiques transports, ces ravissements sublimes dont elle était favorisée, forment le plus remarquable épisode de ce poème ineffable et divin.

Après avoir prié cette bienheureuse pénitente, nous sortons de la grotte pour aller prendre une légère réfection dans un petit pavillon qui se trouve à côté, puis nous allons faire l'ascension du Saint-Pilon. On nomme ainsi une petite chapelle construite au point culminant de la montagne, à l'endroit même où existait autrefois un pilier surmonté de l'image de sainte Madeleine, transportée par les anges ; car, d'après la tradition, c'est en ce lieu qu'elle était élevée sept fois par jour pour ouïr les accords célestes. « C'est là, disent « les chroniqueurs, qu'aux sept heures canoniales, « les anges élevaient sept fois en l'air Madeleine, puis

« la récréaient d'une douce et sainte harmonie, et la
« reportaient ensuite dans la sainte caverne pour con-
« tinuer ses pleurs et son austère pénitence. »

Cet épisode est certainement un des traits les plus remarquables du séjour de sainte Madeleine à la Sainte-Baume, et une des preuves les plus éclatantes des faveurs que Dieu lui accordait dans sa solitude.

A deux pas de la chapelle qui a remplacé, au seizième siècle, le pilier vénéré qui a donné son nom à cette partie de la montagne, on aperçoit encore l'empreinte de deux genoux sur le rocher, à l'endroit où les Anges reportaient la glorieuse Madeleine, après l'avoir élevée sur cette montagne.

Il est impossible de ne pas convenir que ce ne soient les admirables vestiges de la sainte, car ils ne donnent aucun indice que l'art ait passé là ; dans ces enfoncements de genoux, on voit une si grande ressemblance du naturel, qu'on ne peut douter que la pierre, devenue molle par miracle, ne se soit affaissée pour recevoir ces saints et vénérables stigmates.

Le Saint-Pilon est véritablement un des sites les plus religieux de la Sainte-Baume.

Ses abords sont difficiles, le chemin qui y conduit est rude et escarpé ; mais une fois sur le sommet, on est bien dédommagé de ses fatigues par la vue splendide que l'on découvre et par le charme inouï que l'on éprouve à cette contemplation.

D'un côté les Alpes avec leurs neiges éternelles et dont les crêtes se découpent magnifiquement sur l'azur splendide du Ciel ; de l'autre, la Méditerranée et ses flots qui étincellent au soleil ; à l'Est, un gigantesque amphithéâtre de collines s'étageant au loin dans de fuyantes perspectives ; à l'Ouest, des terrains plus accidentés encore qui semblent se prolonger à l'infini.

Ce majestueux panorama vous ravit et vous enveloppe dans une sorte d'atmosphère céleste. Mais ce qu'il y a de beau ici, ce n'est pas seulement ce qu'on voit, c'est ce qu'on sent et ce qu'on éprouve ; c'est l'horizon invisible que l'œil n'aperçoit pas, mais que l'esprit saisit ; ce sont les sons mystérieux que l'oreille ne recueille pas, mais que l'âme entend.

Sur ces inaccessibles hauteurs, on trouve des émotions inconnues et des enchantements sublimes ; au solennel spectacle de la terre se mêle un vague sentiment des splendeurs divines, on dirait une vision affaiblie du suprême idéal que contemplait Madeleine, et comme un écho lointain des ineffables mélodies qui la ravissaient.

« J'ai fait beaucoup de pèlerinages dans ma vie, a
« dit Mgr Dupanloup, je n'en ai jamais fait aucun avec
« un intérêt plus grand, plus saisissant... A la Sainte-
« Baume, un charme tendre et profond s'empare du
« cœur tout entier... tout ce qu'on a de plus sensible et
« de plus délicat dans l'âme, tout ce que la nature a
« donné à un cœur d'homme de bon et d'humain, tout
« ce que la grâce y a ajouté de meilleur et de divin, est
« saisi, pénétré, ému ! »

Il est huit heures, nous nous hâtons de descendre au Couvent, où la procession s'organise pour venir avec le Saint-Sacrement à la grotte de Marie-Madeleine.

Cette procession de la Fête-Dieu attire chaque année

à la Sainte-Baume une affluence considérable de tous les environs. On arrive dès la veille, et, comme à Béthanie on ne peut loger un si grand nombre de personnes, la plupart campent dans les champs, y allument des feux pour préparer leurs repas, mangent et dorment à la belle étoile. C'est tout à fait patriarcal.

On ne peut s'imaginer la solennité de cette procession sous bois, elle a un charme incomparable.

En tête marche la musique. Elle joue ses plus beaux airs que les échos répètent ; les fidèles viennent ensuite sur deux rangs, puis les prêtres et les religieux et enfin le Saint-Sacrement, porté sous le dais par un évêque.

La longue file parcourt avec pompe les sentiers ombreux de la forêt, elle passe sous des dômes de verdure impénétrables aux rayons du soleil, elle stationne aux reposoirs établis dans les sites les plus pittoresques ; le dernier attire surtout notre attention.

Placé sur le haut d'un rocher autour duquel les lierres verdoyants, les mousses luxuriantes, les fougères gracieuses s'enroulent, se mêlent, s'enchevêtrent avec une puissance inouïe, il semble suspendu entre le ciel et la terre. Lorsque l'ostensoir y est déposé et que la blanche hostie rayonne, on ne peut en détacher son regard et son cœur.

La foule s'échelonne sur la pente gazonnée du rocher, émaillée de mille fleurs sauvages, pour entendre l'éloquent sermon d'un Père Dominicain.

Il parle d'une voix émue de cette terre de Judée où a vécu Marie-Madeleine, où elle a connu le Maître Divin qui avait ravi son cœur ; il ajoute que cependant ce ne seraient ni les déserts de l'Orient, ni la montagne de Sion, ni Nazareth, ni Bethléem qui possèderaient les reliques bénies de son existence et seraient les derniers témoins de son extatique charité.

Jésus-Christ ayant légué sa Mère à Jérusalem, saint Pierre à Rome, saint Jean à l'Asie, a légué Marie-Madeleine à la France qui reçut des mains de Dieu cette part du testament de son Fils !

S'inspirant du Père Lacordaire, il nous montre la grotte de la Sainte-Baume comme le Thabor de cette illustre femme, qui passa de la pénitence à la gloire et de la gloire à la pénitence, réunissant dans cette alternative la double vie qu'elle avait menée : celle de pécheresse et celle d'amie de Jésus !...

Plus heureuse que saint Pierre, qui disait au Seigneur au jour de sa transfiguration : « Il nous est bon « d'être ici, faisons y trois tentes, » Madeleine a eu cette tente, refusée au prince des Apôtres. Elle y a vécu, solitaire, entre les pénitences de la grotte et les ravissements de la hauteur. Rien n'est changé là, non plus qu'au Thabor. La foi, respectueuse gardienne de tous les grands souvenirs, habite encore les deux montagnes, et, de leur faîte immaculé, elle regarde en haut le Dieu qui les visita !...

En écoutant ces belles paroles au milieu de cette solitude grandiose, je me croyais encore en Galilée, au pied du mont des Béatitudes, parmi cette multitude affamée de la parole du Maître, oubliant, pour l'entendre, qu'elle n'avait pas mangé depuis trois jours.

Nous aussi, charmés de cette nourriture spirituelle que nos âmes recevaient avec avidité, nous ne songions plus qu'il fallait retourner au Couvent pour dîner et partir à midi précis.

Après le chant du *Tantum ergo*, tous les fronts s'inclinent pour recevoir la bénédiction du Saint-Sacrement, et, pendant que la procession continue sa marche et se dirige vers la grotte où doit se terminer la cérémonie, nous sommes obligés de traverser la forêt à la hâte pour nous rendre à la maison de Béthanie.

Ma compagne et moi étant restées un peu en arrière pour cueillir quelques fleurs, nous pressons le pas afin de rejoindre notre groupe. Cette précipitation nous est fatale ; sous les ombrages touffus de la forêt, mille sentiers se croisent, nous croyons prendre celui qui nous avait amenées et nous nous y lançons à toute vitesse. Après avoir marché un certain temps, nous sommes étonnées de ne pas apercevoir encore le couvent... nous cherchons à nous orienter... impossible... le feuillage des arbres est tellement rapproché, le fourré tellement épais, que l'œil n'aperçoit de tous côtés qu'une masse sombre et imposante. Ce qui me surprend, c'est de ne rencontrer aucun pèlerin attardé comme nous, c'est de n'entendre aucun bruit qui vienne nous dire qu'une grande multitude est dans cette forêt ; l'écho de nos pas en trouble seul le majestueux silence. Ah ! que les solennelles et poétiques harmonies de cette solitude devaient bien convenir à l'âme ardente et contemplative de Madeleine, à ses saintes extases, aux brûlantes aspirations de son cœur ! Mais nous, hélas, pauvres mortelles imparfaites, ce grand silence, ce site étrange, ces voûtes sombres, ne font que nous effrayer ; il nous tarde de sortir de ces ténèbres verdoyantes et de retrouver les autres pèlerins. Mais ils doivent partir à midi, nous ne pourrons jamais les rejoindre à temps, nos montres marquent midi moins un quart !... Que faire, que devenir ? Appeler au secours ? personne ne nous entendra ; retourner sur nos pas ne fera que nous égarer davantage...

Une idée subite m'arrive ; je dis à ma compagne : « Prions saint Antoine de Padoue, il nous indiquera notre route. »

Nous nous agenouillons et invoquons avec ferveur le saint des choses perdues. Notre prière est exaucée, saint Antoine nous est propice. Un petit tertre se dresse près du sentier ; j'y monte, et, à travers une éclaircie, j'aperçois le Couvent, mais à une telle distance que c'est à désespérer de l'atteindre avant midi.

Néanmoins nous voulons tenter l'entreprise, et abandonnant les sentiers, courant à travers bois, sautant haies et fossés, nous atteignons enfin la plaine où se dressent les blanches murailles de Béthanie. Cette vue redouble notre courage et midi sonnait à l'horloge du monastère comme nous y arrivions. Les chevaux étaient attelés, on allait partir... Que saint Antoine avait été bon pour nous... qu'il m'était doux de constater une fois de plus sa merveilleuse puissance... Oh ! non, jamais on ne l'invoque en vain !...

Le chemin qui descend par Nans à Saint-Maximin, complément du pèlerinage à la Sainte-Baume, est tellement scabreux que nous sommes obligés de quitter la voiture et de descendre à pied ces côtes abruptes. Cela nous permet de mieux contempler le beau site qui nous entoure. De cette hauteur, on jouit d'une vue très étendue, bien propre à élever l'âme et à agrandir la pensée.

Après une heure de marche, nous apercevons, dans un bouquet de verdure, la gentille petite ville de Saint-Maximin. Elle doit son existence au saint dont elle porte le nom.

La même impulsion qui avait conduit Marie-Madeleine à la Sainte-Baume, avait amené saint Maximin à cet endroit. Tous les deux, l'un dans la montagne, l'autre dans la plaine, pouvaient apercevoir la retraite où Dieu les avait rapprochés sans les distraire.

Lors donc que l'habitante d'en haut sentit venir l'heure de son rappel, elle fut, dit la tradition, portée par les anges au bord de la voie Aurélienne, au point où cette voie coupait la route qui mène encore de la Sainte-Baume à Saint-Maximin. On nous montre le pilier célèbre qui marque le lieu de cette mémorable circonstance du passage de la sainte. On l'y voit au sommet soutenue par des anges qui semblent la transférer d'un lieu à un autre. A quelques pas de là, s'élevait le modeste oratoire de saint Maximin. L'évêque y attendait l'amie de son Maître ; il l'y reçut, lui donna la communion du corps et du sang de Jésus-Christ ; et, prise du sommeil de la mort, elle s'endormit en paix. Saint Maximin déposa son corps dans un tombeau d'albâtre, et lui-même y prépara sa sépulture en face du monument où il avait enseveli les reliques qui devaient appeler, sur ce coin du monde ignoré, une immortelle illustration.

Aujourd'hui, une superbe basilique a succédé à l'humble oratoire de saint Maximin. Elle est solennellement assise sur sa vieille terre, elle y commande l'admiration de l'artiste et les hommages du chrétien. Nous la visitons avec un vif intérêt. Les stalles du chœur, en bois sculpté, sont splendides ; mais ce qui produit en nous une profonde impression, c'est la crypte où saint Maximin avait déposé dans l'albâtre le corps de sainte Madeleine.

Ici tout respire l'antiquité d'une vénération qui ne s'est jamais interrompue. L'albâtre existe encore, plus durable que celui dont l'illustre pénitente s'était servi pour répandre le parfum sur les pieds du Sauveur.

Les reliques insignes du corps de sainte Madeleine ayant été divisées en trois parts, nous ne pouvons considérer que son chef et un os du bras droit, dans le reliquaire en cristal qu'on expose à notre vénération.

Avec quel bonheur nous contemplons ce front qui s'est posé sur les pieds du Sauveur, ces cavités vides qui ont été remplies des plus belles larmes qui soient jamais tombées devant Dieu ; cet os du bras droit qui a répandu le parfum sur les pieds du Divin Maître. Avec quelle ferveur nous regardons, dans un petit reliquaire à part, une mèche de ses cheveux et cette particule de chair mobile qui brillait sur sa tempe gauche (qui ne s'en est détachée qu'en 1780), et qu'on appelle encore aujourd'hui le *Noli me tangere*, parce que c'est à cet endroit béni que le Seigneur Jésus avait touché Madeleine lorsqu'il lui dit, après sa résurrection : *Noli me tangere,* — *Ne me touche pas !*... Nom sublime, puisqu'il a été créé par la foi, pour une pensée digne d'elle.

Nous baisons pieusement ces précieuses reliques et quittons non sans peine la basilique qui renferme le troisième tombeau du monde, car celui de Marie-Madeleine vient immédiatement après le tombeau de Notre Seigneur à Jérusalem, et celui de saint Pierre à Rome.

Moins élevée dans la hiérarchie que saint Pierre, mais plus proche de Jésus-Christ par son cœur, nul ne peut disputer à Marie-Madeleine la troisième place parmi ces grands noms de l'âge évangélique.

Aujourd'hui, comme au XIII° siècle, l'ordre illustre des Frères Prêcheurs est revenu fournir encore sa milice d'honneur au tombeau de sainte Madeleine ainsi qu'à la grotte de sa pénitence.

De retour à Marseille, nous allons visiter les caveaux de l'abbaye de Saint-Victor, qui reçurent la dépouille de Lazare et qui terminent dignement notre beau pèlerinage.

*Dieu soit béni !...*

# TABLE DES MATIÈRES

### Première partie. — ROME

Pages.

CHAPITRE PREMIER. — Le départ. . . . . . . . . . . . 4
CHAPITRE II. — De Marseille à Rome. . . . . . . . . 8
CHAPITRE III. — Rome : première et deuxième journée. 15
CHAPITRE IV. — Les églises de Rome. . . . . . . . . 29
CHAPITRE V. — Rome : les dernières journées. — Retour à Marseille. . . . . . . . . . . . . . . . . . 46

### Deuxième partie. — LA TERRE-SAINTE

CHAPITRE PREMIER. — A bord de la *Ville de Brest*. . 63
CHAPITRE II. — Caïffa. — Le Mont-Carmel. — Nazareth. 84
CHAPITRE III. — Cana. — Tibériade. — Le Thabor. . 120
CHAPITRE IV. — Jaffa. . . . . . . . . . . . . . . . . 151
CHAPITRE V. — Jérusalem : le Calvaire et le Saint-Sépulcre. . . . . . . . . . . . . . . . . . . . . . . 158
CHAPITRE VI. — Grotte de Gethsémani. . . . . . . . 176
CHAPITRE VII. — Bethléem. . . . . . . . . . . . . . 184
CHAPITRE VIII. — Le mont des Oliviers. — Béthanie. . 199
CHAPITRE IX. — Jéricho. — Le Jourdain. — La Mer Morte. . . . . . . . . . . . . . . . . . . . . . . . 210
CHAPITRE X. — Le Congrès eucharistique. . . . . . . 225

TABLE DES MATIÈRES

Pages.

CHAPITRE XI. — La messe du rit grec à Sainte-Anne.
— La mosquée d'Omar. . . . . . . . . . . . . . . . . 237
CHAPITRE XII. — Le Congrès eucharistique. . . . . . 254
CHAPITRE XIII. — Saint-Jean de la Montagne. . . . . 267
CHAPITRE XIV. — Le Chemin de la Croix. . . . . . . . 274
CHAPITRE XV. — Le dernier jour du Congrès. . . . . 281
CHAPITRE XVI. — Le Mont Sion. — Le Cénacle. . . . . 288

## Troisième partie. — L'ÉGYPTE ET LA PROVENCE

CHAPITRE PREMIER. — Alexandrie. . . . . . . . . . . . 305
CHAPITRE II. — Le Caire. — Héliopolis. — Les Pyramides. . . . . . . . . . . . . . . . . . . . . . . . . 316
CHAPITRE III. — Retour en France. . . . . . . . . . . 330
CHAPITRE IV. — La Sainte-Baume et Saint-Maximin. . 346

Moulins. — Imprimerie Etienne AUCLAIRE.

www.ingramcontent.com/pod-product-compliance
Lightning Source LLC
Chambersburg PA
CBHW050250170426
43202CB00011B/1625